精品课程配套教材
21世纪应用型人才培养“十三五”规划教材
“双创”型人才培养优秀教材

大学生安全教育

主　编　汪　洋　胡光荣　杨　帆
副主编　沈业成　叶　楠　孙雪清
　　　　余世建

U0931129

西北工业大学出版社
西　安

【内容简介】 本书是一本集科学性、实用性、新颖性和针对性为一体的大学生安全知识教育的教材。全书共分为14章，每章以安全常识为主，结合案例，紧紧围绕大学生在学习生活中的安全知识点展开，紧扣大学生的生活、学习和实践，深入浅出地将大学生安全知识讲解透彻，从而帮助大学生解决在校生活中遇到的一些安全问题，相信对大学生的学习生活大有裨益。

图书在版编目（CIP）数据

大学生安全教育 / 汪洋，胡光荣，杨帆主编. —西安：西北工业大学出版社，2016. 9（2021. 1重印）

ISBN 978-7-5612-5099-0

21世纪应用型人才培养“十三五”规划教材

Ⅰ. ①大… Ⅱ. ①汪…②胡…③杨… Ⅲ. ①大学生—安全教育—高等学校-教材 Ⅳ. ①G641

中国版本图书馆CIP数据核字（2016）第222580号

DAXUE SHENG ANQUAN JIAOYU

大 学 生 安 全 教 育

责任编辑：王瑞霞　　策划编辑：付高明

责任校对：高永斌　　装帧设计：尤　岛

出版发行：西北工业大学出版社

通信地址：西安市友谊西路127号　　邮编：710072

电　　话：（029）88491757　88493844

网　　址：www. nwpup. com

印 刷 者：北京俊林印刷有限公司

开　　本：787 mm×1 092 mm　1/16

印　　张：15. 5

字　　数：309千字

印　　次：2021年1月第2次印刷

定　　价：39. 50元

如有印装问题请与出版社联系调换

《大学生安全教育》微课二维码

1. 树立安全意识　P1

2. 国家安全　P11

3. 饮食安全　P25

4. 预防食物中毒　P38

5. 人身财产安全　P45

6. 心理健康——保持阳光的心态　P71

7. 交通安全常识　P95

8. 人际交往　P113

9. 大学生如何建立良好的人际关系　P117

10. 网络安全　P132

11. 消防安全　P149

12. 校园火灾　P149

13. 消防器材　P155

14. 灭火器的使用方法　P159

15. 打工与就业安全　P168

16. 认清就业的陷阱　P174

17. 了解自然灾害　P183

18. 常见的地质灾害　P184

19. 急救与保险　P200

20. 溺水的急救　P204

21. 保险常识　P209

22. 预防疾病　P215

23. 肺结核　P220

24. 流行性腮腺炎　P221

前　言

校园无小事，平安值千金。安全是人类生存和发展的基础，也是社会存在和发展的前提。然而随着社会的发展和人类的进步，安全问题不仅没有减少反而有日益增长的趋势。作为培养和造就高素质社会主义建设人才摇篮的高等院校，除了受自然因素、人为因素及各种社会因素的影响外，还受社会多元化、复杂化、信息化的影响，已出现了越来越多的安全隐患，严重影响了大学校园的治安环境和稳定秩序。

安全工作事关学校与社会的安全与稳定。要搞好学校的安全工作，不仅要靠国家、政府机关和学校内部保卫组织的力量，还需要每个师生员工的共同参与、共同维护。特别对于在校大学生，在学好专业知识的同时，接受必要的安全教育，学习和掌握基本的安全知识与自我保护的技能，增强防范意识，提高防范能力，以保证身心健康地完成学业，是十分必要的。加强大学生安全知识教育，有助于维护大学生的人身、财产安全和身心健康，有助于提高大学生的安全防范意识和自我保护能力，有助于国家的法律、法规、安全教育政策在学校的贯彻实施。

大学生安全教育是当今高校教育的重要组成部分，也是高校的教育职责所在，还是高校可持续发展的重要条件。它既体现了教育的本体功能，又体现了教育的社会功能。对于大学生而言，学生受到了安全教育，提高了安全意识和基本素质，懂得运用安全知识来维护并促进自身的身心健康发展；对于社会而言，通过学校安全知识教育，在提高社会个体的应急防范能力的同时，也提高了整个社会的整体应急防控能力，能够有效保障国家以及社会政治、经济、文化、生活等方面的安全，对落实科学发展观、促进社会和谐发展具有重要意义。根据党中央、国务院关于安全工作的重要指示及教育部相关领导在学校安全工作会议上的讲话精神，受教育厅诸位前辈和同仁指点，本着汇集现今高校保卫工作者的群体智慧，服务广大同仁的出发点，我们编写了这本安全教材。

本书是一本集科学性、实用性、新颖性和针对性为一体的大学生安全知识教育的教材。全书共分为 14 章，每章以安全常识为主，结合案例，紧紧围绕大学生在学习生活中的安全知识点展开，紧扣大学生的生活、学习和实践，深入浅出地将大学生安全知识讲解透彻，从而帮助大学生解决在校生活中遇到的一些安全问题，相信对大学生的学习生活大有裨益。

本书不仅适合用于高等院校大学生安全知识教育，同时对安全管理工作者及相关工作人员开展应急安全知识教育也有很好的指导作用。

本书在编写过程中参考了相关著作及论文，吸收了不少有价值的成果，在此对原作者表示感谢。

由于水平有限，书中难免有一些不足之处，恳请各位专家、读者批评指正。。

编　者

目　录

课堂笔记

第一章　树立安全意识

案例思考

某大学生周末在社区烧烤摊吃饭时，甲同学因不满邻桌乙同学吵闹，双方发生口角进而互殴，致多人受伤，5名学生被行政拘留10日，并被罚款500元。第二日晚，乙学生召集8名同学进行报复，又致1名丙同学受伤住院。目前，参与滋事的大三学生暂停发放毕业证，实习学生停止实习，等待学校的严肃处理。

第一节　校园安全教育的重要性

人们常把大学校园比作象牙塔，认为大学校园是与世隔绝的梦幻境地。但事实上，大学校园的内部和周边地区也潜藏着许多不安全因素，一些发生在大学校园里的安全事故也常见于报端。另外，大学生犯罪的案件也明显增多。对此，大学生应该有理性的认识，提高安全防范意识和自我保护能力，预防犯罪，减少对自己和他人的伤害。

一、校园里潜在的安全威胁

（一）人身安全威胁

大学生的人身安全是其赖以生存和完成学业的首要条件，是最根本的安全保障。如今的高校由原来单一的、封闭的教学环境转变为全方位、多功能、开放型的“小社会”。校园内不仅有教学区、生活区，还有工厂、超市、书店、银行、医院、浴室、影剧院等生活服务设施和机构。大量的外来务工、经商人员涌入校园，客观上给高校的安全造成诸多不利因素，也让社会上的一些不法之徒有机可乘，使大学生的人身安全遭受到不法分子侵害或意外伤害。另外，大学生之间也会某些原因而发生打架、斗殴等危害人身安全的行为，个别大学生还会各种原因而自杀、自残。

（二）财产安全威胁

大学生的财产是大学生学习、生活的基础保障。由于大学生集体生活的特殊性，校园公共空间的开放性和部分大学生防范意识的薄弱及社会经验的

课堂笔记

不足，导致大学生容易成为校外人员抢劫、诈骗、盗窃的对象。另外，有些大学生也会因钱财的诱惑而成为校园内的黑手，威胁到他人的财产安全。

（三）交通安全威胁

随着高校改革的不断深入，高校与社会的交流越来越频繁，使校园内人流量、车流量急剧增加。校园道路建设、校园交通管理滞后于高校的发展，一般校园道路都比较狭窄，交叉路口没有信号灯管制，也没有专职交通管理人员管理。校园内人员居住集中，上、下课时容易形成人流高峰等原因，致使高校的交通环境日益复杂，交通事故经常发生。

（四）公共安全威胁

学校是人员密集的场所，属安全管理重点单位，易发生学生食物中毒、踩踏事件、群殴事件等，若校园内处理不及时，控制不力，极易诱发突发性公共安全事件。

（五）网络安全威胁

随着信息技术的迅猛发展，特别是大数据时代的来临，个人计算机、智能手机得到普及，上网已成为日常工作、学习的一部分。网络中的暴力、反动、迷信、赌博等不良信息，容易使一些抵抗力差的大学生走上犯罪的道路，以致威胁他人的人身安全。

（六）消防安全威胁

火灾是校园安全最常见的威胁因素，大学校园里因用电、用火，以及使用易燃物品不慎而引起的火灾时有发生。火灾不仅会造成学校和个人财产的损失，也会造成人员伤亡。

（七）心理健康与心理安全威胁

心理健康与心理安全是大学生适应社会的基本条件，是顺利度过大学生活的重要保证。有调查显示，目前我国高校25%～30%的大学生都存在一定程度的心理问题。有严重心理问题的人可能会产生报复社会、报复他人的行为，也可能因产生轻生的念头而自杀。可以说，大学生心理健康问题是校园安全潜在的一个隐形杀手。

二、大学生犯罪案件增多

大学生区别于一般的成年人，其犯罪行为具有自身的特殊性。大体表现在以下几方面。

（一）主体多元性

从大量个案上看，犯罪的大学生无论在性别、年龄、学历还是经济条件、政治面貌上都表现出多元性。近年来，犯罪大学生在性别和学历上多元性的特征更为凸显。

（二）心理情绪性

心理情绪性指由于不良的情感或情绪导致的犯罪，可能出现在平时表现不好、已有不良情感的人身上，也可能表现为平时毫无劣迹的人在强烈的诱因作用下爆发不良情绪导致犯罪行为。近年来，大学生犯罪在心理上的情绪性特征凸显，特别是平时表现正常甚至成绩优异的大学生却在不良情绪的控制下做出犯罪行为，这类犯罪又常带有盲目性、冲动性、戏谑性的特点。比如，复旦投毒案中林森浩自称由于“没有调整好自己的负面情绪”将对他人的不满而迁怒于黄洋而在饮水机中投放剧毒物质，在他看来投毒只不过是愚人节整人的“游戏”。此外，大学生的情绪型犯罪普遍具有突发性，即犯罪人从情绪受到刺激形成犯罪到犯罪实施完毕所间隔的时间相对其他蓄意犯罪较短，而且手段主要表现为杀人、伤害、投毒等暴力行为。比如，2010 年 10 月，西安音乐学院大三学生药家鑫驾车撞人后将伤者刺了 8 刀致其死亡，驾车逃逸至十字路口时再次撞伤行人；2013 年 4 月南京航空航天大学金城学院大三学生蒋某回宿舍因未带钥匙而敲门，室友袁某正打游戏未及时开门，双方为此发生口角，蒋某被袁某用水果刀捅死等。

（三）行为极端性

行为极端性主要表现在实施犯罪的手段、方法具有暴力性、智能性。当大学生遇到挫折、困难或者受到某些因素的强烈刺激时，较易通过简单粗暴的方式来化解，从而导致暴力犯罪。比如，2004 年 2 月，云南大学生化学院学生马加爵因琐事与同学积怨用铁锤将 4 名同学击打致死；2008 年 10 月，中国政法大学国际政治专业学生付成励因女友与其分手迁怒于该校教授程春明，在教室将其用菜刀砍伤颈部致其死亡等暴力案件频频发生。

然而，作为接受高等教育、掌握一定的文化知识和科学技术的大学生而言，其预谋从事的故意犯罪更多地体现出智能性，作案往往有周密的计划，手法趋向技术化、隐蔽化。比如，2004 年，重庆大学美视电影学校研究生蔡一格为了偿还欠下的巨额赌债，利用自己的研究生身份，以帮助分数不够的学生走后门读电影学院当明星为名，骗得多名学生家长 70 万元。在司法实践中，利用通信技术、计算机技术的高智能犯罪中大学生占有相当比例。在大数据时代，智能犯罪日益猖獗，大学生在其中所扮演的角色更应引起关注。

（四）场景规律性

此处的场景主要指犯罪的时间、地点以及对象。根据数据显示，大学生在从事犯罪活动的时间、地点、对象上表现出一定的规律性。在时间分布上，5 月、6 月和 9 月、10 月是犯罪的易发期。通常 5 月、6 月期末考试结束，9 月、10 月开学初，大学生学习压力较轻可能会出现空虚、惹是生非的冲动，加上情感关系变化等问题，都可能导致矛盾的产生，从而演化为犯罪。特别是毕业前夕，酗酒滋事、打架斗殴、盗窃等犯罪现象发生的可能性较大。在地点和对象上，由于大学生活动范围狭窄，社会关系相对简单，犯罪地点多为学校及周边，对象则集中为同学、老师、亲人等接触较多的人群。比如，2006 年 12 月，郑州某高校学生高爱红为了毕业后生计问题在学校图书馆向同学贩卖海洛因。这种规律化的特征为预防大学生犯罪提供有效的渠道。

课堂笔记

（五）类型多样性

大学生犯罪所涉及的类型多种多样，其中财产犯罪、暴力犯罪与性犯罪比例较高。财产犯罪主要包括盗窃、抢劫、诈骗、敲诈勒索、故意毁坏财物等。根据对江苏省 20 个监狱中 65 名大学生的一项调查显示，侵犯财产案件的涉案人员达 46 人，占 70.7%，其中，抢劫 21 人，盗窃 25 人。可见大学生犯罪中财产犯罪的比例较大，这是由于大学生普遍没有独立的生活来源，但是又不想过艰苦朴素的生活所致。其次，暴力犯罪也层出不穷，多表现为故意杀人、故意伤害，如马加爵案、药家鑫案等。据司法部门统计，大学生犯罪中人身伤害案件占 20%，暴力型犯罪占 25% 以上。

三、进行校园安全教育的必要性

（一）开展大学校园安全教育，是社会治安形势发展的客观要求

当前，尽管国际、国内总的形势是好的，我国面临着难得的发展机遇。但是，国内外各种敌对势力，从来都没有停止过对我国的颠覆、破坏、分裂、渗透等活动。这必然会影响到校园安全和大学生人身安全。而且随着高校招生规模的扩大和后勤社会化改革的深入，在校学生人数大幅度增加，校园社会化现象日趋明显，越来越多的各种社会人员进校服务，校内及校园周边环境日趋复杂。所以，必须加强大学生的安全防范意识，掌握安全防范技能，大学生安全教育工作势在必行。

（二）开展大学校园安全教育，是维护高校稳定发展的必然途径

高校的稳定在整个社会的稳定与发展中占有重要地位，而要保持高校稳定就离不开扎实有效的安全教育。只有在政治上保持清醒的头脑，在思想上高度重视，才能防患于未然，才能自觉维护学校和社会的稳定，才能保障学校各项工作的正常开展，促进社会稳定发展。

（三）开展校园安全教育，是培养全面发展的高素质人才的需要

高校是培养全面发展的高素质人才的场所，而安全意识和安全防范能力也是当代大学生必备的素质之一。大学的安全教育，其实就是从高校综合治理的角度提高学生的应试素质，增强学生的遵纪守法观念，同时为学生的健康成长和全面成才创造良好的外部环境和文化氛围。而当代大学生往往存在社会实践经验少、安全防范意识差、对社会消极因素抵御能力低等问题，这更需要高校开展安全教育以弥补大学生发展中这方面的不足。

第二节　实施校园安全教育的措施

校园是人才成长的摇篮，是人们心目中的一片净土。校园需要文明的环境和良好的秩序，对安全和稳定提出了很高的要求。教育部领导明确提出：维护学校安全稳定是维护社会稳定的重要组成部分，各级领导要旗帜鲜明地

课堂笔记

讲稳定、抓稳定、保稳定，稳定压倒一切。还特别强调学校是一个特殊的社会群体，各项工作要十分慎重，来不得半点官僚主义和形式主义。那么，采取怎样的措施才能确保校园安全与稳定，把对大学生的伤害降低到最低点呢？

一、校园安全教育的指导原则

（一）认识到位与措施落实相结合的原则

加强大学生校园安全教育是社会发展和变革时期学校教育管理工作的一个重要方面。高校党政领导和学校有关部门要有“稳定压倒一切，安全重于泰山”的大局意识，充分认识大学生校园安全教育工作的重要意义，在思想上给予高度重视；同时，高校应采取积极有效的措施。例如，将开设安全知识课列入教学计划，落实师资、教材、课时、设备及经费等，使大学生校园安全教育工作逐步走上规范化、制度化的发展轨道。

（二）内容充实与方法创新相结合的原则

现代科学技术特别是网络信息技术的发展，拓宽了安全教育的空间和渠道。高校安全教育如果缺乏时代特征，停留在原来的老面孔、老方法上，势必缺少吸引力。为此，要在继承和发扬优良传统的基础上，注意用新时期发生在高校或大学生中的安全问题，更新、丰富安全教育的内容，增强教育的针对性和前瞻性。不断地改进教育形式，使之由封闭型向开放型转变，由单纯说教型向耐心教育与解决实际问题并重型转变，由传统的教育手段向具有更多科技含量的现代教育手段转变。总之，要通过我们的努力，使大学生安全教育的内容、方法和手段更具时代气息，真正做到与时俱进，以提高安全教育的效果。

（三）教育引导与严格管理相结合的原则

教育与管理是相辅相成的，它们都是达到某种目的的手段。加强大学生校园安全教育，要坚持以正面教育为主，引导学生重视安全问题，培养他们的安全意识，提高他们的安全防范能力；同时，要加强学校的安全管理工作。依据国家的法律、法规，建立健全各项管理制度，规范大学生的日常行为；采取各种有效措施，预防、发现和控制大学生中可能发生的违法犯罪行为；及时查处发生在大学生中的各种安全问题，认真做好帮教和转化工作；落实学校安全防范措施，保障大学生的人身和财产安全等。

（四）齐抓共管与分工负责相结合的原则

对大学生进行校园安全教育工作是高校教书育人、管理育人、服务育人的重要内容，是学校的一项重要工作。学校宣传、教务、学工、保卫部门责无旁贷，班主任、辅导员义不容辞，所有任课教师也都负有责任。如在化学、物理实验课中讲授防火防爆知识，在计算机课程中讲授计算机与网络安全的知识等，使学生从多方面受益。学校管理与服务人员也应结合本职工作对学生进行安全教育，全面履行管理育人、服务育人的职责。

课堂笔记

二、校园安全教育的方法

（一）强化教育阵地，拓宽教育途径

加强大学生安全教育，必须强化教育阵地，拓宽教育途径，更新教育手段。一要发挥思想政治教育的阵地作用，利用高校思想教育的工作体系和优势，根据实际情况，有针对性地进行安全教育。二要发挥课堂教学的优势，开设大学生校园安全教育课程，在有关课程和教学环节中，由任课教师结合课程内容对学生进行安全教育和法制教育。例如，在计算机课程中讲授有关计算机安全、网络安全方面的内容；在毕业设计、毕业论文撰写中讲授有关知识产权保护方面的内容；在化学、物理等实验课中讲授有关防火防爆方面的内容等。三要发挥计算机网络教育的优势，在学校网络上发布安全教育的信息，分析典型案例，进行安全知识的宣传教育。四要发挥心理咨询的优势，开展心理健康普查，了解学生心理动态，把安全教育与心理咨询结合起来，有目的、有针对性地做好安全防范教育工作。

（二）以人为本，依法教育

学生是校园安全教育活动的主体，是教育的对象和主要参与者。大学生校园安全教育工作必须以学生为中心，以大学生的生理和心理特点为依托，适应大学生在校生活、学习的需要，以有利于大学生健康成长，有利于将大学生培养成祖国建设需要的合格人才为出发点。同时，大学生教育与管理工作还必须以法律、法规为准绳，依法教育，依法管理。

（三）点面结合，突出重点

校园安全教育工作既要全面开展，又要有重点地进行，做到点面结合，以点带面。

1. 抓重点人的教育和管理

重点人是指那些存在安全隐患的人。如对有心理障碍、性格孤僻的学生，要多关心，积极帮助他们解决引起心理困惑的问题，对其进行心理咨询辅导，引导他们克服心理障碍；对经常酗酒滋事的学生要建立档案，重点教育，经常提醒，防止因严重违反校纪、校规造成安全事故。

2. 抓重点时期的安全教育和管理

重点时期是指易发生安全事故的时期，如周末、节假日期间、开学初、放假前和毕业前夕等。这些时期因学生忙于开学准备、复习考试或毕业离校，容易疏于防范或滋生事端，在这些时期来临之前，应重点做好安全教育和管理工作。

3. 抓重点场所的安全教育和管理

重点场所是指那些比较容易出现安全问题的场所。例如，实验室、实习车间容易因操作不规范而发生危险。又如，人群集中的活动场所，易出现拥挤、踩踏、火灾等安全事故。对这样的重点场所要重点监控，还要对学生强调相关的安全注意事项，以避免安全事故的发生。

（四）层层落实，责任到人

学校要将教育与管理的职能有机地结合起来，建立健全岗位责任制，将这项工作落到实处。在高校学生安全防范教育与管理体系中，院系、班级是具体的实施单位。学生安全教育与管理工作能否落实，关键是院系对安全教育工作从思想上是否重视，在措施上是否得力。对此，学校要把进行安全教育工作落实到人，建立相关的规章制度，并严格管理，使安全工作规范化、制度化、日常化，定期检查、考核，以保证安全教育与管理工作的顺利开展，使其真正落实到班级，落实到每个学生身上。

（五）以案释法，以事警示

"事实胜过任何雄辩"，进行安全防范教育，要善于利用典型的事件、案例进行宣传教育，以生动形象的事实警示学生。一是在各种教育活动的各个环节中，利用学生中安全事故的典型案例来开展安全警示教育。如在新生入学教育、毕业生教育、法律课堂教学、班会等活动中，进行宣讲、分析、讨论等。二是选择有代表性的事件进行大力宣传，教育学生引以为戒。三是组织学生参加庭审，或者邀请法院工作人员来校公审、旁听那些与大学生有关联的案件。若条件不具备，不能现场参加，可利用多媒体等手段，让大学生观看庭审案例。四是在学校举办有关安全的专题展览，组织学生参观，通过直观的方式使学生受到教育。

（六）增强学生的主人翁意识，让学生参与安全管理

让学生参与学校的安全防范管理工作，是提高大学生安全防范意识的有效方法。通过参与治安工作实践，配合学校安全教育与管理工作，大学生会对安全保卫工作的性质、安全教育的重要性有更深刻的理解。在参与的过程中，通过对违法、违纪行为的查处、纠正，帮助学生了解不法分子的作案手段，在潜移默化中提高防范意识；同时，也能让学生懂得怎样与违法、违纪现象做斗争，从而提高自防自卫能力，树立起"安全工作自己管，管好安全为自己"的意识，明确只有在学校的安全管理中自觉地投身于安全管理工作，充分发挥自己的主人翁作用，才有可能为自己和他人创造一个良好的学习、生活环境，保障自己和他人的人身安全和财产安全。

三、校园安全教育的内容

（一）法律法规教育

法律法规教育既是增强大学生法律意识和法制观念的重要手段，又是预防和减少违法犯罪的有力武器。通过广泛开展法律知识教育，让学生知法、懂法、守法、用法，提高法律意识，增强法制观念和民主意识，积极参与学校管理等，自觉用法律维护国家利益和个人合法权益，同各种违法犯罪行为做斗争。对大学生进行法律教育，应以作为中国公民应当具备的基本法律知识为主，比如宪法、刑法、教育法、治安管理处罚条例、社会团体登记管理条例等法律法规。

（二）校规校纪教育

对学生进行安全教育，必须建立和完善学校各项教学、生活、管理等各方面的规章制度，把法律和道德规范具体化。根据国家相关的法律法规，高校要结合自身的实际，制定校园治安、学生宿舍、实验室管理等方面的规章制度，从而把法律和道德的规范内容融会贯通于高校管理的具体实践中。在教育中应当着重强调遵守纪律的自觉性，并对少数严重违反校规校纪的行为予以严肃处理，以维护好稳定的教学和生活秩序。

（三）安全防范教育

安全防范教育涉及的方面十分广泛，它包括校园安全教育、社会交往安全教育、交通旅游安全教育、公共安全教育、自然灾害安全教育、就业安全教育等多方面的内容。一方面要使大学生通过学习和实践，学会利用法律保护自己、防范侵害，达到安全需要；另一方面要教给学生各种安全防范措施，掌握应急方法和自救知识。这样既能有效地保护自己，又可以在危险时更多地帮助周围的同学。

（四）心理健康教育

据北京高校大学生心理素质研究课题组的报告显示，60%的大学生存在中度以上的心理问题，并且这一数字还在继续上升。大学生身心发展尚未完全成熟，其思想和行为波动较大，常表现出强烈的情绪色彩和偏激的行为特征。因此，高校应积极开展心理健康教育，注重心理疏导。高校要通过开设心理课和心理咨询，有针对性地对学生进行环境适应教育、健康人格教育、人际关系和谐教育、性教育、心理卫生教育以及心理疾病防治教育等，以提高他们正确认识和调节自我以及应付各种事件的能力，避免各类安全问题的发生。

（五）网络安全教育

随着现代信息技术的普及，网络日益深入大学生的生活中，并对他们的思想观念、思维方式、行为模式、价值观念，乃至政治倾向产生越来越重要的影响。一方面，互联网在大学生的学习和生活方面发挥着重要作用；但另一方面，又不可避免地产生了一些负面影响，导致学生思维被动化、人际关系疏离，甚至导致他们消沉轻生。这给高校安全工作带来了前所未有的挑战。因此，必须不断加强网络安全教育，以使大学生了解网络安全知识，认真遵守有关的法律法规和管理规定，自觉抵制有害信息的侵入。

（六）国家安全教育

国家安全教育主要包括向学生介绍国家安全的责任、危害国家安全的行为、危害国家安全时应承担的法律责任、大学生如何维护自己祖国的安全以及维护国家安全时受到的保护和奖励等内容。加强国家安全意识和保密观念教育，提高大学生的国家安全意识，能使其正确认识改革开放条件下隐蔽斗争的新形势和新特点，自觉抵御境内外敌对势力的渗透活动，并在涉外工作中保守国家秘密，防止国家机密外泄，维护国家利益和荣誉，保障国家安全。

课堂笔记

温馨提示

高校失窃案容易发生的场所

宿舍：笔记本电脑、手机、钱包失窃高发地

犯罪分子最常光顾的场所就是高校的男生宿舍，选择时间则都在早晨6：00—8：00。很多男生用笔记本电脑上网或者打游戏，一直会熬到深夜或者凌晨，这个时间正是他们补觉的时候，一般睡得比较沉。而且他们一般都是累极了才睡，很可能没锁宿舍门，也没把笔记本电脑收好。手机、钱包等很可能被随意放在枕边或桌子上，容易让犯罪分子下手。

【提醒】首先要养成随手锁门的习惯，减少被小偷溜门盗窃的可能性，尤其是晚上入睡前，一定要检查房间门是否锁好，夜间起夜时也要先锁门再去洗手间，对小偷来说，短暂的一分钟也可以成为作案时间。另外，要互相提醒将笔记本电脑、钱包锁进柜子里，不要随手搁在桌面上。最后，手机充电完成后，晚上尽量搁在枕头下，如果怕辐射，可以将手机装在防辐射的套里，或者关机。钱包也可放在枕头底下。

教室、运动场：手机失窃高发地

相对于整个书包被小偷拿走的情况来说，学生搁在大教室桌子上或者运动场边上的手机更是小偷眼里的“小菜”。大学教室基本不设防，又多是几个系同时上课，同学之间互不认识，很多小偷就混进教室，伺机盗取学生随手放在课桌上的手机。

西安某高校盗窃犯罪团伙被抓后供认，他们一般拿着一个提兜，每天下午4：00之后到大学里的运动场里转悠。学生们在运动时，手机多数都随意搁在场边空地上。偶尔有负责看管的同学注意力多数也集中在场上。犯罪分子就大大方方地拿着提兜，满地捡手机。偶尔遇到有人查问，他们就应付说是帮同学看管就糊弄过去了。

【提醒】到教室上课如果必须携带手机，尽量将手机随身携带，不要随手扔在课桌上。需要到篮球场或足球场运动时，请尽量先将贵重物品放到宿舍里，不要带到场上。如果手机或书包带到了运动场边，请尽量协商安排专人保管。

图书馆、食堂：书包失窃高发地

有些犯罪分子主“吃”宿舍，也有些团伙则主要盯住图书馆和食堂，这两个地方是学生书包丢失最多的场所。很多学生下课后直接去食堂，然后把书包往座位上一丢，自己到窗口买饭。这个时候小偷们就挨着桌子“收包”。在破获的案件中，一名嫌疑人就感慨“比在地上捡钱容易多了”。而到图书馆里看书或上自习的大学生一旦进入专心致志的状态，就放松了对自己书包的管理。还有很多学生在图书馆存包处已满的情况下，就直接把包搁在存包柜上。

【提醒】学生们必须有这个意识，食堂、图书馆等地已经从高校的“私家

课堂笔记

庭院”变成了公共场所。在这些场所，一方面高校要安装监控探头，并保证有人值守；另一方面，也要有意识地把书包搁在自己视线之内，如果看到有人翻动书包，要多发挥点“闲人马大姐”的精神，管管“闲事”。

知识小卫士

正当防卫常识

1. 正当防卫的概念

我国刑法第二十条规定：“为了使国家、公共利益、本人或者他人的人身、财产和其他权利免受正在进行的不法侵害，而采取的制止不法侵害的行为，对不法侵害人造成损害的，属于正当防卫，不负刑事责任。正当防卫明显超过必要限度造成重大损害的，应当负刑事责任，但是应当减轻或者免除处罚。对正在进行行凶、杀人、抢劫、强奸、绑架以及其他严重危及人身安全的暴力犯罪，采取防卫行为，造成不法侵害人伤亡的，不属于防卫过当，不负刑事责任。”

2. 正确运用正当防卫

根据我国刑法的规定，实施正当防卫必须同时符合以下四个条件：

（1）只有在国家公共利益，本人或他人的合法权利受到不法侵害时；

（2）必须是在不法侵害正在进行的时候；

（3）必须是对不法侵害者本人实施防卫，而不能对无关的第三者实施；

（4）正当防卫不能超过必要的限度（能阻止对方对自己的侵害），造成不应有的损害。

3. 非正当防卫

根据我国刑法规定，非正当防卫包括以下六种情况：

（1）防卫过当。它是指行为人在实施正当防卫时，超过了正当防卫所需要的必要限度，并造成了不应有的危害行为。

（2）防卫挑拨。它是指行为人故意挑逗对方，使对方对自己进行不法侵害，接着借口加害于对方。

（3）防卫侵害了第三人，也叫局外防卫。它是指防卫者对正在进行不法侵害以外的人实施的侵害行为。

（4）假想防卫。它是指不法侵害行为根本不存在，由于行为人猜想、估计、推断不法侵害行为存在，而对其实施侵袭的一种不法侵害行为。

（5）事前防卫，也叫提前防卫。它是指行为人在不法侵害尚未发生或者说还未到来的时候，而对准备进行不法侵害的人采取了所谓的防卫行为。

（6）事后防卫。它是指不法侵害终止后，而对不法侵害者进行的所谓防卫行为。

课堂笔记

第二章 国家安全：履行公民的职责

案例思考

某重点大学学生徐某在QQ群里发了一条求助帖，寻求学费资助2000元。不久，一网名为“Miss Q”的人回帖，询问了徐某的基本情况后表示愿意帮助，但作为回报，需要为客户“搜集解放军部队装备采购方面的期刊资料”，徐某痛快地答应了。但没能在航海学校的图书馆找到相关资料，而“Miss Q”也未强求。徐某主动联系“Miss Q”，对方向他提供了一份“田野调研员”的兼职，月薪2000元。徐某的“调研”工作就是到军港拍摄军事设施和军舰，到船厂观察、记录在造在修船舰的情况，并将有船舰方位标志的电子地图做成文档，提供给“Miss Q”。一年后案发，徐某被国家安全机关依法审查。来自权威消息源的案例显示，境外间谍以金钱诱使涉世未深的大学生甚至中学生参与情报搜集、分析和传递。多数学生在网上求职或网聊过程中被境外间谍盯上，他们最初提供信息时并不知情，但部分人在觉察对方身份的情况下仍因贪利而持续配合，直至被国家安全机关依法处理。

第一节 维护国家安全

改革开放以来，我国现代化建设取得了重大的历史性成就，人民生活总体上实现了由温饱到小康的历史性跨越，综合国力大幅度提升，社会长期保持稳定，各行各业都在积极有序地发展。在这样的和平环境下，青年学生往往认识不到国家安全面临的严重威胁，不同程度地存在国家意识淡薄、国家安全意识不强、民族自信心和自豪感减退、对民族优秀文化传统漠视、对中华民族的归属意识不强等现象。因此，要在理解掌握国家安全基本知识的基础上，重点开展国家安全教育，提高大学生的爱国意识。

一、国家安全的基本含义

（一）国家安全的概念

国家安全是指国家的独立、主权、领土完整以及相关的国家、社会制度和国家机关的安全。其实质是指与国家政权的直接安全。

课堂笔记

国家安全有广义、狭义之分。广义的国家安全，包括防御外侵，维护国家的独立、主权、领土完整，防范国外、境外间谍机构直接实施或者和境内组织和个人勾结实施的危害国家安全的行为，以及维护国家的社会秩序、公共秩序、公民人身权利、国家和公民个人财产的安全。狭义的国家安全，是指《中华人民共和国国家安全法》所规定的危害国家安全的行为所侵害的对象。我们这里是指狭义的国家安全。国家安全关系到国家的生死存亡。无论哪一个国家，无论是什么样的社会制度，都会把国家安全作为巩固政权统治的首要任务。

《中华人民共和国宪法》规定："公民有维护祖国的安全、荣誉和利益的义务，不得有危害祖国的安全、荣誉和利益的行为。"维护国家安全，是每一个大学生的光荣义务。

（二）对国家安全的理解

国家安全就是一个国家处于没有危险的客观状态，也就是国家既没有外部的威胁和侵害、也没有内部的混乱和疾患的客观状态。传统的国家安全往往理解为政治安全与国防安全即主权独立、领土安全、政治稳定等。随着国际环境的巨大变化和科技革命的深入发展，影响国家安全的因素越来越多元化和不确定化，国家安全面临越来越多的挑战和威胁。因此，必须确立包括经济安全、科技安全、文化安全、生态安全、社会公共安全在内的新的国家安全观。国家安全的含义可以从下述三方面来理解。

1. 外部的威胁与侵害

所谓外部的威胁与侵害，大致可分为外部自然界的威胁和侵害与外部社会的威胁和侵害两大类。由于国家安全是一种社会现象。国家的外部威胁和侵害也就主要是指处于一国之外的其他社会存在对本国造成的威胁和侵害。从威胁和侵害者看，这种外部威胁和侵害包括以下几种：

（1）其他国家的威胁。

（2）非国家的其他外部社会组织和个人的威胁，如某些国际组织或地区组织对某国的威胁和侵害。

（3）国内力量在外部所形成的威胁和侵害，如国内反叛组织在国外从事的威胁和侵害的活动。

2. 内部的混乱与疾患

危及国家生存力量不仅来自一个国家的外部，还时常来自一个国家的内部。国内的混乱、动乱、骚乱、暴乱，以及其他各种形式的疾患，直接都会危害到国家生存，造成国家的不安全。因此，国家安全必然包括没有内部混乱和疾患的要求。

3. 国家安全的威胁内容

新的国家安全观强调，既要对付国家行为体的威胁，也要对付非国家行为体的威胁；既要对付核武器和其他大规模杀伤性武器，又要对付意料之外的生化危机；既要对付对称性作战的威胁，又要对付非对称性作战的威胁；既要重视传统安全因素，又要重视非传统安全因素。凡是可以造成国家整体性危害的因素，都应列入新的国家安全威胁。除生化威胁外，对核材料的安

课堂笔记

全使用和保存，巨大水坝的安全，主要水源的防毒防污染，有关国计民生的物资（例如粮食、石油等）的保存和供应，提防亚洲金融危机式的金融风险，以及提防西方以舆论和谣言动摇民心，制造社会混乱等，都应十分重视，要有专门的机制和人员紧盯国内外事态的动向，警钟长鸣，争取把可能发生的灾难消灭在萌芽状态。

2016 年 4 月 15 日是我国首个全民国家安全教育日，习近平总书记在教育日到来之际做出重要指示："国泰民安是人民群众最基本、最普遍的愿望。实现中华民族伟大复兴的中国梦，保证人民安居乐业，国家安全是头等大事。要以设立全民国家安全教育日为契机，以总体国家安全观为指导，全面实施国家安全法，深入开展国家安全宣传教育，切实增强全民国家安全意识。要坚持国家安全一切为了人民、一切依靠人民，动员全党全社会共同努力，汇聚起维护国家安全的强大力量，夯实国家安全的社会基础，防范化解各类安全风险，不断提高人民群众的安全感、幸福感。"

二、大学生进行国家安全教育的必要性

（1）我国面临的环境复杂多变，境内外敌对势力利用各种渠道，以公开或秘密的方式，传播西方的政治、经济、文化和所谓的信仰自由。随着改革开放的不断深入，少数学生由于受西方的价值观念、腐朽生活方式的影响，经不起金钱和物资的诱惑，见利忘义，铤而走险，以身试法，因此，有必要对大学生进行国家安全教育。

（2）国家安全关系到国家存亡、民族兴衰，没有国家安全，就没有和平稳定的建设环境。大学生是社会主义现代化的建设者和接班人，是国家的未来和希望，也是西方敌对势力推行"和平演变"战略的重点对象，其国家安全意识如何，直接关系到国家的长治久安。

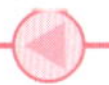

典型案例

买某，男，1973 年 1 月生，1993 年 9 月考入北京某大学。买某民族主义情绪严重，入学以后，纪律性差，经常外出，夜不归宿，与校外人员来往频繁，与一些民族分裂主义分子经常接触。1994 年 8 月，在新疆搞爆炸的民族分裂主义分子艾某跑到北京与买某直接联系。艾某被抓获后，买某不但不引以为戒，反而在分裂祖国的罪恶道路上越走越远，越陷越深。由于参加非法活动，他已知道自己被有关部门"重视"。1994 年底，他以学习跟不上为由离校出走。由于西方敌对势力打着建立"××××斯坦共和国"的旗号，企图把新疆从祖国分裂出去。买某正是迎合了西方敌对势力的需要，他弃学归疆，更加肆无忌惮，与分裂主义分子打得火热。为了实现他们分裂祖国的不可告人的目的，他毅然加入"××解放组织党"，并成为该组织 5 名重要成员之一。1995 年的某一天，正当他们做着黄粱美梦，肆无忌惮地四处活动时，被新疆公安部门抓捕归案，买某与他的同党均落入法网。

课堂笔记

三、危害国家安全的行为与手段

（一）危害国家安全的行为

《中华人民共和国国家安全法》（以下简称《国家安全法》），是为了维护国家安全，保卫人民民主专政的政权和中国特色社会主义制度，保护人民的根本利益，保障改革开放和社会主义现代化建设的顺利进行，实现中华民族伟大复兴，根据《中华人民共和国宪法》制定的法规。

2015 年 7 月 1 日，第十二届全国人民代表大会常务委员会第十五次会议通过新的国家安全法。国家主席习近平签署第 29 号主席令予以公布。法律对政治安全、国土安全、军事安全、文化安全、科技安全等 11 个领域的国家安全任务进行了明确，共 7 章 84 条，自 2015 年 7 月 1 日起施行。根据《国家安全法》规定，危害国家安全的行为有以下五方面。

（1）阴谋颠覆政府、分裂国家、推翻社会主义制度的行为。阴谋颠覆政府是指阴谋推翻人民政府，篡夺国家领导权的行为。阴谋分裂国家是指阴谋推翻地方人民政府，拒绝中央领导，割据一方，分裂统一的多民族国家的行为。阴谋推翻社会主义制度是指以各种方式改变人民民主专政政权和公有制为主体的社会主义经济基础的行为。

（2）参加间谍组织或者接受间谍组织及其代理人任务的行为。参加间谍组织是指行为人通过履行一定的手续加入间谍组织，成为间谍组织成员的行为。接受间谍组织及其代理人任务是指已参加间谍组织的人或未参加间谍组织，受间谍组织命令、派遣、指使或委托为间谍代理人工作，从事危害我国国家安全的活动。

（3）窃取、刺探、收买、非法提供国家秘密的行为。所谓窃取是指行为人采用秘密非法手段取得国家秘密的行为。所谓刺探是指行为人采用秘密手段暗中打听，获取国家秘密的行为。所谓收买是指行为人采取提供财务或其他物质利益的方法，收买国家工作人员向其提供国家秘密的行为。所谓非法提供是指国家秘密的持有者，将自己知悉、管理、持有的国家秘密非法出售、交付、告知其他不应知悉该秘密的人的行为。

（4）策动、勾引、收买国家工作人员叛变的行为。所谓策动是指策划、鼓动他人叛变的行为。所谓勾引是指勾结、引诱他人叛变的行为。所谓收买是指以金钱、财务或其他物质利益诱使他人叛变的行为。

（5）进行危害国家安全的其他破坏活动的行为。

典型案例 

北京某重点大学国际政治系四年级学生李某在毕业前夕，被在校任教的美籍英语教师、美国中央情报局间谍约翰·德雷克斯以帮助李某毕业后找工作、担保出国等物质、金钱引诱，以及个人感情（二人同居）等手段拉其下水，加入了美国情报组织，并为其收集我国的各类情报。

课堂笔记

根据《国家安全法实施细则》第八条的规定，下列行为属于《国家安全法》第四条所称“危害国家安全的其他破坏活动”：

（1）组织、策划或者危害国家安全的恐怖活动的；

（2）捏造、歪曲事实，发表、散发文字或者言论，制作、传播音像作品，危害国家安全的；

（3）利用社会团体企业事业组织，进行危害国家安全活动的；

（4）利用宗教进行危害国家安全活动的；

（5）制造民族纠纷，煽动民族分裂，危害国家安全的；

（6）境外个人违反有关规定，不听劝阻，擅自会见境内有危害国家安全行为，或者有危害国家安全行为重大嫌疑人员的。

典型案例 

2012年，浙江某重点大学毕业生宋某在招聘网站投递简历。12月初，“市场研究公司专员李某”发来邮件，邀宋某加盟。李某称，该公司主要业务是为在大陆投资的外资企业提供信息服务，宋某的工作是收集中央政府部门的政策研究资料和撰写调研报告，报酬在2000元~50000万元不等，高质量报告奖金丰厚。宋某先后接到中央经济工作会议、农村工作会议、行业重组、能源产业发展等10项“调研课题”，向李某提交多份“研究报告”。李某逐渐要宋某积极培养人脉，从政府和有官方背景的智库、学者那里抓幕后、听观点。2013年1月，宋某着手报考公务员，李某表示全力支持，并建议宋某报考省级机关、智囊和研究部门。案发后宋某承认，李某是“放长线钓大鱼”，将来会要求他提供更多内部机密信息。

（二）破坏势力危害国家安全常用的手段

境外敌对势力和间谍情报机关为了“分化”“西化”社会主义中国，常常采取情报窃密、勾连策反、心战谋略、行动破坏等手段，具体包括下述内容。

（1）利用各种渠道，以公开或秘密的方式，灌输西方的政治和经济模式、价值观念及其腐朽的生活方式，培养“和平演变”的“内应力量”。

（2）采取金钱物质引诱、许诺出国担保、色情勾引、抓其把柄等手法，或打着学术交流、参观访问、照相留念和文明结友等幌子，刺探、套取、收买我国政治和经济、军事、科技、文化等方面的秘密。

（3）通过书刊、广播、音像、传单、通信等途径，编造谣言，借题发挥，以偏概全，挑拨离间，虚张声势，进行反动“心战”宣传，扰乱师生员工的心绪，煽动不满情绪，实现其颠覆、破坏的目的。

（4）策划成立旨在预谋分裂中国、推翻社会主义制度的暴力集团、恐怖组织、反动宗教团体、社会团体和企事业单位，或为其提供经费、场地和物品等支持。境内敌对分子为达到个人的某种目的，往往与境外敌对分子相勾结，主动为他们提供国家秘密或情报。

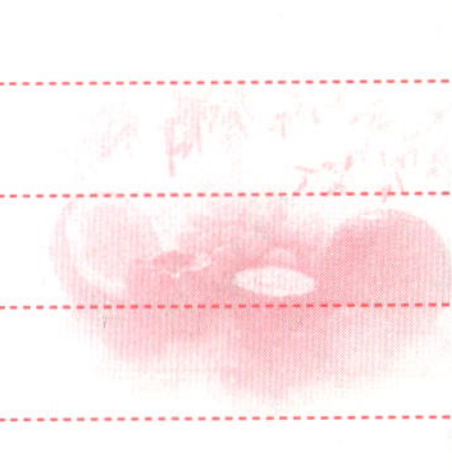

课堂笔记

典型案例 

某高校赴日研究生周某，在日本学习期间，被美国一敌特组织策反，归国后，经常利用节假期间以旅游为名，对一些军事禁区进行拍照，收集资料，以密件的方式提供给美国敌特组织，后被国家安全机关逮捕。

四、大学生应成为国家安全的维护者

（一）维护国家安全是每个公民的义务

《国家安全法》规定，公民及一切国家机关和武装力量、各政党、社会团体、各个事业组织都有维护国家安全的义务，国家对维护国家安全有重大贡献的给予奖励。

《国家安全法》规定，公民和组织维护国家安全的义务有以下几方面：

（1）机关团体和其他组织应当对本单位的人员进行维护国家安全的教育，动员、组织本单位人员防范、制止危害国家安全的行为。

（2）公民和组织应当为国家安全工作提供便利条件或者其他协助。

（3）公民发现危害国家安全的行为，应当直接或者通过所在组织及时向国家安全机关或者公安机关报告。

（4）在国家安全机关调查了解有关危害国家安全的情况，收集有关证据时，公民和组织应当如实提供，不得拒绝。

（5）任何公民和组织都应当保守所知悉的国家安全工作的秘密。

（6）任何公民和组织都不得非法持有属于国家秘密的文件、资料和其他物品。

（7）任何公民和组织都不得非法持有、使用窃听、窃照等专用器材。

国家对支持、协助国家安全工作的公民和组织给予保护，对维护国家安全有重大贡献的给予奖励；任何公民和组织对国家安全机关及其工作人员超越职权、滥用职权和其他违法行为，都有权向上级国家安全机关或者有关部门检举、控告；对协助国家安全机关工作或者依法检举、控告的公民和组织，任何人不得压制和打击报复。

（二）大学生怎样维护国家安全

作为一名公民，每位大学生都有维护国家安全的义务。作为一名大学生，更应当成为国家安全和利益的自觉维护者，要始终树立国家利益高于一切的观念，熟悉有关国家安全的法律、法规，善于识别各种伪装，要严守党和国家秘密，自觉同泄密行为和窃密行径做斗争，具体包括下述几方面：

（1）忠于祖国，站稳立场，坚持原则，不散布不满言论或攻击党和社会主义制度的言论。

（2）要始终树立国家利益高于一切的观念，不做任何危害国家安全的事情。

（3）提高警惕，不随意同外国人谈论我国内部情况，泄露党和国家的秘密。

（4）要努力熟悉有关国家安全的法律、法规。有人统计，涉及有关国家安全和保密工作的法律、法规、规章制度有100多种，我们都应该有所了解，弄清什么是合法，什么是违法，什么可以做，什么不能做。其中，特别应当熟悉以下一些法律、法规：宪法、国家安全法、保密法、刑法、刑事诉讼法、科学技术保密规定、出国留学人员守则等，对遇到的法律界线不清的问题，要肯学、勤问、慎行。

（5）不与外国人中的不法分子交往；不与外国人勾结进行走私倒卖活动；不向外国人索要财物，借阅黄色书刊；不托外国人套购市场短缺商品，捎带违反有关规定的物品。

（6）当收到国外寄来的信件中夹有反动宣传品时，不在周围的同学中传看，不扩大影响范围，要立即口头或书面向学校保卫部门报告，并将夹寄的反动宣传品交学校保卫部门处理。

（7）发现有危害国家安全行为的人或事立即向有关部门报告。

高校作为人才会集的场所和培养人才的重要基地，向来是国内外敌对势力争夺和破坏的重要目标，他们寻找各种机会进行反动宣传，散布谣言，制造事端，煽动闹事，唯恐学校不乱。对此，广大同学要提高警惕，明辨是非，时刻保持头脑清醒，不上当受骗，不被坏人利用。在发现敌人的破坏活动时要积极向有关部门提供线索，同时进行坚决的斗争，维护学校的安定团结。

第二节 保守国家秘密

国家、单位、家庭、个人，出于某种需要或由于相互间的利害关系及其他种种原因，都会有些不为外人所知，不能对外公开，或只能在一定范围内、一定时间以外公开的，需要加以保护隐蔽、限制和不外泄的事情或问题都可以说是秘密。所谓秘密是与公开相对而言的，秘密是暂时的，有条件的。绝对的秘密和永恒的秘密是不存在的。个人、家庭、单位及其他各种名目繁多的非国家秘密，皆不是保密工作研究的对象，真正需要我们研究和探讨的是国家秘密。

一、国家秘密的基本含义

根据1988年9月颁布的《中华人民共和国保守国家秘密法》（以下简称《保守国家秘密法》）第二条规定：国家秘密是关系国家安全和利益，依照法定程序确定，在一定时间内只限一定范围的人员知悉的事项。

国家秘密包括下述秘密事项：

（1）国家事务的重大决策中的秘密事项。

（2）国防建设和武装力量活动中的秘密事项。

（3）外交和外事活动中的秘密事项以及对外承担保密义务的事项。

(4) 国民经济和社会发展中的秘密事项。

(5) 科学技术中的秘密事项。

(6) 维护国家安全活动和追查刑事犯罪中的秘密事项。

(7) 其他经国家保密工作部门确定应当保守的国家秘密事项。

典型案例 

南方某市科研所博士李某，承担一项重大高科技研究项目。在外出工作期间，经常在电话中与同事研讨科研项目进展情况，被境外谍报分子利用高科技手段进行监听。国家安全机关及时发现了这一情况，并立即与科研所取得联系，该科研项目因此不得不做重大修改。

二、国家秘密的密级与载体

（一）国家秘密的密级

根据《保守国家秘密法》第九条的规定，我国国家秘密的密级分为绝密、机密和秘密三个等级。绝密是最重要的国家秘密，泄露会使国家的安全和利益遭受特别严重的损害；机密是重要的国家秘密，泄露会使国家的安全和利益遭受严重的损害；秘密是一般的国家秘密，泄露会使国家的安全和利益遭受损害。

（二）国家秘密的载体

国家秘密的载体指载有国家秘密信息的物体，具体的国家秘密载体是多种多样的，主要有以下几类：

(1) 以文字、图形、符号记录国家秘密信息的纸介质载体。如国家秘密文件、文稿、文书、档案、电报、信函、数据统计、图表、地图、照片、书刊及其他图书资料。人们通常把它们称为国家秘密文件、资料。国家秘密文件、资料是目前实际工作中使用最多、最常见的国家秘密载体。

(2) 以磁性物质记录国家秘密信息的磁介质载体。如记录国家秘密信息的计算机磁盘（包含软盘、硬盘）、磁带、录音带、录像带等。随着现代办公自动化技术的发展，这种磁介质的国家秘密载体将越来越多，并将逐渐替代纸介质载体，成为一种主要的介质载体形式。

(3) 以光、电、信号记录传输国家秘密信息的载体。如电波、光纤等，国家秘密以某种信息的形式在这种载体上流动、传输。只有通过一定的技术手段，将其所传输的涉密信号记录并还原时，才能通过人的感官知悉其具体内容。

(4) 含有国家秘密信息的设备、仪器、产品载体。这类载体有的可以从外观上直接反映出国家秘密的属性，有的则要通过测试、分析等物理或化学手段才能获得国家秘密信息。

三、国家秘密泄露的渠道

随着改革开放的不断深入和社会主义市场经济体制的建立。保密工作不再是在一种封闭的环境下进行，而是面临过去不曾有过的新情况、新问题，一些单位和个人由于国家安全意识和保密意识淡薄，泄露国家秘密的案件时有发生。当前，造成国家秘密泄露的主要渠道有以下几种。

（一）对外交往与合作中泄密

我国实行对外开放以来，进一步扩大了同世界各国和地区间的交往，各种涉外活动特别是经济、科技、文化等方面的交流与合作日益增多，大大促进了我国经济和社会的发展，推动了我国科技的进步。但是，由于一些人缺乏敌情观念，失去了应有的警惕性，在对外交流与合作的过程中，不能做到内外有别，注意分寸，不能按照有关规定办事，不能严格区分密与非密的界限，对外方有求必应，或让外宾接近甚至进入限制进入的地区和部门进行拍照、摄像、录音等，造成国家秘密的泄露。还有些科技人员在出国进修、讲学、考察时，由于保密意识差，无意中会泄露国家秘密，也有些科技人员受利益的驱使，会主动带出一些秘密的技术资料、实物，造成泄密。

（二）通信和办公自动化方面的泄密

当前，通信和办公自动化的发展和普及，大大提高了工作效率，促进了我国经济和社会的发展，但也给保密工作带来了一些新的问题。一方面，我国保密防范技术落后，不能有效地克服技术性的泄密；另一方面，人为的泄密问题也时有发生。如有的在普通电话中谈论国家秘密，有的在拍发电报、传真时明、密码混用，有的信息网络不具备保密功能，而用户却将一些涉密信息输入上网等。

（三）新闻宣传和出版方面的泄密

有的新闻单位为追求新闻效应，不顾相关规定抢先报道，造成泄密；有的单位为了宣传自己，提高知名度，把本不应该对外宣传的情况和盘托出，造成泄密；有的新闻、出版部门编审人员保密知识缺乏，不了解保密范围，不知道哪些可以报道、出版，哪些不可以，造成泄密。例如正当国外情报人员急于得知我国用一枚运载火箭成功发射三颗卫星的详细情况时，某些报刊在卫星发射后的第三天便刊登了某工程师写的几篇文章，其中全面详细地介绍了三颗卫星运行的轨道、运行无线遥控频率等技术资料，使我国空间技术水平被公布于世，别人不费吹灰之力便得到了我国的国家秘密。

（四）信息咨询服务方面的泄密

有的信息机构特别是民办和外资、合资信息机构不了解有关保密规定，或者追求信息的广泛性和“高质量”，不自觉地收集涉及国家秘密的信息，并不分对象对外提供，造成泄密；有的则是受境外机构、组织、个人委托私自收集信息，包括对外提供秘密信息，造成泄密；还有一些参加过技术开发的人员，在退休后参与或从事信息咨询服务活动，收集秘密信息对外提供，造

课堂笔记

成泄密。

典型案例 

1999 年 5 月 19 日，四川电子科技大学国家安全小组联络员，在互联网上发现一篇介绍某国防重点工程研制进度、近期研制规划和总装、试验情况，以及中央、军委领导亲临研制现场的有关情况的文章，立即将该文下载并报告成都市安全局。通过侦破，是航空工业总公司某研究所工作人员郭某所为。这是我国目前破获的首例网上泄露国防重大机密案。

四、大学生应当自觉保守国家秘密

（一）保守国家秘密是每个公民的义务

我国法律、法规对组织和公民保守国家秘密的义务和法律责任做了具体的规定，主要有：

（1）《中华人民共和国宪法》第五十三条规定：中华人民共和国公民必须遵守宪法和法律，保守国家秘密。

（2）《中华人民共和国保守国家秘密法》（以下简称《保密法》）第三条规定：一切国家机关、武装力量、政党、社会团体、企事业单位和公民都有保守国家秘密的义务。任何危害国家秘密安全的行为，都必须受到法律追究。第三十条规定：国家工作人员或者其他公民发现秘密已经泄露或者可能泄露时，应当立即采取补救措施并及时报告有关机关、单位。有关机关、单位接到报告后，应当立即作出处理。

（3）《中华人民共和国国家安全法》第十九条规定：任何组织和个人都应当保守所知悉的国家安全工作的国家秘密。第二十条规定：任何组织和个人都不得非法持有属于国家秘密的文件、资料和其他物品。第十八条规定：故意或者过失泄露国家安全工作秘密的，由国家安全机关处以 15 日以下拘留，构成犯罪的，依法追究刑事责任。第二十九条规定：对非法持有属于国家秘密的文件、资料和其他物品的……国家安全机关可以依法对其人身、物品、住处和其他有关的地方进行搜查；对其非法持有的属于国家秘密的文件、资料和其他物品……予以没收。非法持有属于国家秘密的文件、资料和其他物品，构成泄露国家秘密罪的，依法追究刑事责任。

（二）大学生怎样保守国家秘密

造成国家秘密失泄露有主观和客观因素，但只要从思想上高度重视，在行动中小心谨慎，失泄密事件是可以避免的。对于大学生而言，要自觉做到以下几点：

（1）认真学习《保密法》及相关的保密法律法规，学习本单位保密工作规定。严格按照保密法律法规、规章制度使用、管理和交换保密文件、资料，只有经过长时间的实际工作的锻炼，才能养成保密习惯。

(2) 不泄密。不把自己掌握的国家秘密对不应该知道的人员透露，不擅自扩大知密范围，不在公共场所谈论国家秘密，不在私人通信中涉及国家秘密，使自己掌握的国家秘密不发生泄露。

(3) 不失密。对自己掌握、保管的秘密文件、资料、信息，严格依照保密规定进行管理，自觉做到不携带保密文件、资料出入公共场所，绝对不使它丢失。

(4) 在对外交往中坚持内外有别。在接触交往过程中，凡涉及国家机密的内容，完全按保密制度要求和上级的对外口径回答。不要随便涉及内部的人事组织、科技成果以及经济建设中未公开的数据资料等。

(5) 与境外人员接触时不带秘密文件、资料和记载有秘密事项的记录本，对方索要资料、样品或询问内部秘密时，要区别情况，灵活予以拒绝。

(6) 不经主管部门批准，不带境外人员参观或进入非开放区。不准境外人员利用学术交流、讲课的机会进行系统的社会调查。不经有关部门批准，不得填写境外人员的各种调查表，或替他们写社会调查方面的文章。

(7) 在国际学术会议或国外刊物上发表文章，要按规定办理审查手续。不得为境外人员提供或代购内部读物和资料。

(8) 拾获属于国家秘密的文件、资料和其他物品，应当及时送交有关机关、单位或保密工作部门。

(9) 发现有人买卖属于国家秘密的文件、资料和其他物品，应当及时报告保密工作部门或者公安、国家安全机关处理。

(10) 发现泄露或可能泄露秘密的线索，应当及时向有关机关、单位或保密工作部门举报。

(11) 发现有人盗窃、抢夺属于国家秘密的文件、资料和其他物品，公民有权制止，并应当立即报告保密工作部门或者公安、国家安全机关。

保密是公民的义务，也是我们大学生的社会责任。每个大学生都应该自觉贯彻遵守保密法规，自觉履行保密义务，坚决同泄密和窃密行为做斗争。

温馨提示

危害国家安全行为的法律惩罚规定

1.《中华人民共和国刑法》

第一百零二条　【背叛国家罪】勾结外国，危害中华人民共和国的主权、领土完整和安全的，处无期徒刑或者十年以上有期徒刑。

与境外机构、组织、个人相勾结，犯前款罪的，依照前款的规定处罚。

第一百零三条　【分裂国家罪】组织、策划、实施分裂国家、破坏国家统一的，对首要分子或者罪行重大的，处无期徒刑或者十年以上有期徒刑；对积极参加的，处三年以上十年以下有期徒刑；对其他参加的，处三年以下有期徒刑、拘役、管制或者剥夺政治权利。

【煽动分裂国家罪】煽动分裂国家、破坏国家统一的，处五年以下有期徒

课堂笔记

刑、拘役、管制或者剥夺政治权利；首要分子或者罪行重大的，处五年以上有期徒刑。

第一百零四条 【武装叛乱、暴乱罪】组织、策划、实施武装叛乱或者武装暴乱的，对首要分子或者罪行重大的，处无期徒刑或者十年以上有期徒刑；对积极参加的，处三年以上十年以下有期徒刑；对其他参加的，处三年以下有期徒刑、拘役、管制或者剥夺政治权利。

策动、胁迫、勾引、收买国家机关工作人员、武装部队人员、人民警察、民兵进行武装叛乱或者武装暴乱的，依照前款的规定从重处罚。

第一百零五条 【颠覆国家政权罪】组织、策划、实施颠覆国家政权、推翻社会主义制度的，对首要分子或者罪行重大的，处无期徒刑或者十年以上有期徒刑；对积极参加的，处三年以上十年以下有期徒刑；对其他参加的，处三年以下有期徒刑、拘役、管制或者剥夺政治权利。

【煽动颠覆国家政权罪】以造谣、诽谤或者其他方式煽动颠覆国家政权、推翻社会主义制度的，处五年以下有期徒刑、拘役、管制或者剥夺政治权利；首要分子或者罪行重大的，处五年以上有期徒刑。

第一百零六条 【与境外勾结的处罚规定】与境外机构、组织、个人相勾结，实施本章第一百零三条、第一百零四条、第一百零五条规定之罪的，依照各该条的规定从重处罚。

第一百零七条 【资助危害国家安全犯罪活动罪】境内外机构、组织或者个人资助实施本章第一百零二条、第一百零三条、第一百零四条、第一百零五条规定之罪的，对直接责任人员，处五年以下有期徒刑、拘役、管制或者剥夺政治权利；情节严重的，处五年以上有期徒刑。

第一百零八条 【投敌叛变罪】投敌叛变的，处三年以上十年以下有期徒刑；情节严重或者带领武装部队人员、人民警察、民兵投敌叛变的，处十年以上有期徒刑或者无期徒刑。

第一百零九条 【叛逃罪】国家机关工作人员在履行公务期间，擅离岗位，叛逃境外或者在境外叛逃的，处五年以下有期徒刑、拘役、管制或者剥夺政治权利；情节严重的，处五年以上十年以下有期徒刑。

掌握国家秘密的国家工作人员叛逃境外或者在境外叛逃的，依照前款的规定从重处罚。

第一百一十条 【间谍罪】有下列间谍行为之一，危害国家安全的，处十年以上有期徒刑或者无期徒刑；情节较轻的，处三年以上十年以下有期徒刑：

（一）参加间谍组织或者接受间谍组织及其代理人的任务的；

（二）为敌人指示轰击目标的。

第一百一十一条 【为境外窃取、刺探、收买、非法提供国家秘密、情报罪】为境外的机构、组织、人员窃取、刺探、收买、非法提供国家秘密或者情报的，处五年以上十年以下有期徒刑；情节特别严重的，处十年以上有期徒刑或者无期徒刑；情节较轻的，处五年以下有期徒刑、拘役、管制或者剥夺政治权利。

课堂笔记

第一百一十二条　【资敌罪】战时供给敌人武器装备、军用物资资敌的，处十年以上有期徒刑或者无期徒刑；情节较轻的，处三年以上十年以下有期徒刑。

第一百一十三条　【危害国家安全罪适用死刑、没收财产的规定】本章上述危害国家安全罪行中，除第一百零三条第二款、第一百零五条、第一百零七条、第一百零九条外，对国家和人民危害特别严重、情节特别恶劣的，可以判处死刑。

犯本章之罪的，可以并处没收财产。

2.《中华人民共和国保守国家秘密法》

第五章　法律责任

第四十八条　违反本法规定，有下列行为之一的，依法给予处分；构成犯罪的，依法追究刑事责任：

（一）非法获取、持有国家秘密载体的；

（二）买卖、转送或者私自销毁国家秘密载体的；

（三）通过普通邮政、快递等无保密措施的渠道传递国家秘密载体的；

（四）邮寄、托运国家秘密载体出境，或者未经有关主管部门批准，携带、传递国家秘密载体出境的；

（五）非法复制、记录，存储国家秘密的；

（六）在私人交往和通信中涉及国家秘密的；

（七）在互联网及其他公共信息网络或者未采取保密措施的有线和无线通信中传递国家秘密的；

（八）将涉密计算机、涉密存储设备接入互联网及其他公共信息网络的；

（九）在未采取防护措施的情况下，在涉密信息系统与互联网及其他公共信息网络之间进行信息交换的；

（十）使用非涉密计算机、非涉密存储设备存储、处理国家秘密信息的；

（十一）擅自卸载，修改涉密信息系统的安全技术程序、管理程序的；

（十二）将未经安全技术处理的退出使用的涉密计算机、涉密存储设备赠送、出售、丢弃或者改作其他用途的。

有前款行为尚不构成犯罪，且不适用处分的人员，由保密行政管理部门督促其所在机关、单位予以处理。

第四十九条　机关、单位违反本法规定，发生重大泄密案件的，由有关机关、单位依法对直接负责的主管人员和其他直接责任人员给予处分；不适用处分的人员，由保密行政管理部门督促其主管部门予以处理。

机关、单位违反本法规定，对应当定密的事项不定密，或者对不应当定密的事项定密，造成严重后果的，由有关机关、单位依法对直接负责的主管人员和其他直接责任人员给予处分。

第五十条　互联网及其他公共信息网络运营商、服务商违反本法第二十八条规定的，由公安机关或者国家安全机关，信息产业主管部门按照各自职责分工依法予以处罚。

第五十一条　保密行政管理部门的工作人员在履行保密管理职责中滥用

课堂笔记

职权，玩忽职守，徇私舞弊的，依法给予处分；构成犯罪的，依法追究刑事责任。

知识小卫士

间　谍

间谍既指被间谍情报机构秘密派遣到对象国（地区）从事以窃密为主的各种非法谍报活动的特工人员，又指被对方间谍情报机构暗地招募而为其服务的本国公民，或是被派遣或收买来从事刺探机密、情报或进行破坏活动的人员。从广义来说，间谍是指从事秘密侦探工作的人，从敌对方或竞争对手那里刺探机密情报或是进行破坏活动，使其所效力的一方得利，又称特务、密探。间谍的主要任务之一，就是采取非法或合法手段，通过秘密或公开途径窃取情报，也进行颠覆、暗杀、绑架、爆炸、心战、破坏等隐蔽行为。

课堂笔记

第三章　饮食安全：关注生活之本

案例思考

2015年，国家卫计委通过突发公共卫生事件管理信息系统共收到28个省（自治区、直辖市）食物中毒类突发公共卫生事件报告169起，中毒5 926人，死亡121人。与2014年相比，报告起数、中毒人数和死亡人数分别增加5.6%、4.8%和10.0%。2016年6月，位于浦东新区张江地区的几所高校有大学生疑似吃了不洁食物，上吐下泻，近20名学生送医治疗。

第一节　平衡饮食与营养

食物是营养素的“载体”，人体所需的营养素大多数是通过食物获得的。一方面，每类营养素都有其特殊的生理功能，都是不可缺少和不可替代的；另一方面，各类食物中所含的营养成分是多种多样、千差万别的。人体需求的全部营养素，只有通过食用各类食物获得，任何一种单一的食物都不可能满足人体对各类营养素的全部需要。如果营养失衡（缺乏、不足或搭配不合理），就会引起相关的疾病，如因铁、钙、锌缺乏等，引起贫血、骨骼发展缓慢、智力衰退等问题，严重的会影响正常的生活和学习。因此，注意饮食的平衡，以获取相应的营养是非常有必要的。

一、以谷类为主

人类的食物是多种多样的。各种食物的营养成分、生理功能不尽相同，必须强调合理搭配，其中要以谷类为主。每日谷类的摄入量，应占食物总摄入量的1/3左右为宜。如每日食物总量为1500g，其中谷类约为500g，这样既体现谷类为主，也不至于出现谷类提供的能量过剩或不足。

谷类食品是我国居民的主要食物。膳食中所含60%~70%的能量、70%的碳水化合物、50%左右的蛋白质以及B族维生素和无机盐是由谷类食品供给的。不少国家的膳食指南中主张多吃谷类食品，尤其是全谷和未加盐、糖或脂肪的谷类食品。谷类是平衡膳食的一个重要组成部分，它能提供数量可观的许多营养素。例如亚油酸、纤维素、维生素E、硒和叶酸。小米、玉米和麸皮中含有胡萝卜素；谷类的胚芽、谷皮中含有维生素E。这些营养素对预

课堂笔记

防非传染性慢性病的发生可起到一定的辅助作用，特别对降低冠心病的危险因素有潜在的作用。其中的多不饱和脂肪酸和某些纤维可降低血浆低密度脂蛋白（LDL），维生素 E 和硒可起到抗氧化作用，叶酸具有降低血浆同型半胱氨酸的作用。

二、多吃蔬菜与水果

蔬菜与水果含有丰富的维生素、矿物质和膳食纤维。

蔬菜的种类繁多。包括植物的叶、茎、花薹、茄果、鲜豆、食用菌藻等，不同品种所含营养成分不尽相同，甚至相差很大。红、黄、绿等深色的蔬菜中维生素含量超过浅色蔬菜和一般水果，它们是胡萝卜素、维生素 B_2、维生素 C 和叶酸、矿物质（钙、磷、钾、镁、铁）、膳食纤维和天然抗氧化物的主要或重要来源。

有些水果维生素及一些微量元素的含量不如新鲜蔬菜，但水果含有的葡萄糖、果酸、柠檬酸、苹果酸、果胶等物质又比蔬菜丰富。红色、黄色水果，如鲜枣、柑橘、柿子和杏等是维生素 C 和胡萝卜素的丰富来源。

含丰富蔬菜、水果的膳食，在保持心血管健康、增强抗病能力、延缓衰老及预防某些癌症等方面，起着十分重要的作用。

三、多吃薯类食物

薯类与水果及蔬菜的性质相差较大，薯类是一种以淀粉含量为主的食物，其所含的蛋白质比谷类低得多，但其他营养丰富，即含有相当丰富的膳食纤维和维生素 C，有的还含有较高的胡萝卜素，特别是红黄色的甘薯，每 100g 重的维生素 A 含量高达 40mg，胡萝卜素被人体吸收后，可以转化为维生素 A，维生素 A 能维持正常的视觉功能。维生素 A 缺乏会引发严重的健康问题，是引起贫困地区儿童失明的主要原因，食用甘薯可以避免维生素 A 缺乏症。

南方许多地方有类似薯类的山药和芋类，也有相似的作用。其中马铃薯含糖量高达 15%~25%，超过其他所有蔬菜，含蛋白质也比一般的蔬菜多。因其产能量较高，还可以代替一部分主食。不仅如此，它还含有较多的维生素 C 和钠、钾、铁等，尤以钾含量最为丰富，每 110g 中含钾 502mg，是少有的高钾蔬菜。

红薯经过蒸煮后，部分淀粉发生变化，与生食相比可增加 40%左右的食物纤维。这种纤维质地细腻，不伤肠胃，可有效刺激肠道，加快消化道蠕动，有助排便，清理消化道，缩短食物中有毒物质在肠道内的滞留时间，减少因便秘而引起的人体自身中毒，稀释肠道致癌物质的浓度，起到预防痔疮和大肠癌的作用。同时，膳食纤维能吸收部分葡萄糖，使血液中含糖量降低，有助于预防糖尿病。

四、多吃菌藻类食物

菌藻类食物有蘑菇、香菇、酵母、银耳、木耳、海带、紫菜、发菜、海藻等，是一类对人体有益的活菌体或藻体，含有丰富的能量、蛋白质和碳水化合物，并含有钙、铁、碘等无机盐和丰富的B族维生素，对人体十分有益。例如，海带中含有丰富的碘，可以预防和辅助治疗甲状腺肿大（也就是通常所说的“大脖子病”）。海带中的胶体纤维对降低胆固醇有一定的作用，海带胶质能促进体内的放射性物质随同大小便一起排出，从而减少放射性物质在人体内的积聚，降低放射性疾病的发生率。黑木耳能够清洁血液和解毒，经常食用能够有效地清除体内污染物质，预防动脉硬化。香菇中含有多种酶和氨基酸，香菇中还含有抗癌物质，它能提高人体免疫系统的功能，是辅助性T淋巴细胞的刺激剂，能刺激抗体形成，活化巨噬细胞，从而抑制癌细胞的生长。香菇还能有效地降低血液中胆固醇的浓度。香菇的降血压效果也是比较明显的，给轻度高血压患者每天食用干香菇3~4个，坚持长期食用，能将血压控制在正常范围内。

五、常吃奶类、豆类及其制品

奶类除含丰富的优质蛋白质和维生素外，含钙量较高，且利用率也很高，是天然钙质的极好来源。牛奶蛋白质含量为3%~3.5%。其蛋白质具有人体生长发育所必需的各种氨基酸，消化率高达98%~100%，相对含量与鸡蛋近似，利用率较高。牛奶含脂肪约3.5%，颗粒小且呈高度分散状态，容易消化吸收，同时含有必需脂肪酸、卵磷脂等。牛奶中的碳水化合物含量约为5%，以乳糖形式存在，可调节胃酸，促进胃肠蠕动。牛奶中的无机盐，特别是钙、磷、钾的含量很丰富，钙的含量可达125mg/100g，是人体钙的最好来源，而且吸收率很高。同时富含维生素B_2和维生素A。奶中的碱性元素含量高于酸性元素含量，有助于维持体内的酸碱平衡，但铁的含量较低。酸奶中的益生菌（乳酸杆菌和双歧杆菌）在维持改善肠道菌群平衡中至关重要。由于酸奶中加入了活性乳酸菌，其中的有机酸能有效地改善肠道菌群，使得肠道内的有益菌占有绝对优势，特别是双歧杆菌能利用其他细菌不能利用的低聚糖，从而有效地抑制有害菌的生长，使腐败有毒物质大大减少。

豆类是我国的传统食品，含大量的优质蛋白质、不饱和脂肪酸、钙和维生素B、维生素B_2、烟酸等。大豆中蛋白质含20%~40%，而且还富含植物性油脂，含15%~20%，是不饱和脂肪酸，易于消化吸收。大豆多肽通过抑制血管紧张素转换酶的作用从而起到降低血压的效果，大豆多肽能够阻碍肠道内胆固醇的再吸收，使之随粪便排出体外，从而起到降低胆固醇水平的功效。大豆低聚糖是存在于大豆中的可溶性糖分的总称，主要成分为水苏糖、棉籽糖和蔗糖。它们具有双歧杆菌增殖作用，促进肠道有益细菌的增殖，并有降低大肠内容物的酸度，降低肠道内的pH值，从而有效抑制有害菌的繁殖，达到改善肠道菌群结构的效果；促进肠道蠕动，防止便秘，预防结肠癌；棉籽糖等低聚半乳糖能促进肠道内钙、镁等无机盐的吸收，并抑制肠内菌群产生亚硝基化合物，从而降低致癌性。大豆膳食纤维可吸附结合钠离子，使之在肠道内的吸收受阻，从而起到降血压的作用；可以螯合吸附胆固醇和胆汁酸，从而抑制人体对它们的吸收，显著降低血液中胆固醇水平，同时膳食纤维能

课堂笔记

吸附肠道内的有毒物质并促使它们排出体外。膳食纤维的吸水性还能够增加饱腹感，延缓并降低饥饿感，除此还含有钙、磷、铁等无机盐和B族维生素。大豆卵磷脂有良好的乳化性，能阻止胆固醇在血管内壁沉积，并有清除部分沉积物的作用，同时具有改善脂肪的吸收和利用，达到预防心血管疾病的作用。豆腐、豆浆、豆芽菜等豆制品营养价值也很高，而且比干豆类容易消化吸收。降低机体对可利用碳水化合物的消化吸收，能有效预防肥胖症。

六、吃适量的鱼、禽、蛋、瘦肉

鱼、禽、蛋、瘦肉等动物性食物是优质蛋白质、脂溶性维生素和矿物质的良好来源。动物性蛋白质的氨基酸组成更适合人体需要，且赖氨酸含量较高，有利于补充植物蛋白质中赖氨酸的不足。肉类中铁的利用较好，鱼类特别是海产鱼所含不饱和脂肪酸有降低血脂和防止血栓形成的作用。鳝鱼、河蟹、海蟹等产品还含有丰富的维生素B_2。动物肝脏含维生素A极为丰富，还富含有维生素B_{12}、叶酸等。但有些动物脏器，如脑、肾等所含胆固醇相当高，对预防心血管系统疾病不利。

吃鱼类食物时应注意不要生吃。专家介绍，食用生鱼片、涮鱼片等很容易感染华支睾吸虫病。这是一种寄生虫病。华支睾吸虫进入人体后就寄生在胆囊内，会引起胆囊发炎和胆道堵塞，从而使肝细胞坏死，诱发肝硬化和肝癌。食用生鱼片还会感染其他寄生虫病。另外，有人喜欢食用鱼头，鱼头中含有丰富的卵磷脂，常吃能益智健脑。但是，未经煮熟的鱼头切不可食用。我国学者曾经对淡水鱼进行了一次专项的调查，发现鱼鳃和鱼头感染“华支睾吸虫囊蚴”比较严重。因此，专家提醒人们，为了健康，不要食用生鱼片、涮鱼片和生鱼头。鱼头较大应将鱼头切成小块再进行各种烹饪，如鱼头汤、鱼头火锅、红烧鱼头等，总之，必须烧熟煮透后方可食用。

蛋类食物也具有很高的营养价值。切记鸡蛋不能生吃，也不宜用开水冲服，这是因为生鸡蛋中含有大量的致病菌。如沙门菌、变形杆苗、金黄色葡萄球菌等，生吃鸡蛋很可能使食用者发生食物中毒。另外，生鸡蛋中含有抗蛋白酶，它能破坏人体消化液中的胰蛋白酶，妨碍胰蛋白酶的正常功能，从而影响对蛋白质的吸收。再者，生鸡蛋的蛋白质不易被消化吸收，因为鸡蛋的蛋白质结构致密，在胃肠道不易被蛋白水解酶水解，于是生鸡蛋中绝大部分蛋白质只是通过消化道，便排出体外，不能被人体吸收。鸡蛋也不要采用油炸法，油炸鸡蛋尽管又香又好吃，但是鸡蛋在油炸过程中维生素已被破坏，而且还不容易消化吸收。

长期以来，中国人绝大多数养成了以猪肉为主的食肉习惯。猪肉与禽肉相比，蛋白质含量较低，脂肪含量较高，即使是瘦肉，其脂肪的含量也占28%。鸡肉与牛肉比较，蛋白质较高而脂肪含量较低，含有多种人体需要的微量元素，吸收率较高。鸡肉中还含有大量的赖氨酸，其含量比猪肉高13%，对以谷类为主食结构的中国人来说，无疑是一种极好的补充赖氨酸能食物。鹅、鸭肉脂肪量仅为猪、牛、羊肉的1/3左右，所含脂肪的化学结构也不同，不饱和脂肪酸比畜肉多，这对心脏是有益的。鱼、兔肉等动物性食物产生的

课堂笔记

能量远低于猪肉。兔肉含钙、磷、铁等矿物质也很丰富。因此，适当减少猪肉的摄入量，在营养保健方面具有重要意义。

另外，肥肉和荤油为高能量和高脂肪食物，如果摄入过多，身体消耗不了，脂肪慢慢堆积会引起肥胖，成为某些慢性病的诱发因素，应当少吃。

七、吃清淡少盐膳食

食盐不仅是一种调味剂，而且还是一种防腐剂。一般认为，成年人每天需要食盐 2~3g，最多不要超过 7g。世界卫生组织推荐每天食盐适宜摄入量为 6g，而我国人均每天食盐实际摄入量为 13 克多，比标准量高出 1 倍多。

流行病学调查表明，长期过多地摄入钠盐会导致细胞外液和血浆容量增加，使血压升高、血管腔狭窄、管壁增厚，增加心脏负担，从而诱发心血管疾病。国际流行病学调查研究机构曾对 32 个国家、52 个中心的 10 079 名年龄在 20~59 岁的成人，进行了尿排钠量与血压关系的分析，涉及全世界五大洲，包括我国的北京、南宁、天津及台湾等地。结果表明，钠盐摄入量低的人群平均血压低，且血压随年龄的增长幅度较小；而绝大多数钠盐摄入量高的人群，不仅平均血压高，而且血压随年龄而升高的幅度也较大。日本东北部人均日摄盐量为 22~27g，其人群高血压发病率高达 30%~35%；而非洲博茨瓦纳的土著人人均日摄盐量仅为 1.5 g，其人群中少有高血压患者。国内外很多研究均证实，摄盐量太多，高血压、心脑血管病发病明显增高。

在日常膳食中，大多数经过加工的食物均含有一定量的食盐，这些食物对健康是不利的。避免或减少这种加工食品的摄入，是一种最好的降低钠的摄入量以改善饮食结构的方法之一。同时，养成适应低盐饮食的良好习惯，不要在餐桌上加盐，不吃表面有盐的点心。例如调味酱、罐头肉类、椒盐核桃、椒盐饼、苏打饼干、马铃薯片（条）、加盐的坚果等。不食用或少食用高盐食品，如咸鱼、咸菜、腌菜、泡菜等，或在食用前用煮沸的凉开水漂洗或浸泡后食用，以降低食品中的盐分。烹调用盐时，选用含钾的食盐，即氯化钾代替氯化钠食盐，对高血压患者更适合。

八、少饮或不饮酒

在节假日、喜庆和交际的场合人们往往饮酒。高度酒含能量高，不含其他营养素。无节制地饮酒，会使食欲下降，食物摄入减少，以致发生多种营养素缺乏，严重时还会造成酒精性肝硬化。过量饮酒会增加患高血压、中风等危险，并可导致事故及暴力事件的增加，对个人健康和社会安定都是有害的。因此，应严禁酗酒，若饮酒可少量饮用低度果酒，青少年则不应饮酒。

九、生食品与熟食品的搭配

在现代生活中，适当生食一些新鲜的瓜果蔬菜已成为时尚，这种吃法已遍及全世界。据资料介绍，生食蔬菜对防癌抗癌能起到积极的预防作用。营养学家通过大量的调查研究认为，新鲜蔬菜、水果、菌类等在烹调时，其维

课堂笔记

生素、无机盐以及某些抗癌因子等都会受到不同程度的损失，各类生理活性物质包括抗癌物质也会遭到严重破坏。只有生吃时，它们才能更有效地接触人体的黏膜细胞，进而更好地发挥作用。蔬菜中的维生素与矿物质对维持膳食营养平衡具有不可替代的作用。生食蔬菜中的营养物质含量不仅远远超过熟食，而且有些蔬菜与水果还含有特殊的成分，如萝卜含有淀粉酶，菠萝和无花果含有蛋白酶，这些蔬菜与水果的生食可促进消化。水果中的柠檬酸、苹果酸和酒石酸亦可促进消化液的分泌，有利于食物消化。还有些生蔬菜中的β-胡萝卜素、木质素、挥发油、酶等，被人体吸收后可以激发巨噬细胞的活力，增强免疫水平，把已经癌变的细胞吞噬掉，起到积极的抗癌作用。由于生食蔬菜与水果有如此奇特的好处，因此国外生吃的风气越来越烈，除了生吃黄瓜、番茄、萝卜外，还将白菜、莴苣、卷心菜、茄子、花菜、辣椒、洋葱、芹菜等蔬菜都列为生吃食品。当然，在我国也可提倡适当生食蔬菜与水果，但由于生活习惯的不同，我国人民吃生菜的人并不多。生吃蔬菜与水果除了以上好处，还可以少摄入油、盐、糖、味精等调味品，有利于身体健康。

总之，在食物搭配上要坚持粗粮与细粮搭配、荤食品与素食品搭配、酸性食品与碱性食品搭配、生食品与熟食品搭配的原则，定时定量地吃好三餐，养成良好的饮食习惯。

第二节　明确饮食禁忌

人的健康与饮食有着很大的关系，科学、合理地把握好饮食关，越来越为现代人们所重视。日常饮食中，大学生除了要根据自身的情况平衡饮食与营养，知道哪些东西是需要吃的之外，还要加倍注意食物间的禁忌问题，懂得哪些东西是不可以吃的。

一、不可同食的食物

人们日常吃饭不可能只吃一种食物，总是得有各种肉蛋蔬菜来丰富我们的餐桌。但是当我们吃下看似营养丰富的食物时，可能会由于某些食物的搭配不当，而引起身体的不适，严重的还会导致中毒，危及生命。常见的禁忌搭配如下所述。

（一）海鲜与啤酒同食易诱发痛风

海鲜是一种含有嘌呤和苷酸两种成分的食物，而啤酒中则富含分解这两种成分的重要催化剂——维生素 B_1。如果吃海鲜的同时饮啤酒，会促使有害物质在体内的结合，增加人体血液中的尿酸含量，从而形成尿路结石。如果自身代谢有问题，海鲜与啤酒同食容易导致血尿酸水平急剧升高，诱发痛风，引起痛风性肾病、痛风性关节炎等疾病。

（二）菠菜与豆腐同食易患结石症

豆腐里含有氯化镁、硫酸钙这两种物质，而菠菜中则含有草酸，两种食物同食可生成草酸镁和草酸钙。这两种白色的沉淀物不能被人体吸收，不仅影响人体吸收钙质，而且还容易患结石症。如果两者能分开吃，营养吸收会比较好。

（三）萝卜与橘子同食易诱发甲状腺肿大

萝卜会产生一种抗甲状腺的物质硫氰酸，如果同时食用大量的橘子、苹果、葡萄等水果，其中的类黄酮物质在肠道经细菌分解后就会转化为抑制甲状腺作用的硫氰酸，进而诱发甲状腺肿大。

（四）鸡蛋与豆浆同食降低蛋白质吸收

生豆浆中含有胰蛋白酶抑制物，它能抑制人体蛋白酶的活性，影响蛋白质在人体内的消化和吸收。鸡蛋的蛋清里含有黏性蛋白，可以同豆浆中的胰蛋白酶结合，使蛋白质的分解受到阻碍，从而降低人体对蛋白质的吸收率。

（五）奶与巧克力同食易发生腹泻

牛奶含丰富的蛋白质和钙，巧克力则含草酸。若二者同食，牛奶中的钙会与巧克力中的草酸结合成一种不溶于水的草酸钙，食用后不但不吸收，还会产生腹泻、头发干枯等症状，影响生长发育。

（六）水果与海鲜同食不容易消化

吃海鲜的同时，若再吃葡萄、山楂、石榴、柿子等水果，就会出现呕吐、腹胀、腹痛、腹泻等。因为这些水果中含有鞣酸，遇到水产品中的蛋白质，会沉淀凝固，形成不容易消化的物质。人们吃海鲜后，应间隔四小时以上再吃水果。

（七）火腿与乳酸饮料同食容易致癌

常常吃三明治搭配优酸乳当早餐的人要小心，三明治中的火腿、培根等和乳酸饮料（含有机酸）一起食用，容易致癌。为了延长香肠、火腿、培根、腊肉等加工肉制品的保质期，食品制造商会添加硝酸盐来防止食物腐败及肉毒杆菌生长。当硝酸盐碰上有机酸（乳酸、柠檬酸、酒石酸、苹果酸等）时，会转变为一种致癌物质——亚硝胺。因此，不要经常食用这类加工肉制品，当然更要避免和酸碱质低的食物一起吃，以免增加致癌风险。

（八）其他食物的一些禁忌

1. 甘薯

甘薯与柿子同食，会形成胃柿石，引起胃胀、腹痛、呕吐，严重时可导致胃出血等，危及生命；也不宜与香蕉同食。

2. 韭菜

韭菜不可与菠菜同食，二者同食有滑肠作用，易引起腹泻；不可与蜂蜜同食，影响维生素C的吸收；不可与牛肉同食，会令人发热动火。这里要特别指出，炒蔬菜时不要放韭菜，况且色泽、搭配也不科学。

3. 茄子

茄子忌与黑鱼、蟹同食，会损伤肠胃，并且，一般过老熟的茄子不宜食，易引起中毒。

4. 南瓜（番瓜、倭瓜、饭瓜）

南瓜等不可与富含维生素 C 的蔬菜、水果同食；不可与羊肉同食，易发生黄疸和脚气病。

5. 竹笋（笋）

竹笋不宜与豆腐同食，同食易生结石；不可与鹧鸪肉同食，会引起腹胀；不可与糖同食；不宜与羊肝同食。

6. 茭白（菱瓜、菱笋）

茭白不宜与豆腐同食，易形成结石。

7. 芹菜（芹、旱芹、药芹、香芹）

芹菜忌同醋食，易损伤牙齿，不宜与黄瓜同食。

8. 芥菜（护生草、菱角菜）

芥菜忌与鲫鱼同食，易引发水肿。

除上述一些禁忌外，大学生在进行饮食搭配时要事先查明，以免引起身体的不适或食物中毒。

二、易引起过敏的食物

（一）食物过敏及其症状

食物过敏也称为食物变态反应或消化系统变态反应、过敏性肠炎等，是由于某种事物或食品添加剂等引起消化系统的变态反应。其症状包括：胃肠道症状，如恶心、呕吐、腹痛、腹胀、腹泻，黏液样或稀水样便等，个别人还会出过敏性胃炎、肠炎、乳糜泻等；皮肤症状，如皮肤充血、湿疹、瘙痒、荨麻疹、血管性水肿等，这些症状最容易出现在面部、颈部、耳部等地。神经系统症状，如头痛、头晕等，比较严重的还可能会发生血压急剧下降，意识丧失，呼吸不畅，甚至过敏性休克。

（二）易引起食物过敏的食物种类

人的体质不同，引起过敏的食物种类便有所不同。食物的种类有成千上万，其中只有一部分容易引起过敏。同族的食物常具有类似的属性，尤以植物性食物更为明显，如对花生过敏的患者对其他豆科类植物也会有不同程度的过敏。各国、各地区的饮食习惯不同，机体对食物的适应性也就有相应的差异，因而致敏的食物也不尽相同。比如西方人认为羊肉极少引起过敏，但在我国羊肉比猪肉的致敏性高；西方人对巧克力、草莓、无花果等过敏较多，在我国则极少见到过敏者。西方人一般认为，易引起过敏的食物为牛奶、鸡蛋、巧克力、小麦、毛米、坚果类、花生、橘子、柠檬、草莓、洋葱、猪肉，以及某些海产及鱼类、蛤蚌、火鸡及鸡等。

在我国容易引起过敏的食物有以下几类：

（1）富含蛋白质的食物，如牛奶、鸡蛋。

（2）海产类，如鱼、虾、蟹、海贝、海带。

（3）有特殊气味的食物，如洋葱、蒜、葱、韭菜、香菜、羊肉。

（4）有刺激性的食物，如辣椒、胡椒、酒、芥末、姜。

（5）某些生食的食物，如生番茄、生花生、生栗子、生核桃、桃、葡萄、柿子等。

（6）某些富含细菌的食物，如死的鱼、虾、蟹、不新鲜的肉类。

（7）某些含有真菌的食物，如蘑菇、酒糟、米醋。

（8）富含蛋白质而不易消化的食物。如蛤蚌类、鱿鱼、乌贼。

（9）种子类食物，如各种豆类、花生、芝麻。

（10）一些外来而不常吃的食物。

（三）防止食物过敏的办法

由于引起食物过敏的因素和引发的症状都呈现出差异性，因此，防治食物过敏的方法也各不相同。目前，比较可取的方法主要有以下几种：

（1）避免疗法。即完全不摄入含致敏物质的食物，这是预防食物过敏最有效的方法。

（2）对食品进行加工。如可以通过加热的方法或是添加某种成分改善食品的性质，从而破坏原食品中的过敏源，最常见的食品就是酸奶。

（3）替代疗法。即不吃含有致敏物质的食物，而用其他的食物代替。

（4）脱敏疗法。对某些易感人群，想经常食用或需要经常食用营养价值高的食品，可以在医院接受脱敏治疗。

三、易引起中毒的食物

（一）食物中毒及其种类

食物中毒，指食用了被有毒有害物质污染的食品，或者食用了含有毒有害物质的食品后出现的急性、亚急性疾病。

食物中毒按引起中毒的原因可分为以下四种：

（1）细菌性食物中毒。凡是食用含有致病量的病原菌，或含有细菌产生的致毒量毒素（内毒素或外毒素）的食物，以及同时食用含有一定量病原菌及其毒素的食物，所引起的食物中毒都称为细菌性食物中毒。

（2）真菌性食物中毒。真菌在谷物或其他食品中生长、繁殖，产生有毒的代谢产物，人和动物食入这种毒性物质发生的中毒，称为真菌性食物中毒。由于真菌生长繁殖及产生毒素需要一定的温度和湿度，因此，中毒往往有比较明显的季节性和地区性，如霉变甘蔗中毒。

（3）植物性食物中毒。凡是吃了因种植、储存或加工方法不当，而未去掉某些含有天然毒素的植物性食物，或误食了形似植物性食物的有毒植物，或由其花粉酿成的蜂蜜等所引起的食物中毒，称为植物性食物中毒。

（4）动物性食物中毒。凡是食入因储存或加工、烹调方法不当，而不能除去某些含有天然毒素的动物性食物，或是食入某些动物的有毒组织器官，或是吃了有毒的藻类或体内含毒的水生动物所引起的食物中毒，称为动物性食物中毒。

（5）化学性食物中毒。凡是食入化学性中毒食品引起的食物中毒即为化学性食物中毒。例如，农药中毒、铅中毒等都属于化学性食物中毒。

课堂笔记

（二）易引起中毒的食物

易引起中毒的食物包括以下几种：

1. 被细菌感染的食物

被细菌感染的食物，如肉、鱼、奶和蛋类，剩饭、糯米凉糕、面类发酵食品等。多因食物储存方式不当或在较高温度下存放较长时间，致使病菌大量繁殖，从而导致食物中毒。

2. 本身具有有毒物质的食物

（1）天然含有有毒成分的植物或其加工制品。如桐油、大麻油等。

（2）在食品的加工过程中，未能破坏或除去有毒成分的食物。如木薯、苦杏仁、河豚、鱼卵等。

（3）在一定条件下，含有大量有毒成分的食品。如鲜黄花菜、发芽马铃薯、未腌制好的咸菜或未烧熟的扁豆等。

3. 化学物质超标的食物

有些食物农药含量超标，食用后会出现中毒反应；有些食品中铅、汞等化学物质超标，食用后也易中毒。

四、常见的几种易中毒的食物

（一）鲜木耳

鲜木耳与市场上销售的干木耳不同，含有叫作“卟啉”的光感物质，如果被人体吸收，经阳光照射，能引起皮肤瘙痒、水肿，严重可致皮肤坏死。若水肿出现在咽喉黏膜，则会导致呼吸困难。因此，新鲜木耳应晒干后再食用。在暴晒过程中会分解大部分“卟啉”。市面上销售的干木耳，也须经水浸泡，使可能残余的毒素溶于水中。

（二）鲜海蜇

新鲜海蜇皮体较厚，水分较多。经研究发现，鲜海蜇含有四氨络物、5-羟色胺及多肽类物质，有较强的组胺反应，引起“海蜇中毒”，出现腹泻、呕吐等症状。因此，只有经过食盐加明矾盐渍三次（俗称三矾），使鲜海蜇脱水，才能将毒素排尽，方可食用。“三矾”海蜇呈浅红或浅黄色，厚薄均匀且有韧性，用力挤也挤不出水。

海蜇有时会附着一种叫“副溶血性弧菌”的细菌，对酸性环境比较敏感。因此凉拌海蜇时，应放在淡水里浸泡两天，食用前加工好，再用醋浸泡五分钟以上，就能消灭全部细菌。

（三）鲜黄花菜

新鲜的黄花菜含有毒成分——秋水仙碱，如果未经水焯、浸泡，且急火快炒后食用，可能导致头痛头晕、恶心呕吐、腹胀腹泻，甚至体温改变、四肢麻木。因此，想尝尝新鲜黄花菜的滋味，应去其条柄，开水焯过，然后用清水充分浸泡、冲洗，使秋水仙碱最大限度溶于水中。建议将新鲜黄花菜蒸熟后晒干，若需要食用，取一部分加水泡开，再进一步烹调。

（四）变质蔬菜

在冬季，蔬菜，特别是绿叶蔬菜储存一天后，其含有的硝酸盐成分会逐渐增加。人吃了不新鲜的蔬菜，肠道会将硝酸盐还原成亚硝酸盐。亚硝酸盐会使血液丧失携氧能力，导致头晕头痛、恶心腹胀、肢端青紫等，严重时还可能发生抽搐、四肢强直或屈曲，进而昏迷。因此，蔬菜当天买当天吃完最好。有些市民习惯将大白菜、青椒等用报纸包裹着放在冰箱里，这也是不可取的。

（五）变质生姜

生姜适宜放在温暖、湿润的地方，存储温度以5℃～12℃为宜。如果存储温度过高，腐烂也很严重。变质生姜含毒性很强的物质——黄樟素，一旦被人体吸收，即使量很少，也可能引起肝细胞中毒变性。人们常说“烂姜不烂味”，这种观点是错误的。

（六）霉变甘蔗

霉变的甘蔗毒性十足。霉变甘蔗的外观无正常光泽，质地变软，肉质变成浅黄或暗红、灰黑色，有时还发现霉斑。如果闻到酒味或霉酸味，则表明严重变质。误食后，可引起中枢神经系统受损，轻者出现头晕头痛、恶心呕吐、腹痛腹泻、视力障碍等；严重者可能抽搐、四肢强直或屈曲，进而昏迷。因此，要在观其色、闻其味之后再食用，如果发现霉变，一定不要食用。霉变甘蔗中含有神经毒素，且目前还没有特效的解毒药。

（七）长斑红薯

红薯表面出现黑褐色斑块，表明受到黑斑病菌（一种霉菌）污染，排出的毒素有剧毒，不仅使红薯变硬、发苦，而且对人体肝脏影响很大。这种毒素，无论使用煮、蒸或烤的方法都不能使之破坏。因此，有黑斑病的红薯，不论生吃或熟吃，均会引起中毒。

（八）生豆浆

未煮熟的豆浆含有皂素等物质，不仅难以消化，还会诱发恶心、呕吐、腹泻等症状。因此，一定将豆浆彻底煮开再喝。当豆浆煮至85℃～90℃时，皂素容易受热膨胀，产生大量泡沫，让人误以为已经煮熟。家庭自制豆浆或煮黄豆时，应在100℃的条件下，加热约10min，才能放心饮用。

还须注意，别往豆浆里加红糖。否则，红糖中所含醋酸、乳酸等有机酸，与豆浆中的钙结合，产生醋酸钙、乳酸钙等块状物，不仅降低豆浆的营养价值，而且影响营养素的吸收。此外，豆浆中的嘌呤含量较高，痛风病人不宜饮用。

（九）生四季豆

四季豆，又名刀豆、芸豆、扁豆等，是人们普遍食用的蔬菜。生的四季豆中含皂甙和血球凝集素，其中皂甙对人体的消化道具有强烈的刺激性，可引起出血性炎症，并对红细胞有溶解作用。

此外，豆粒中还含红细胞凝集素，具有红细胞凝集作用。如果烹调时加

课堂笔记

热不彻底，豆类的毒素成分未被破坏就食用会引起中毒。

四季豆中毒的发病潜伏期为几十分钟至十几小时，一般不超过 5h。主要有恶心、呕吐、腹痛、腹泻等胃肠炎症状，同时伴有头痛、头晕、出冷汗等神经系统症状。有时会出现四肢麻木、胃烧灼感、心慌和背痛等症状。病程一般为数小时或 1~2d，愈后良好。若中毒较深，则须送医院治疗。

预防四季豆中毒的方法非常简单，只要把全部四季豆煮熟焖透就可以了。每一锅的菜量不应超过锅容量的一半，用油炒过后，加适量的水，加上锅盖焖 10min 左右，并用铲子不断地翻动四季豆，使它受热均匀。

另外，还要注意不买、不吃老四季豆，把四季豆两头和豆荚摘掉，因为这些部位含毒素较多。使四季豆外观失去原有的生绿色，吃起来没有豆腥味，就不会中毒。

（十）青番茄

青番茄含有与发芽土豆相同的有毒物质——龙葵碱。其被人体吸收后会造成头晕恶心、流涎呕吐等症状，严重者会发生抽搐，对生命威胁很大。

因此，要选熟番茄食用。首先，外观要彻底红透，不带青斑；其次，熟番茄酸味正常，无涩味；再次，熟番茄蒂部自然脱落，外形平展。有时青番茄因存放时间久，外观虽然变红，但内部仍保持青色，同样对人体有害。购买时须仔细分辨，应观察其根蒂，若采摘时为青番茄，蒂部常被强行拔下，皱缩不平。

第三节　应对食物中毒

人体所需要的营养是从我们的日常饮食中得到的，但同时“病从口入”也是一个我们无法否认的事实，因此，大学生要注意平时的饮食安全，防止食物中毒。

一、食品安全的十条原则

世界卫生组织科学总结了不同国家食源性疾病的发生情况并根据资料显示，提出了安全制备食品的十条原则。

（一）选择经过安全处理的食品

许多食品，诸如各类水果和蔬菜，其自然状态是最佳状态，也有的食品未经加工处理，可能是不安全的。例如，人们通常会购买消过毒的牛奶而不买生牛奶，并且在挑选时一定会选购经过辐照的新鲜和冷冻的家禽。购物时必须牢记，经过处理的食品可以提高安全性和保存期。某些生吃的食物，例如莴苣、黄瓜等，则需要清洗干净，并进行消毒。

（二）彻底烹调食品

许多生的食品，如绝大多数的家禽、肉类以及未经消毒的牛奶常被病原菌污染，彻底加热可杀灭病原菌，烹调时要牢记食品所有部位的温度都必须达到70℃以上。炖鸡时，如果靠近鸡骨的部分还未熟透，请放回火上直至完全炖熟。冷冻的肉、鱼和家禽必须彻底解冻后再进行烹调。

（三）立即食用做熟的食品

烹调过的食品冷却至室温时，微生物已开始繁殖。放置的时间越长，危险性越大。从安全角度考虑，食品出锅后应立即食用。

（四）妥善储存熟食品

若提前做好食品或需要保留剩余食品时，必须把这些食品储存在60℃以上或10℃以下的条件下。假如需要将它们储存4~5h以上，必须照此办理。婴幼儿食品绝对不能储存。

引起大量食源性疾病的一个常见原因，是把大量热食品存放在冰箱里，超过了冰箱的负荷，食品中心温度不能很快降下来，中心温度较长时间保存在10℃以上，致病菌会很快大量生长繁殖达到致病水平。

（五）彻底再加热熟食品

这是消除微生物的最好办法。食品在储存时微生物也许已经开始生长繁殖（适宜的储存仅能减慢微生物的生长，但并不能杀灭它们）。再次彻底加热是指使食品所有部位的温度至少达到70℃。

（六）避免生食品与熟食品接触

经过安全加热的熟食品稍微接触生食品就能被污染。这种交叉污染可能是直接的，即当生的家禽肉接触熟食时即可发生。交叉污染还可能是更隐蔽的。例如，先处理生鸡，然后再用未经清洗消毒的案板和刀具切熟食品，也会产生生、熟食品的交叉污染。所以，食品加工时，不要先处理生的食品，然后再用未清洗的案板和刀具切熟的食品。这样做可再次引起在烹调前微生物增殖及疾病出现的各种潜在危害。

（七）反复洗手

食品加工前或每次加工间歇之后都必须把手洗干净，尤其是去厕所后。在加工生的鱼、肉或家禽等动物性食品以后，必须再次洗手，然后才能开始处理其他食品。假如手受伤了，为防止伤口感染，必须包上绷带或戴上手套后才能开始加工食品。还必须记住，家养的宠物（如狗、猫、鸟，尤其是龟类等）常常携带着致病菌，这些致病菌能够通过手来污染食品。因此，应反复洗手，避免受污染的手进一步污染加工食品。

（八）必须经常保持厨房所有表面的清洁

由于食品极易受污染，因此用来制作食品的任何工具的表面都必须保持绝对干净。任何食品的残渣、碎屑或残余物都会变成一个潜在的细菌库。接触餐具和厨房用具的抹布应每天更换，并在下次使用前煮沸消毒。用来清洁地面的拖把也应经常清洗。

（九）避免昆虫、鼠类和其他动物接触食品

各种动物常常携带引起食源性疾病的病原微生物，最好的方法是将食品贮藏于密闭容器里。

课堂笔记

（十）使用净水

净水对于制备食品与饮用同样重要。若供水不能保证洁净，须在加入食品、制冰或饮用前，将水煮沸。要特别注意婴儿食品的用水。

二、食物中毒的预防

（一）加强对学生食堂的管理

1. 加强从业人员管理

学校食堂从业人员必须通过身体检查，有执法部门颁发的健康合格证。要及时对从业人员进行岗前培训，包括《中华人民共和国食品卫生法》等法律法规、原料采购要求、操作技术规程、食品保鲜等内容；经常进行职业道德教育，并加强平时的检查与监管。

2. 确保原料采购质量

从正规渠道购买食用盐、主食原料、水产品、肉类食品等，并尽量做到集体采购；不要购买发芽的土豆与洋葱、有毒蘑菇与鲜黄花菜、变质的水产品与肉类食品、过期的饮料与熟食等。

3. 不食用有毒及变质食品

不食用有毒的蘑菇、发芽的马铃薯（内含龙葵素）、木薯和杏仁（内含氯甙）、有毒鱼类（如河豚、金枪鱼、鲭鱼）和贝类（如贻贝、蛤和扇贝）。这些食物，经过剔除处理和充分加热是可以消除中毒危险的。

4. 严格管理食品加工程序

在食品加工过程中，严格做到所有食品烧熟煮透、生熟分开等卫生要求，避免熟食与待加工的生食交叉污染。

（1）烹饪加工所用的原料必须新鲜。在进行粗加工时，处理肉、禽、水产品所用的刀、板、盆等用具与处理蔬菜的要分开使用。

（2）采购的冻品要彻底解冻。坚持做到“完全解冻、立即烹饪”的原则。

（3）烹饪时要适当增加烹饪加工的时间，保证食品温度达到70℃以上。

（4）蔬菜在烹饪前必须彻底清洗干净，采用一洗、二净、三烫、四炒的加工方法，特别是扁豆一定要炒熟。

（5）加工凉菜要达到“五专”的加工条件：专人负责、专用调配室、专用工具、专用消毒设备设施、专用冷藏设备；制作凉菜要掌握三个关键环节：保证切拼前的食品不被污染，切拼过程中严防污染，凉菜加工完毕后须立即食用。

5. 食物分离存放

生熟食品要分开存放。热菜储存温度要合适，必须把食品的温度保持在60℃以上。不用饮料瓶盛装化学品，存放化学品的瓶子应有明显标志，并放在隐蔽处。

课堂笔记

6. 正确处理剩饭剩菜

若有少量的剩余饭菜须废弃。若可继续食用的剩余饭菜，必须妥善保存，凉透后放入熟食专用冰箱冷藏保存，切不可存放在室温下。再次食用剩饭菜前，必须彻底加热，不可直接掺入新鲜的食品中。

7. 保证餐具干净

洗刷餐具时一定要注意去除食品残渣、油污和其他污染物，洗刷干净后放入消毒柜内消毒，采用蒸汽和紫外线消毒。及时处理垃圾，杀灭老鼠、苍蝇、蟑螂和其他有害昆虫，保持卫生。

（二）预防食物中毒的方法

大学生预防食物中毒，应做到以下几点：

（1）个人要养成良好的卫生习惯。饭前、便后洗手。外出不便洗手时，一定要用酒精棉或消毒餐巾擦手。

（2）餐具要卫生。每个人要有自己的专用餐具，饭后将餐具洗干净存放在一个干净的塑料袋内或纱布袋内。

（3）饮食要卫生。生吃的蔬菜、瓜果、梨桃之类的食物一定要洗干净。不要吃隔夜变味的饭菜。不要食用腐烂变质的食物和病死的禽、畜肉。剩饭菜食用前一定要热透。

（4）对不熟悉的野生动植物不要随意采捕食用，海蜇等产品宜用饱和食盐水浸泡保存，食用前应冲洗干净。

（5）购买食品时一定要查看食品的生产日期、有效期、保质期、食品质量安全标志等，不买无照经营（非食品厂家）、个体商贩自宰自制的食品；不买不用过期、伪劣、假冒（如勾兑假酒等）食品。

（6）不吃变形、变味、变色食品和包装破损或异常的食品（如包装袋胀气）。

（7）生熟食正确存放食用。一是防止生、熟食品之间交叉加工，做到加工每一种食品前后都要洗手，案具、刀具不能混用；二是冰箱保存食品要严格分类分区，不能冷熟混放，并严格遵守保存时间。

（8）外出就餐要注意就餐环境卫生、餐具清洁度，不吃装盒超过两小时的盒饭，饮用清洁水，不喝冷水。

（9）粮食要存放在通风、干燥、避光的地方，做好防霉、防虫、防鼠工作。

（10）不吃不熟的青豆角、鲜黄花菜，不吃发芽的土豆，不吃野生蘑菇、霉变粮谷和有异味的鸡蛋。

（11）便后、饭前、加工食品前要洗手。

三、食物中毒的处理

（一）食物中毒的应对措施

1. 建立快速反应机制

出现食物中毒后，特别是集体性食物中毒事件，要及时向学校领导、主

管部门和所在地卫生防疫部门反映情况，并及时联系医院，确保在第一时间内救治。

2. 及时判断中毒类型

抢救食物中毒病人，时间是最宝贵的。从时间上判断化学性食物中毒和动植物毒素中毒，自进食到发病是以分钟计算的；判断生物性（细菌、真菌）食物中毒，自进食到发病是以小时计算的。

3. 保留检查样本

在发生食物中毒后，要保存导致中毒的食物样本，以提供给医院进行检测，因此，确认中毒物质对确定治疗方案至关重要。如果身边没有食物样本，也可保留患者的呕吐物和排泄物，以方便医生确诊和救治。

（二）食物中毒的救护

1. 及时发现症状

很多食物中毒的患者不能及时发现自己的中毒症状，往往在送到医院的时候症状已经非常严重。因此，食物中毒后早期的发现和处理十分重要。食物中毒后第一反应往往是腹部的不适，中毒者首先会感觉到腹胀，一些患者还会腹痛，个别的会发生急性腹泻。与腹部不适伴发的还有恶心、呕吐的情况。一旦有人出现上吐下泻、腹痛等食物中毒症状，首先应立即停止食用可疑食物，同时拨打 120 急救电话呼救。

2. 催吐

如食物吃下去的时间在 1~2h 内，可采用催吐的方法。首先使中毒者处于空气新鲜、通风好的环境中，并注意保暖。为防止呕吐物堵塞气道而引起的窒息，应让中毒者侧卧，便于吐出。用 2%~4%盐水或淡肥皂水催吐，也可用手指、筷子等刺激其舌根部的方法催吐，以减少毒素的吸收。若经大量催吐后，呕吐物已为较澄清液体时，可适量饮用牛奶以保护胃黏膜。但要注意当呕吐物中发现血性液体时，应暂时停止催吐，以免损伤消化道。在呕吐中，不要让中毒者喝水或吃食物，但在呕吐停止后应马上补充水分。

3. 导泻

如果病人食用中毒食物的时间较长（超过 2h），且精神状态较好，可采用服用泻药的方式，促使有毒食物排出体外。

4. 送入医院

出现中毒症状，感觉不适时，要立刻送入医院进行治疗，以免引起生命危险。

四、常见几种食物中毒的处理

（一）扁豆中毒

扁豆中含有皂素等有害物，如果吃了加热不透的扁豆，在半小时到几小时之内就可发生中毒，表现为恶心呕吐，血细胞增高。食用急火炒或凉拌的扁豆发生中毒者多。中毒轻者经过休息可自行恢复，用甘草、绿豆适量煎汤当茶饮，有一定的解毒作用。

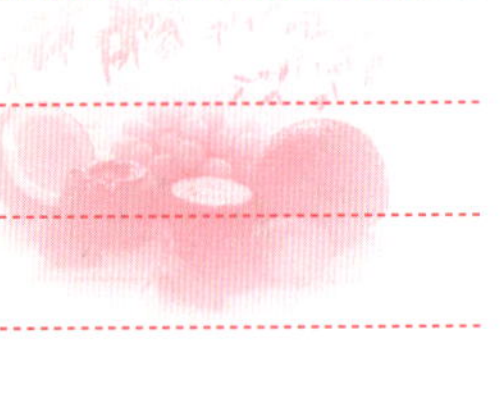

课堂笔记

（二）亚硝酸盐中毒

误食亚硝酸盐的人通常会出现胸闷憋气，紫绀的现象。一旦发生亚硝酸盐中毒应立即抢救，迅速灌肠、洗胃、导泻，让中毒者大量饮水。切记患者一定要卧床休息，注意保暖，并应将患者置于空气新鲜、通风良好的环境中。

（三）蘑菇中毒

一旦误食有毒蘑菇而中毒，要立即催吐、洗胃、导泻。对中毒不久而无明显呕吐症状者，可先用手指、筷子等刺激其舌根部催吐，然后用 1：2000 至 1：5000 高锰酸钾溶液或浓茶水、0.5% 活性炭混悬液等反复洗胃，并让中毒者大量饮用温开水或稀盐水，以减少毒素的吸收。

（四）螃蟹中毒

如果发生螃蟹中毒，必须立即设法让食物从胃里吐出来。具体办法是先给中毒者喝 5~6 杯加了盐和苏打的水，然后救护者用两个指头伸到其嘴里，抵住舌根进行催吐，再服些消炎药片。如果病情不重，经催吐后即会好转。民间也有这样的办法：取大蒜 15g，捣碎后用冷开水浸泡去渣，加红糖 25g，一次喝下，每隔 1 小时喝 1 次，连喝 3~4 次，有一定的效果。

（五）马铃薯中毒

误食了发芽的马铃薯中毒，若食后不久，应立即采取洗胃催吐，吐尽胃内毒物，并及时将病人送往医院。

温馨提示

食品加工的相关安全标志

1. 食品质量安全标志

图 3-1　食品质量安全标志

食品质量安全标志是食品市场准入标志，其式样和使用办法由国家质检总局统一制定。加贴（印）有食品质量安全标志的食品，即意味着该食品符合了质量安全的基本要求。获得食品质量安全生产许可证的企业，其生产加工的食品经出厂检验合格的，在出厂销售之前，必须在最小销售单元的食品包装上标注由国家统一制定的食品质量安全生产许可证编号，并加印或者加贴食品质量安全标志。该标志由“QS”和“质量安全”中文字样组成（见图 3-1），标志主色调为蓝色，字母“Q”与“质量安全”四个中文字样为蓝色，字母“S”为白色，使用时可根据需要按比例放大或缩小，但不得变形或变色。

2. 有机食品标志

有机食品可以说是现在的流行语。有机食品指来自有机农业生产体系，根据国际有机农业生产要求和相应标准生产、加工，并经具有资质的独立认

课堂笔记

证机构认证的一切农副产品。有机食品不使用任何人工合成的化肥，农药和添加剂。有机食品标志如图 3-2 所示。有机食品与我国绿色食品的最显著差别是在其生产和加工过程中绝对禁止使用农药、化肥、激素等人工合成的物质，而绿色食品则允许有限制地使用这些物质。

图 3-2 有机食品标志

3. 绿色食品标志

绿色食品是遵循可持续发展原则，按照特定生产方式生产，经过专门机构认定，许可使用绿色食品标志的无污染的安全、优质、营养类食品，级别比“无公害农产品”更高。由于与环境保护有关的事物国际上通常都冠之以“绿色”，为突出这类食品出自良好生态环境，因此定名为绿色食品。绿色食品标志如图 3-3 所示，由三部分构成：上方的太阳、下方的叶片和中心的蓓蕾。标志图形为正圆形，意为保护。该标志形象地告诉人们绿色食品正是出自纯净，良好生态环境的安全无污染食品，象征着其蓬勃的生命力。绿色食品分为 A 级和 AA 级。A 级产地环境质量要求评价项目的综合污染指数不超过 1，在生产加工过程中，允许限量，限品种，限时间地使用安全的人工合成农药、兽药、鱼药、肥料、饲料及食品添加剂。AA 级产地环境质量要求评价项目的单项污染指数不得超过 1，生产过程中不使用任何人工合成的化学物质，且产品需要 3 年的过渡期。

图 3-3 绿色食品标志

知识小卫士

2020 年食品安全与健康七大热点

热点一：春节防疫——严防反弹、食品污染

解读专家：陈君石 中国工程院院士、国家食品安全风险评估中心总顾问

新冠肺炎是呼吸道传染病，不是食源性疾病。尽管有证据表明，新冠肺炎的传播途径，除了“人传人”以外，还可能“物传人”，对于消费者来讲，这种感染的概率非常小；到目前为止，还没有消费者由于购买、制备被污染的食品而发生感染的报道。搬运进口货物的工人，如果预防措施不到位，通过物传人而被感染的概率较大。

热点二：误食毒蘑菇——我国食品安全头号致死因子

解读专家：吴清平 中国工程院院士、中国食品科学技术学会副理事长、广东省微生物研究所名誉所长

课堂笔记

我国野生蘑菇分布广泛，种类繁多，其中掺杂着数量庞大的有毒蘑菇。民间流传的所谓鉴别野生蘑菇是否有毒的方法并不可靠，目前，还没有简易辨别的科学方法，并且误食中毒后尚没有特效治疗药物，因此，消费者预防野生蘑菇中毒的最根本方法是“不采、不买、不吃”不认识的野生蘑菇。

热点三：米酵菌酸——“酸汤子”中毒的罪魁祸首

解读专家：刘秀梅　中国食品科学技术学会名誉副理事长、中国疾病预防控制中心营养与健康所研究员

椰毒假单胞菌酵米面亚种产生的米酵菌酸，是引起“酸汤子”食物中毒的罪魁祸首。椰酵假单胞菌食物中毒的高危食品包括三大类：谷类自制发酵制品、变质银耳或木耳、发酵薯类制品。为避免食用该类食物中毒事件的发生，家庭或小作坊要慎重制作或尽量不制作、不出售发酵米面类食品。正确购买和科学食用银耳、木耳等相关食品，禁止出售鲜银耳。

热点四：免疫力——后疫情时代消费者的首要健康需求

解读专家：丁钢强　中国食品科学技术学会副理事长、中国疾病预防控制中心营养与健康所所长

免疫力是指机体对外防御和对内环境维持稳定的反应能力，合理膳食是增强机体免疫力的基础和保障，此外，保证充足睡眠，进行适量运动并保持放松的心理状态也是增强免疫力的重要因素。在后疫情时代，食品工业正以国家政策和消费者健康需求为导向，通过不断提升食品营养高质量供给能力，在满足消费者免疫力提升的健康需求中发挥不可替代的作用。

热点五：植物基食品——健康饮食的新潮流

解读专家：郭顺堂　中国农业大学食品科学与营养工程学院教授；江连洲　东北农业大学食品学院教授、国际食品科学院院士

随着人类追求健康与可持续发展理念的兴起，植物基食品受到消费者广泛青睐，成为食品行业未来发展的主要方向。为大力促进植物基食品的快速发展，满足消费者的健康新选择，科技界和产业界应注重夯实植物基食品的科学理论基础，开展技术创新研究，以科技进一步提升植物基食品的营养水平，满足健康、美味的新需求。

热点六：粮食安全——唤醒危机意识，杜绝食物浪费

解读专家：孙宝国　中国工程院院士、中国食品科学技术学会副理事长、北京工商大学校长

受疫情影响，引发了公众对全球粮食安全的重新审视。目前，我国粮食和重要农副产品安全稳定，但面对全球经济下行压力和外部环境的深刻变化，我国粮食安全也将面临深刻挑战。

要强化以食品科技为依托的粮食安全保障，加快构建更高层次、更高质量、更有效率、更可持续的粮食安全保障体系。研究实施“藏粮于食品”工程。

热点七：直播带货——堵住火热营销下的安全漏洞

解读专家：马冠生　北京大学公共卫生学院营养与食品卫生学系主任

网络直播带货作为一种新兴的流量经济，在促进经济社会发展，满足消

课堂笔记

费者的获得感和幸福感方面发挥了积极作用。食品作为直播带货中重要的商品品类，要明确相关产业链上下游企业、政府监管部门、电商平台等环节的食品安全主体责任，维护消费者合法权益。消费者亦应秉持理性消费观念，从规范和信誉度好的网购平台选购产品。

课堂笔记

第四章　人身财产安全：注重自我保护

案例思考

2020年3月9日18时30分许，山东省青岛市黄岛区某高校大学生王某某报警，称在学校宿舍内总价值1000余元的现金被盗。经民警现场了解，王某某离开宿舍时随手将装有1000余元现金的钱包放在床上，忘记锁宿舍门就离开，回来时发现财物被盗。经过开发区警方调查，于3月12日抓获犯罪嫌疑人李某。经审查，李某利用下午学生上课时间偷偷溜进校园，发现王某某所在的宿舍门未关后潜入盗走现金1000余元。

第一节　大学生的人身侵害危机

近几年，高校校园中的学生人身伤害案件时有发生，其主要原因在于学校及周边治安环境复杂，学生的自我防范意识差。因此，大学生应该学习预防与应对人身安全侵害的方法与措施，确保自身的生命安全。

一、大学生人身侵害的类型

（一）危及生命健康安全的侵害

据统计，高校中发生的危及生命安全的非法侵害主要有以下几种类型：

（1）酗酒后斗殴。校内外人员或者大学生酗酒后，失去理智，由打架斗殴导致大学生被杀害。

（2）网上交友不慎。有的学生上网交友采取了不慎重的态度，没有深入了解对方便密切接触，结果引来杀身之祸。

（3）深夜单独去治安复杂地区让歹徒有机可乘。大学生（特别是女大学生）夜间单独行动，具有一定的危险性，有的因遇到坏人而被杀害。

（4）失恋后不能正确对待，报复行凶杀人。极个别大学生不能正确对待失恋，恋爱失败后，反目成仇，采取了杀人的极端行为。

（5）内部矛盾处置不当酿成伤害致死。大学生活是集体生活，难免发生各种矛盾，对矛盾处置不当，由激化而引起伤害致死案件。

（6）缺乏警惕，在社会生活中遭遇坏人，受骗上当被害身亡。有的大学生在社会活动中，因为不重视自身安全，缺乏警惕而受到伤害。

课堂笔记

（二）非法性侵害

一般认为，只要是一方通过语言或形体的有关性内容的侵犯或暗示，给另一方造成心理上的反感、压抑和恐慌的，都可构成非法性侵害。非法性侵害的对象以女性居多，主要的类型有以下几种：

（1）强迫的方式。主要是采取暴力手段或利用凶器进行威胁，对女生进行性侵害。暴力侵害的主体比较复杂，有的是社会上的犯罪分子，也有内部人员。这些人经常混入教学场所、女生宿舍楼或在校园偏僻处伺机作案。还有的本是以抢劫盗窃为目的，见女生过于软弱发展为强奸犯罪。

（2）胁迫型性侵害。主要指某些心术不正者，或是利用受害者有求于己的处境，或是抓住受害人的个人隐私、某些过错等作为把柄进行要挟胁迫，威逼就范。其主要手段如下：

①利用职务之便或乘人之危而迫使受害人就范；

②设置圈套，引诱受害人上钩；

③利用过错或隐私要挟受害人。

（3）诱骗型性侵害，是指利用受害人追求享乐、贪图钱财的心理，诱惑受害人而使其受到的性侵害。

（4）社交型性侵害，是指受害人在自己的生活圈子里发生的性侵害。与受害人约会的大多是熟人、同学、同乡，甚至是男朋友。出于各种考虑，受害人往往不敢加以揭发。

（5）滋扰型性侵害，主要是指社会上的非法人员结伙闯入校园，寻衅滋事，或是校内某些品行不端的人在变态心理的驱使下，对女生进行各种骚扰活动。其主要形式如下：

①利用靠近女生的机会，有意识地接触女生的胸部，摸捏其躯体和大腿等处，在公共汽车、商店等公共场所有意识地挤碰女生等；

②暴露生殖器等变态式性滋扰；

③向女生寻衅滋事，无理纠缠，用污言秽语进行挑逗，或者做出下流举动对女生进行调戏、侮辱。

二、大学生应对生命健康侵害的方法

（一）加强自我修养，避免矛盾发生

大学生要处理好人际关系，避免发生矛盾，严于律己，宽以待人，营造良好的人际关系环境。大学生以严于律己，宽以待人的原则来处理与周围人的关系，就能够在与他人发生纠纷的时候，认真听取他人的意见，开展自我批评，从自身找原因，主动宽容他人的过失，处理好与他人的关系。事实证明，争论会引起双方极度地不快，有时甚至会演化成直接的人身攻击，对于人际关系是非常有害的。文明修身可以帮助大学生树立正确的人生观、世界观，帮助大学生与他人和谐相处，减少与他人的矛盾。此外，大学生要正确对待爱情，正确处理友谊与爱情的关系。任何有悖社会规范和社会道德的行为都是对自己和他人的不负责任，极易导致危害。

（二）加强自我约束，树立法律意识

大学生要做到遵纪守法，加强与他人沟通，减少摩擦。加强自我约束，不做违章违纪之事，降低与他人发生纠纷的概率。此外，大学生要有法制观念，能够用法律武器来维护自己的合法权益，不做违法违纪的事，不侵害他人利益。

（三）避险脱险

当人身安全遭遇危机时，最好能在短时间内脱离现场，“三十六计，走为上计”，只要能脱离危险境地，人身就会避免遭受威胁，而且对于危机隐患还可以想方设法加以消除，并寻求到更多的帮助。

（四）正当防卫

当人身安全遭遇危机，脱离现场已经不可能时，就应该采取正当防卫，保护自己的合法权益。

（五）寻求校内保卫人员援助

校内保卫部门虽负有保护校内师生安全的职责，但保卫工作人员不可能24小时都在我们身边。因此，遇到人身伤害危机事件，首先要脱险、避险，继而要把险情及时告知保卫工作人员，寻求援助。

（六）寻求专业援助

有些人身伤害危机事件情况比较复杂，或者发生了严重的危害后果，就应该考虑寻求专业部门的援助。当遇到有同学人身受到严重伤害，或加害人逃跑等情况，要及时通过110报警服务台，寻求公安机关的专业援助。对于受害人的伤情一方面要在第一时间实施救助，另一方面要通过120寻求医生的专业救护。

（七）寻求师生帮助

出门在外求学，亲人不在身边，老师和同学应该是最值得信赖的人。他们可以帮忙想办法，协助处理、应对已发生的伤害。

（八）保全证据

人身安全遭遇危机时，要做好相应的证据保全工作，为公安机关提供破案线索，主要形式如下：

（1）保存加害人使用的凶器、遗留的其他物品，以及受害人受伤的照片、录像等。

（2）保护现场，以免相关的证据被破坏。

三、大学生应对性侵害的方法

（一）大学生容易遭受性侵害的场所

大学生容易受到性侵害的场所包括校外和校内的以下场所：

1. 校外

（1）公园假山、树林。

（2）车站、码头附近。

（3）没有路灯的街道、楼边、小巷。

（4）大桥、立交桥下。

（5）单位的值班室、仓库。

（6）无人居住的小屋、陋室、茅棚。

（7）影院、舞厅、卡拉 OK 厅、酒吧等公共娱乐场所。

2. 校内

（1）公共场所。如厕所、教室、宿舍、礼堂、舞池、溜冰场、游泳池、实验场所。

（2）偏僻幽静处所。如空旷操场、池边湖畔、假山土墩、亭台水榭、树林深处。

（3）偏僻小道、建筑物接合部、夹道小巷。

（4）尚未交付使用的新建筑物。

（二）易受性侵害的女生特点

易受侵害的女大学生通常具有以下特点：

（1）长相漂亮，打扮入时者。

（2）爱慕虚荣，有求于人者。

（3）饮酒过度，不能自控者。

（4）作风轻浮，有性过错者。

（5）身处险境，孤立无援者。

（6）怀有隐私，易被要挟者。

（7）不加选择，乱交朋友者。

（8）贪图钱财，追求享受者。

（9）精神空虚，无视法纪者。

（10）体质衰弱，无力自卫者。

（11）文静懦弱，胆小怕事者。

（12）意志薄弱，难拒诱惑者。

（三）性侵害的预防

女大学生防止性侵害，要采取以下预防措施：

（1）女大学生特别应当消除贪图小便宜的心理，对一般异性的馈赠和邀请应婉言拒绝，以免因小失大。谨慎待人处事，对于不相识的异性，不要随便说出自己的真实情况。

（2）夜晚行走，要走灯光明亮、来往行人较多的道路，最好结伴而行，不要单独行走。尽量少与陌生人交往，遇到陌生人纠缠要尽快摆脱。遇陌生男人问路时，不要带路；向陌生男人问路时，不要让其带路。

（3）不要在缺乏安全感的场合穿着过于暴露性感的服装。

（4）不要轻易搭乘陌生人的机动车、人力车或自行车，防止落入坏人的圈套。

（5）女生自身行为端正，坏人便无机可乘。自己态度暧昧，模棱两可，

对方就会增加幻想，借机继续纠缠，参加社交活动与男性单独交往时，要有理智、有节制地把握好自己，尤其应注意不能过量饮酒。

（6）对于那些失去理智、纠缠不清的无赖或犯罪分子，千万不要惧怕他们的要挟和讹诈，也不要怕他们的打击报复，要大胆揭发其阴谋或罪行，及时向领导和老师报告，必要时报警，学会依靠组织的力量和法律的武器保护自己，千万注意不能“私了”，其结果常会使犯罪分子得寸进尺。

（四）性侵害的应对

女大学生在遭遇性侵害时，可以使用以下几种正当防卫的方法进行自我防护，避免或减弱侵害的发生。

（1）喊。千万别小看喊声带来的效果，所谓“做贼心虚”，喊就有可能阻止犯罪分子的侵害。若色狼正处于犯罪初始阶段，应当大声呼救，以求他人闻警救助。此刻若该女生心有所忌，不敢呼喊，则可能会遭遇侵害。

（2）撒。若只身行路遭遇色狼，呼喊无人，跑躲不开，色狼仍紧逼不放，可以干脆就地取材，抓一把泥沙撒向色狼面部。为防侵害，可以在衣袋、书包内常备些食盐，这样做可以争取时间，跑脱后再去报警。

（3）撕。若徒手无物，被色狼死死缠住，打斗不过，可以在反抗中撕烂色狼的衣裤，令其丑态百出。尔后将他的烂衣裤（碎片、衣扣、断带）作为证据带到公安机关报案。

（4）抓。可以向犯罪分子的面部、要害处抓去。要抓得狠、抓得死，将其抓破，才能达到制伏色狼、收集证据的目的。将留在指甲里的血迹送交公安机关，即可作为遭到不法侵害的证据。

（5）踢。面对一时难以制服的色狼，可以拼命踢向他的致命器官，这样可以削弱其继续加害的能力。这种方法不少女性在自卫中使用过，极见成效。同时，还应大声正告色狼，再猖狂将受到法律制裁。

（6）变。若遭犯罪分子跟踪，不要害怕，见机变换行走路线，一般都可将其甩掉，绕过偏僻路段或叩响路边人家的大门，以避免侵害。

（7）认。受到不法侵害时，应当瞪大眼睛，牢记其面部和体态特征，多记线索，以便在报案（一定要争取在24h之内）时提供给公安人员，有助于及时抓获犯罪分子。

（8）咬。犯罪分子施暴时，常常先将女性的双臂缚住，此时在不得已中应抓住时机咬住其肉体不松口，迫使其就范。在被害过程中，遭强吻，应“稳、准、狠”地咬住色狼的舌头，致使其过度疼痛，降低其攻击力，再报警。

（9）套。如果几经反抗无效，强奸既遂，此时也不可轻易放过（有些受害女性到此时就彻底放弃了反抗），可以采取“套”的办法将其制伏。曾有这样一起案例：某女生被害后哭着说：“这么一来，我连对象都没法找了，你要是没有对象咱就……”次日晚，当色狼再次去找该女生要谈情说爱时，被早已等在那里的公安人员抓获。

（10）刺。如果遇上色狼手中有凶器，女生要沉着冷静，胆大心细，不要慌乱，更不可过分刺激犯罪分子，以免其采取进一步的伤害行为，应先稳住

课堂笔记

对方，伺机夺刀朝色狼致命部位刺去。

（11）保留证物。性侵犯类危机事件具有特殊性，因此，在物证保全方面也有着一些特殊性。比如有些受害人在遭受性侵犯行为后，会觉得自己的身体很脏，多次洗澡。身体虽然可以洗干净，但同时也会把追究性侵犯行为人的有力物证也给洗掉，因此正确的做法是保留相关的衣物，以便公安机关采集相关的证据。

（五）如何面对失身

失身是指女子在婚前或婚后被人强奸、诱奸，以及其他原因与丈夫之外的男子发生性关系。在女大学生中，也有受各种性伤害而失身者，有些甚至后果比较严重。正确认识和处理好失身问题，对于维护女学生的身心健康有着重要的意义。

（1）振作精神，直面生活。失身固然是一种不幸，但这已是过去，要面对现实，面向未来，勇敢地面对生活。要克服一朝失身、终生完结的思想，解除精神枷锁；同时克服无所谓的思想，防止破罐破摔。要看到生活的美好，把痛苦转化为对理想追求的动力。如果能做到这一点，不仅会在心灵上得到补偿，而且会受到人们的尊敬，给自己创造美好的未来。

（2）站在人生高度，理解人生曲折。大学生活，固然是人生的美好时期，但只不过是人生的开始。生活的道路是漫长的，暂时的挫折、失误，只不过是人生长河中的一朵浪花。对于当代青年来说，应当看作是一次锻炼和考验的机会，要学会在失误和挫折中吸取教训，在克服困难中前进。这样，就会更加成熟、坚强。

四、绑架的应对方法

绑架是一种恶性犯罪行为，其手段十分恶劣，往往因罪犯使用暴力，对青少年的身心摧残更是十分严重。一般说来，绑架的目的主要是索取高额钱财，其作案手段除了少数强行劫持外，更多的是采取诱骗的方法。因此，青少年朋友们对一些突如其来的“热心人”、陌生人，要多加小心，不要轻易跟他们走，以免落入“虎口”。如果万一不慎落入“虎口”，也要保持冷静，要善于智斗，见机行事，以争取时间，并在不被歹徒发觉、怀疑的情况下，尽可能巧妙地与外界取得联络。因为绑架发生后，被绑架者的父母、亲戚及公安民警肯定会竭尽全力地营救，所以应把歹徒稳住，拖得时间越长，获救的机会也就越多。具体来说，应采取如下措施：

（1）如歹徒是陌生人，要设法记住其相貌特征、衣着和口音，以便协助公安机关侦破案件。

（2）如绑架者有两人以上，要设法制造歹徒之间的矛盾，选择那些精神高度紧张、初犯、偶犯或对人质有同情心的人开展工作，争取取得他的信任，设法逃脱。

（3）如歹徒要求受害人给家里写信或打电话，要尽量设法流露所处的地点或行踪。

课堂笔记

（4）切不可鲁莽地与歹徒搏斗。如四周无人，不要呼救，以免激怒歹徒，招来杀身之祸。

（5）要充满信心，因为歹徒大多是针对钱财。

第二节　大学生的财产损失危机

大学校园并没有因为是大学生学习和生活的地方而成为“世外桃源”，在大学校园里，大学生钱财物品被盗、被骗、被抢的事件时有发生，对此，大学生应该提高警惕，掌握相关的防范知识和应对策略，保证自己的财产安全。

一、防止被盗

（一）大学校园内盗窃案的特点

1. 盗窃目标的准确性

高校中盗窃案件比较多。大学生被盗物品一般包括现金、身份证和银行卡等，手提电脑或电脑硬盘、CPU 等台式电脑硬件，手机、平板、数码相机等电子产品，衣物等生活用品，其他值钱的财物。学生的钱财或贵重物品，常放在什么地方，有没有锁在箱子中或柜子里，钥匙放在何处，作案分子常常十分清楚。不动手便罢，一旦动手，常常十拿九稳。

2. 实施盗窃时间上的选择性

盗窃者在有人的情况下是不行窃的，作案必然选择作案地点无人的空隙实施盗窃。例如上课期间，同学们都去教室上课了，作案人便会光顾宿舍。早上，寝室门开着，部分同学离开，部分同学熟睡的时候，作案人便会趁机而入。周末或节假日期间也是大学生财物容易被盗窃的时间。

3. 盗窃地点的特殊性

一般来说，学生宿舍、食堂、教室、图书馆等公共场所是高校盗窃案件多发地。其中，学生宿舍是盗窃案件发生率最高的地方。

（二）预防盗窃

1. 宿舍防盗

在宿舍内，同学们要注意以下几点防盗措施：

（1）长时间离开宿舍应将宿舍门窗关闭好。如果宿舍门锁仅为挂锁，最好更换。最后离开宿舍的同学要特别注意关窗锁门，平时养成随手关窗锁门的习惯。

（2）短时间离开宿舍，如上厕所、去洗手间洗漱或者到其他寝室串门，也要随手锁门。

（3）不要随手将手机、钱包、平板电脑、数码相机等容易拿走的贵重物品放在桌面或床上，应尽量锁好。有笔记本电脑的同学，最好安装储物柜。

（4）大额现金不要放在寝室，应及时存入银行，随用随取。

（5）有陌生人来访要特别注意，不要将视线离开其行动范围。见到形迹

可疑、在宿舍楼里四处走动、窥探张望的陌生人，要主动询问，即使不能当场抓住盗贼，也能使盗窃分子感到无机可乘，客观上起到了预防作用。

（6）不要将钥匙和证件等乱放，并且不能将钥匙借给他人。

2. 在食堂、教室、操场的防盗

在教室学习和食堂就餐时，很多同学习惯用书包占位置，从而给小偷以可乘之机。防范的方法如下：

（1）不要用书包占座位，在就餐时，书包尽量放在双腿上，或者将书包或包带挎在肩上或手上。

（2）如果需要用书包占座位，包中的贵重物品，如手机、钱包、相机等一定拿出来。如果是几个同学一起用餐，可以轮流打饭。

（3）食堂用餐排队打饭时，不要将手机或者钱包放于上衣的外口袋以及裤子的后袋中，随身的背包、挎包都要移到身前。

（4）在教室午睡或去厕所、外出打手机时，应该携带或找同学帮忙看管自己的贵重物品，以防一觉醒来或外出归来时，书包或者书包内的贵重物品丢失。

（5）在操场上运动，最好把手机和钱包集中放在一起，并找专人帮忙看管，尽量到相对封闭的场馆运动。

3. 外出时防盗

（1）外出采购、游玩时尽量不要携带大量现金和贵重物品，如必须携带大量的钱款，最好分散放置在内衣口袋里，外衣只放少量现金以便购买车票或零星物品使用。不要把钱夹放在身后的裤袋里。不管是吃饭、购物还是拍照，包都不能离身，至少不能脱离视线。

（2）等车时注意身边的人，特别是那些公交车一靠站就故意拥挤却不上车的人。对手里拿报纸、雨伞、塑料袋等物品，多次重复上下车且行动反常的人也要特别注意。在上下车时，一定要自觉维护站台、车厢秩序，按顺序上下车，不要为争抢座位、急于下车而拥挤，造成站台、车厢秩序混乱，给犯罪分子以可乘之机。

（3）乘车前准备好零钱，使用完手机后要立即放回随身携带的包内，钱物等贵重物品应尽量放在贴身口袋内，不要置于包的底部或边缘，以免盗贼将包割破盗走钱物。上车前检查手提包的拉锁，系好衣扣，不给盗贼作案的机会。不要在站台上清点财物，不要在车上翻钱包。乘车时，包应放在身前。当司机重复“车厢里人多拥挤，请大家保管好随身物品”“请大家往里走，不要挤在门口”等类似用语时，要领会到可能是防盗暗语，应提高警惕，保护好自己的物品。

（4）在人多杂乱的地方不要数现金，以免被扒手盯上。同时也不要因不放心而经常触摸放钱的地方，引起狡猾扒手的注意。

（5）乘出租车下车时，要注意清点自己随身携带的物品，以免因忙于聊天或急于办事而把物品丢在车上。另外，乘出租车应索要小票。若遗失物品时便于查找。

（6）在列车上不要吃陌生人的食品、饮料，一旦发现可疑的人或事要注

课堂笔记

意观察并勇于向列车乘警报告。多人一起旅行时，应轮换睡觉，轮流看护行李。如一人旅行，尽量避免睡得太沉，加强警惕，看管好自己的行李物品。扒手常常在后半夜趁旅客熟睡、疏于防范时伺机扒窃。

4. 银行卡、储蓄卡、存折等的防盗

（1）存折和储蓄卡的密码及卡号要保密。储蓄卡要随身携带，但不能与自己的身份证和密码放在一起保管。

（2）存折和储蓄卡的密码最好不设为自己的出生日期或电话号码，防止被他人破解密码，盗取存款。

（3）在取款机上取款以后，要随便输入一个临时设定的“密码”，并按“确认”键，这样就可以把自己刚输入的正式密码取消，避免泄露密码。

（4）在取款机上取款时，要检查取款机是否安装了其他电子设备，同时警惕他人站在背后偷记你的卡号和密码。

（5）网上银行有一定风险，如必须使用，一定要使用安全的网络，防止他人利用木马程序盗取账号和密码。

（三）发生盗窃后的应对措施

（1）保护现场，及时报案。一旦发生被盗案件，不要惊慌失措，应迅速组织在场人员保护好现场，并及时向学校保卫部门报告，不得先行翻动、查看自己的物品，否则会将现场有关的痕迹物证破坏，不利于调查取证。

（2）如果发现存折、银行卡或汇款单失窃，要马上去银行、邮局挂失。

（3）如果与盗贼狭路相逢，不妨机智周旋，尽量避免发生正面搏斗。可反锁门，寻求帮助，也可虚张声势，假装与友人在一起。

（4）发现可疑人员，及时控制。如果发现可疑人员，一定要沉着冷静，应主动上前询问，一旦发现其回答有疑问，要设法将其稳住，必要时组织学生围堵，及时向有关部门报告，防范盗贼狗急跳墙，造成人身伤害。在当场无法抓获盗贼的情况下，应记住盗贼的特征，包括年龄、性别、身高、胖瘦、相貌、衣着、口音、动作习惯、佩戴首饰等，以便向公安保卫部门提供破案线索。

（5）知情人员应当积极配合公安保卫部门的调查取证工作，有的人对身边发案采取事不关己、高高挂起的态度；有的人在调查人员询问时不敢提供有关情况，怕遭受打击报复、怕影响同学的关系等，这些都是错误的，会给侦查破案工作带来许多困难，往往也贻误了破案的最好时机，使犯罪分子逍遥法外，继续作案。

二、防止被骗

（一）大学校园内诈骗案件的特点

（1）流窜作案，难以确定发案地点。诈骗案件犯罪分子的活动规律是流窜犯罪、活动作案，往往跳跃几个校区作案，难以确定犯罪现场。

（2）危害严重，损失大。诈骗案是一种危害严重的侵财犯罪，这些案件一旦发生，其财物损失数目之多，金额之大，在同类犯罪中占首位。

（3）顾全名誉，隐情不报。高校诈骗案的受害人中，有许多文化层次较高的大学生，他们由于轻信谎言而上当受骗，一旦醒悟过来发现被骗则懊悔不已，但又觉得自己为骗子荒诞无比的谎言所迷惑，声张出去，有失体面。

（4）动机不明，定性困难。诈骗案件是一种手段多样、情节复杂的疑难案件，在司法实践中，有些诈骗案件的动机不明显，往往与其他经济案件相混淆，难以定性。

（二）常见的诈骗手段

（1）利用QQ、MSN等网络聊天工具实施诈骗。犯罪嫌疑人通过盗号和强制视频软件盗取QQ号码及密码，并录制对方视频影像，随后登录盗取的QQ号码与其亲友聊天，并将所录制的视频播放给其亲友观看骗取信任，然后以急需用钱为名借钱诈骗。防骗对策是遇到网络上有人借款，即使对方有视频也不能轻信，揭露此骗术仅需牢记一个“制敌招术”：眼见不一定为真，打个电话确认下就可辨别真伪。

（2）利用网络游戏装备及游戏币交易实施诈骗。犯罪分子利用某款网络游戏进行游戏币及装备买卖，在骗取玩家信任后，让玩家通过线下银行汇款，或者交易后再进行盗号的方式诈骗。防骗对策是不要轻信网游中认识的一些“战友”，尤其是警惕先付款后交货的交易方式。

（3）利用网上银行实施诈骗。犯罪分子制作与一些银行官网相似的“钓鱼”网页，盗取网银信息后将帐户现金取走。防骗对策是在登录银行网页时务必检查是否是该银行的官网，同时要管好自己的网银证书，避免在公用计算机上进行网上交易。

（4）网购诈骗。主要有以下几类：犯罪分子为事主提供虚假链接或网页，交易显示不成功让多次汇钱诈骗；拒绝使用网站的第三方安全支付工具，私下交易诈骗；先收取订金然后编造理由，诱使事主追加订金诈骗；用假冒、劣质、低廉的山寨产品冒充名牌商品诈骗。防骗对策是网购时一定要选择有信誉度的购物网站，不要贪图便宜，不要轻信商家提供的图片和商品评论。尽量使用支付宝、U盾等安全支付工具，拒绝与店主私下交易。

（5）网上中奖诈骗。犯罪分子利用传播软件随意向互联网QQ用户、MSN用户、邮箱用户、网络游戏用户、淘宝用户等发布中奖提示信息，当事主按照指定的“电话”或“网页”进行咨询查证时，犯罪分子以中奖缴税等各种理由让事主汇款。防骗对策是在互联网这个世界里，请您千万不要相信有“天上掉下的馅饼”，否则很可能一步步陷入骗子设置的陷阱之中。

（6）冒充公检法工作人员实施电信诈骗。犯罪分子冒充公检法工作人员，以事主电话欠费、查收法院传票、包裹藏毒等借口，谎称事主身份信息被他人冒用或泄露，银行账户涉嫌洗钱、诈骗等犯罪活动，为确保事主不受损失，将银行存款转至对方提供的所谓“安全账户”。防骗对策是公检法等国家机关工作人员执行公务时，一定会持相关法律手续当面询问当事人，目前公安局、检察院、法院等部门和银行金融机构电话不能相互转接，也没有设立“国家安全账户”等名目的银行账户。凡是自称国家机关要求把钱汇入安全帐户的都是诈骗，对此切勿相信。

课堂笔记

（7）冒充亲友以车祸、嫖娼、吸毒被抓实施电信诈骗。犯罪分子先拨通受害者电话，让“猜猜我是谁”套取信任，不久又编造本人或亲友出车祸、嫖娼、吸毒被抓，不敢告诉家人，向事主借钱，并要求汇到指定账户。防骗对策是当接到自称“老朋友”“猜猜我是谁”电话时，要保持高度警惕，注意核实对方身份，不要轻易相信对方的种种理由而给其汇款。

（8）“黑社会”绑架恐吓实施电信诈骗。犯罪分子自称“黑社会”拨打事主电话，谎称事主亲属被其绑架索要“赎金”，利用事主急于解救“人质”的心理实施诈骗。防骗对策是接到此类电话不要贸然向对方指定账户汇款，以筹钱等为理由拖住对方，在最短时间内与“人质”亲属联系核实，以此揭穿骗局。

（9）冒充税务、财政、车管部门工作人员以购车、购房退税名义实施电信诈骗。犯罪分子冒充税务局、财政局、车管所工作人员拨打电话，以“国家下调购房契税、购车附加税率，要退还税金”为名，让事主交纳一定的手续费，并汇入指定的帐户实施诈骗。防骗对策是税务部门退税会在报纸、电视等媒体公告，而不会仅以电话方式通知，你接到这样的电话即可认定是诈骗。

（10）群发银行卡透支、消费短信实施诈骗。犯罪分子向受害人发送“银行卡刷卡消费”、“信用卡透支”等内容的短信，当接收者打电话询问时，犯罪分子便分别扮演“银行”、“银联管理中心”层层设下圈套，诱骗事主将银行卡内资金转移到“安全账户”。防骗对策是收到类似信息应拨打银行客服咨询，而不通过诈骗短信提供的联系电话咨询。永远不要相信有“安全帐户”。

（三）预防诈骗

1. 提高警惕

“害人之心不可有，防人之心不可无”，因此，大学生首先要提高警惕性，具有反诈骗的意识，尤其是对陌生人，不可轻易相信和盲目跟随，要注意保护好自己的私人信息，特别是家里的电话号码，不能轻易泄露出去。

2. 交友要谨慎，避免以感情代替理智

与人交往要区别对待，保持应有的理智。对熟人或朋友介绍的人，要学会“听其言，察其色，辨其行”。对于初相识的朋友，不要轻易掏心窝子，更不能言听计从，受其摆布。对于那些心怀鬼胎、居心不良的人，态度要热情、交往要小心，尽量不为他们提供单独行动的时间和空间，以避免给犯罪嫌疑人创造作案条件。

3. 服从校园管理，自觉遵守校纪校规

为了加强校园管理，学校都制定了一系列管理制度。制度是用来约束人们行为的，在执行过程中可能会给学生带来一些不便，但是制度却是必不可缺的，大学生一定要认真执行有关规定，自觉遵守校纪校规，积极支持有关部门履行管理职能，并努力发挥出自己的应有作用，以防止闲杂人员和犯罪嫌疑人混入校园作案。

4. 切忌贪小便宜

特别是对一些不熟悉的人所许诺的利益，要经过深思和调查。应克服贪小便宜的心理，行骗者就不会有可乘之机。

课堂笔记

5. 小心传销

用人单位以招聘直销人员的名义登载招聘信息，让求职者交纳一定的产品费用并介绍更多的人从事此工作，此举多为传销，其骗人的“一夜暴富”论害人害己。

6. 防范手机诈骗

目前手机在大学生中的使用相当普遍，大学生手机用户要加强防范意识，特别是涉及对方要求存入钱款、提供现金、提供财物的，应确认通话人是否为手机机主，不宜简单地以来电号码判断对方身份。一些不法之徒经常大量群发代办文凭、证照及通知中奖之类的短信息，有些社会经验不足的同学便轻易相信，一步一步地走进犯罪嫌疑人事先设置好的陷阱。

7. 同学之间相互沟通、相互帮助

在大学里，无论哪个学院、哪个专业，班集体都是一个最基本的组织形式。在这个集体中，大家有着共同的学习目标，同学间、师生间的友谊弥足珍贵，因此相互应该加强沟通，互相帮助，分享经验。特别是在觉得可能会吃亏上当时，与同学沟通或许就会得到一些帮助并避免受害。

（四）诈骗案件的应对措施

（1）诈骗犯罪分子总是心虚的，因此，大学生在交往过程中一旦发现对方有疑点，就应当果断采取应对的措施，切不可轻率从事，受骗上当，应观察判断，有效识别。在发现对方疑点时，要保持清醒的头脑，仔细地观察对方的神态表情，举止动作的变化，辨别对方的言谈真伪，查看其所持的证件以及有关材料与其身份是否吻合。必要时可以找同学或相关人员商量，听取他人的意见和忠告，或者通过对方提供的电话、资料予以查证核实。

（2）巧妙周旋，有效制止。在发现疑点无法确定真假而又不愿意轻易拒绝时，要有礼有节，采取一定的谈话、交往策略，注意在交往中发现破绽，通过与其周旋印证自己的猜测。必要时，还可以采取一些威胁的言辞，使对方心存顾忌，不敢贸然行事。

（3）平静内心，及时报案。受害人无论是否因为自己的过错（如贪财、无知、轻信、粗心大意）而受骗，都要保持积极的心态，从受骗的噩梦中回到现实，吸取教训，及时向有关部门报告，切勿“哑巴吃黄连，有苦肚里咽”。

（4）提供线索，配合调查。已经被骗并向有关部门报告的，要注意对作案人员遗留下来的文字资料、身份证件、电话号码等证据予以保留，并积极向学校保卫处和公安部门提供诈骗嫌疑人的体貌特征、与其交往的经过等线索以配合调查，协助公安机关在诈骗犯可能出现的地点进行秘密寻找和辨认，一旦发现立即将其扭送到公安机关，以便及时追缴被骗的财物。

三、防止抢劫和抢夺

（一）大学校园内抢劫和抢夺案件的特点

受校园环境的制约，发生在校园内的抢劫案件有以下显著的特点：

(1) 时间上的规律性。高校抢劫和抢夺案一般发生在夜深人静、行人稀少及学校开学时，具有一定的规律性。因为在夜深人静、行人稀少时，学生往往孤立无援，而犯罪分子却人多势众，易于得手。学校开学时，学生一般带有一定数量的现金，特别是新生入学时，有的新生及家长还带有较大数额的现金，被犯罪分子盯上。

(2) 地点上的隐蔽性。抢劫和抢夺犯罪分子作案，一般选择校园内较为偏僻、阴暗、人少的地带，一般为树林中、小山上，远离宿舍区的教学实验楼附近或无路灯的人行道，正在兴建的建筑物内，或校园周边地形复杂、人少及夜间无路灯的地段。因为这些地方犯罪分子比较容易隐藏，不易被人发现，得手后也容易逃脱。

(3) 目标上的选择性。犯罪分子抢劫的主要目标是穿着时髦、携带贵重财物，特别是单身行走的女生，看电影或晚自习晚归无伴或少伴的，谈恋爱滞留于阴暗无人地带的大学生情侣等。抢夺往往选择步行或骑自行车的单身女性下手，抢夺她们的背包或手提包。

(4) 人员上的团伙性。作案人一般为校内或学校附近不务正业、有劣迹的学生、小青年，为了抢劫财物这一共同目的，这些人往往臭味相投，三五成群，结成团伙，共同实施抢劫。他们一般熟悉校园环境，作案时胆大妄为，作案后易于逃遁。作案时也有明确的分工，有的充当诱饵专门物色抢劫对象，有的专门充当打手，有的在抢劫前还进行了预谋。近几年，随着校园内流动人口的增多，外地流窜人员作案的案件也在增多。

(5) 手段上的多样性。犯罪分子实施抢劫的手段通常有：抓住部分同学胆小怕事的心理，对被侵害对象进行暴力威胁或言语恐吓，实施胁迫型抢劫；利用部分同学的单纯幼稚，设计诱骗大学生上当，实施诱骗型抢劫；犯罪分子采用殴打、捆绑等行为实施暴力型抢劫；利用大学生热情好客等特点，冒充老乡或朋友，骗得学生的信任，继而寻找机会用药物将学生麻醉，实施麻醉型抢劫等。抢夺以“飞车抢夺”为主，所有“飞车抢夺”均为两人合伙作案，一般为两个人骑一辆摩托车（通常是无牌、假牌或遮盖车牌的赃车）在自行车道上作案，在靠近目标之后，坐在车后的人在瞬间伸手去抢夺目标的手提包，尔后迅速逃离。

（二）抢劫和抢夺的预防

(1) 宿舍防抢。底层的窗户要安装防护栏和质量好的防盗门，晚上睡觉关好门窗。单独一人在宿舍时，不要让陌生人进屋。

(2) 遇到上门推销商品者，不要与其纠缠，更不要开门让其进来。有陌生人替别人代送物品，先要打个电话问明情况再开门，千万不要轻信，在无法确定其真伪时，不妨婉言谢绝，等问明情况后再说，不要轻易开门。

(3) 出行防抢。不要随身携带贵重物品，做到财不外露。手机、现金及贵重物品放存包里，买车票、打电话时要注意身边的可疑人员。骑自行车、摩托车的人在停车时一定要将车锁好，提包随身携带，不能放在车筐内或挂在把手上。

(4) 防尾随抢劫。在街角、偏僻小路或家门口，发现有陌生人尾随时，

课堂笔记

要沉着冷静，利用通信工具与家人取得联系，必要时拨打“110”报警求助。尤其注意在进家门时，一定要与陌生人保持一定距离，防止对方突然袭击。

（5）背包防抢。背包的人走路或骑自行车时，要尽量靠近道路的内侧，将包背在靠里侧的肩上。背包里尽量不要放贵重物品，如要挂在车把上，最好多绕几圈。改变挎包姿势，变直挎为斜挎。提高警惕，注意可疑人。

（6）夜间独行防抢。夜间行走要选择有灯光的路段，发现有人跟踪时，可直接向小卖部、保安室等灯亮处走，借问路、买东西等方式支走可疑的人。如可疑人跟到楼下，不要急于打开自家房门，以免可疑人员尾随入室抢劫。应向灯亮的窗户呼喊熟人或邻居的名字，待可疑人走后再开门进入自己的房间。

（7）提款防抢。到银行取款时，要注意观察四周是否有异常情况，提取现金数量较多时，最好两人同行。

（8）防麻醉抢劫。对试图与自己表示亲近的陌生人，在无法确定其真实意图的情况下，不能随意接受其提供的饮料、茶水、香烟及食物等。

（9）女大学生晚上最好不要独自一人在路偏人稀的道路上行走。在万不得已的情况下，可以考虑在包中装一瓶防身辣椒水，关键时用以自卫。

（10）校园内的抢劫案件多发生在夜晚，地点大多是僻静处。尤其是正在恋爱的同学，不要在光线不好的僻静处行走和逗留。即使是在光线好的地方，如路上已无其他行人，也不要逗留。如果必经偏僻路段，要结伴同行。

（三）抢劫和抢夺案件的应对

大学生如果遭遇抢劫、抢夺，可采取以下应对措施：

1. 沉着冷静不恐慌

大学生无论何时遭抢劫，首先要保持镇定，克服畏惧、恐慌情绪，其次要有正义感和战胜邪恶的信念。只要具备反抗的能力或适当的时机，就应发动反击，以制伏作案人，或使作案人丧失继续作案的心理和能力，只有这样，才能从精神和心理上压倒对方，继而战胜对手。

2. 力量悬殊不蛮干

犯罪分子实施抢劫作案，一般都做了相应准备，要么人多势众，要么以凶器相逼，有的学生由于生性刚烈，往往鲁莽行事，易被犯罪分子伤害。

3. 快速撤离不犹豫

俗话说“三十六计走为上”，如遇到抢劫，应对比双方力量，感到无法抗衡时，可看准时机向有灯光或人员集中的地方快速奔跑，犯罪分子由于心虚，一般不会穷追不舍，从而可有效避免劫案的发生。

4. 巧妙周旋不畏缩

当自己处于犯罪分子的控制之下无法反抗时，可先交出部分财物缓和气氛，采用语言反抗，理直气壮地向作案人进行法制宣传教育以示利害，造成犯罪分子心理上的恐慌而终止作案。或在犯罪分子心理开始动摇并放松警惕时，看准时机反抗或逃脱。切不可一味地求饶，应当尽力保持镇定，与作案人周旋。

5. 留下印记不放过

一旦遭遇抢劫抢夺，要注意观察作案人，尽量准确地记下其特征，如身

课堂笔记

高、年龄、发型、体态，衣着、胡须、特殊疤痕、语言及行为等，还可趁其不注意在作案人身上留下暗记，如在其衣服上擦墨水、泥土、血迹等，便于为公安机关侦破案件提供线索。

6. 大声呼救不胆怯

犯罪分子有其胆大妄为和凶悍的一面，但更有其心虚的一面，只要同学们把握机会，及时呼救，一些抢劫案便可得到有效的控制。

第三节　网络诈骗

【引例】

2021 年 9 月，重庆某高校女大学生张某在 QQ 群内上看到一则刷淘宝信誉的兼职信息，与 QQ 昵称为“料 t 客服”的网友联系后，对方让张某采取扫描二维码支付的方式购买商品，声称完成任务后可赚取 5%的佣金。张某怀着试一试的心态做了 1 单价值 100 元的业务后，对方很快就把佣金和本金返到张某的支付宝账户里。于是张某又按照对方的要求拍了 1 单价值 500 元的任务，但对方称须完成 3 单才算任务完成。接着张某又拍了 3 单，共支付 1500 元，但对方称刷单总金额必须超过 2000 元才行，张某因为已经支出了 1500 元，所以又拍了 1 单 500 元，然而对方仍然以各种理由要求张某继续刷单才能返钱，张某拍满 5000 元后坚决要求对方先返佣金和本金，对方没有同意并将张某“拉黑”，张某这才意识到自己被骗了。

点评：该案例中张某在大学闲暇时间利用兼职赚点零花钱补充开支的初心是好的，但很明显张某的网络安全防范意识比较薄弱，违法犯罪分子正是利用了大学生这一群体赚钱心切、安全防范能力差等特点，实施各类诈骗违法犯罪活动。

随着互联网基础设施建设的不断完善，互联网服务范围不断拓展和渗透，我国网民规模呈不断增长趋势。根据中国互联网络信息中心第 42 次《中国互联网络发展状况统计报告》显示，截至 2018 年 6 月 30 日，我国网民规模达 8. 02 亿，其中网络购物用户和使用网上支付的用户占总体网民的 71%，手机网民中使用移动支付的比例达 71. 9%，网络购物与互联网支付已成为居民的主要生活方式之一。

网络交谈、网络购物、互联网支付、网络转账等线上操作方式的普及，极大地方便了人们的日常生活，同时网络的虚拟性特征也给违法犯罪提供了空间。据数据显示，2018 年上半年，我国网民当中有 54%的人表示在过去半年当中遭遇过网络安全问题，主要表现为个人信息泄露、遭遇网络诈骗和上网设备遭遇木马病毒攻击。其中，遭遇网络诈骗占了很大比重，最高人民法院最新发布的《电信网络诈骗司法大数据专题报告》显示，网络类诈骗作为新兴的诈骗手段，在电信网络诈骗案件中占比从 2016 年的 34. 66%大幅上升至 2017 年的 60. 89%，未来几年将继续呈增长趋势。

课堂笔记

一、网络诈骗的特点

网络诈骗是指违法犯罪分子利用网络平台，通过伪装身份并编造虚假信息，对受害人实施远程、非接触式诈骗，诱使受害人给违法犯罪分子转账或打款的违 法犯罪行为，是电信诈骗违法犯罪活动中最为常见的一种类型。

与传统的街面诈骗形式相比，网络诈骗既有相似的部分，比如虚构事实、伪装身份、以非法占有财物为目的等，此外网络诈骗也有自己的一些特点：

(1) 非接触性。整个诈骗过程中违法犯罪分子与受害人无现实中接触行为。

(2) 虚拟性。违法犯罪分子实施诈骗活动时都须借助网络平台，虚拟个人身份，虚拟事实，骗取受害人的信任。

(3) 非现金性。受害人最终都通过网络转账或者 ATM 机转账的方式向违法犯罪分子提供的账户转入资金。

通常情况下，拥有以下心理特征的人员易被违法犯罪分子利用而遭遇诈骗：

(1) 同情心、怜悯心比较泛滥的人员。

(2) 喜欢贪图小便宜的人员。

(3) 容易轻信他人的人员。

(4) 好逸恶劳、急功近利的人员。

(5) 懒于思考和辨别的人员。

二、网络诈骗常见类型

(一) 网络兼职诈骗

违法犯罪分子常常利用大学生想利用空闲时间赚点零花钱的心态，设置网络兼职陷阱，最常见的主要有两种形式：

第一种是通过设置多层门槛的方式骗取受害人的资金，首先要求成为会员并缴纳费用后才提供兼职信息，其次是要求缴纳一定的保证金，随后要求填写个人信息，并设法套取受害人的验证码等私密信息，最后要么“拉黑”玩失踪，要么给受害人介绍一些无法完成或不愿完成的工作让受害人主动放弃。

第二种是以兼职“刷单”返佣金为名骗取受害人的本金，违法犯罪分子一般在受害人完成第一单操作时，会故意返还本金和5%左右的佣金来骗取受害人的信任，随后会以各种理由要求受害人不断地增加刷单次数和刷单总金额，直至受害人意识到被骗为止。

上述两种诈骗形式套路完全不同，但都有一个共同的特征——要求受害人垫付资金。

(二) 冒充身份诈骗

冒充身份诈骗是指违法犯罪分子利用网络世界的虚拟性和非接触性等特征冒充他人实施诈骗的一种诈骗类型，其中最为常见方式有冒充亲朋好友、冒充国家机关公务人员、冒充客服等几种。

1. 冒充亲朋好友

诈骗分子冒充亲朋好友实施诈骗惯常的几个步骤：第一步是利用黑客技术或其他方式盗取他人的 QQ 账号、微信账号等网络账号，或者利用软件技术模拟他人电话号码，实现冒充他人；第二步是通过发信息或打电话的方式谎称其遭遇犯罪被抓、生病或车祸住院等紧急情况；第三步是要求受害人汇款或转账到指定账户。

2. 冒充公务人员

在冒充公务人员实施诈骗的过程中，诈骗分子会根据受害人的特征而冒充不同类型的国家机关公务人员。针对老年人，诈骗分子一般冒充公检法公务人员，以受害人涉嫌违法犯罪为由要求受害人配合调查并承诺严格保密，骗取受害人信任后，会以资金冻结为由让受害人将银行卡账户上的资金全部转入指定账户；针对刚买房、买车的人员，诈骗分子会冒充税务机关工作人员，以退税为由要求受害人配合操作，骗取受害人的银行卡信息、验证码信息等。

3. 冒充客服人员

根据不同的人群特征，不法分子会冒充各种类型的客服人员实施诈骗。针对网络购物人员，诈骗分子会在非法获取购物信息后冒充淘宝客服，主动说出购物人员个人信息和商品信息获取受害人信任，随后以卡单须退款为借口要求受害人配合操作；针对机票购票人员，诈骗分子会冒充机场客服以机票改签为由要求受害人配合操作，提供银行卡号、验证码等私密信息。此外，诈骗分子还经常冒充银行客服、移动公司客服等身份实施诈骗。

（三）虚构中奖诈骗

违法犯罪分子常常借助网络平台，采取“广撒网”的方式，使用伪基站或者互联网技术随机发送虚假中奖信息，坐等“愿者上钩”，一旦有用户拨打“兑奖热线”或通过网络咨询，诈骗分子即以缴纳“个人所得税”“公证费”“转账手续费”等理由让受害人汇款来达到诈骗的目的。如果受害人表示不愿缴纳上述费用想放弃领奖时，诈骗分子甚至会以受害人违反约定须承担法律责任来要挟受害人。

（四）钓鱼网站诈骗

钓鱼网站诈骗是指违法犯罪分子利用各种手段仿冒真实网站的 URL 地址以及页面内容，或利用真实网站的漏洞植入危险的 HTML 代码，借此套取用户银行账号、密码等私密资料的诈骗类型。最常见的有两种模式：一种是“守株待兔”式，违法犯罪分子编辑好钓鱼网站后，等待受害人主动（误入）进入该网站输入银行卡号、密码、验证码等信息，或者利用正规网站漏洞改动网页上的 QQ 号、电话等咨询类号码，等待受害人遇到问题时通过篡改的号码联系“客服”；另一种是“引君入瓮”式，违法犯罪分子伪装成工作人员，以系统升级或者系统故障为由要求受害人配合操作，随后通过发送网络链接引导受害人进入钓鱼网站，套取淘宝账号、银行卡号、密码及验证码等私密

课堂笔记

课堂笔记

信息。

（五）木马植入诈骗

“木马”一词最早来源于荷马史诗中的木马计，是指敌方隐藏在木马内部攻入我方内部的计策。在现代社会中，违法犯罪分子通过植入木马程序来达到控制或窃取他人计算机（手机）中私密信息的目的。一般情况下，诈骗分子将木马程序伪装或隐藏起来，通过人为设置陷阱的方式诱骗受害人下载安装携带有木马病毒的软件或程序，从而将木马程序植入受害人计算机中。诈骗分子通常采取以下几种方式诱使受害人安装携带有木马病毒的软件或程序：一是利用人们贪小便宜的心理，以赠送小礼物的方式诱使受害人下载安装；二是利用人们的好奇心理，群发受害人本人或熟人的“艳照”“小三”“暗恋”等话题信息诱使受害人点击链接安装；三是利用人们的关切心理，群发受害人孩子在校表现、成绩等话题信息诱使受害人点击链接安装。

（六）网络购物诈骗

（1）多次汇款。骗子区未收到货款或提出要汇款到一定数目方能将以前款项退还等各种理由迫使事主多次汇款。

（2）假链接，假网页。骗子提供虚假链接或网页，交易往往显示不成功，让事主多次往里汇钱。

（3）拒绝安全支付法。骗子以种种理由拒绝使用网站的第三方安全支付工具。

（4）收取订金骗钱法。骗子要求事主先付一定数额的订金或保证金，然后才发货。利用事主急于拿到货物的迫切心理以种种看似合理的理由，诱使事主追加订金。

（5）约见汇款。网上购买二手车，火车票等诈骗的常见手法，骗子一方面约见事主在菜地见面验车或给票，又要求事主的朋友一接到事主电话就马上汇款，骗子利用“来电任意显示软件”冒充事主给其朋友打电话让其汇款。

（6）以次充好。用假冒、劣质，低廉的山寨产品冒充名牌商品，事主收货后连呼上当，叫苦不堪。

三、网络诈骗主要特征

（一）诈骗手段翻新速度快

从最开始的群发信息发展到网上的任意显号软件，从最原始的中奖诈骗到网上兼职、淘宝刷单，从前几年的幸运观众到最近火爆的“锦鲤”等，诈骗分子不断地更新升级骗术，花样翻新速度快、频率高，常常利用最新的热点设计骗局内容，令人防不胜防。据公安机关调查显示，平均一两个月就产生一种新型骗术。

（二）诈骗信息发布范围广

诈骗分子借助互联网技术和现代高科技设备，往往只须动一动手指，就能在很短时间内将诈骗信息地毯式地发送给某一个群体或者某一个地区的所有用户，呈现出发布范围广、侵害面积大等显著特征，社会影响非常大。

（三）诈骗对象具有特殊性

诈骗分子虽然采取漫天撒网的形式发布诈骗信息，但实际上犯罪分子瞄准的诈骗对象又具有特殊性，主要表现为两个方面：一是通过“愿者上钩”的方式筛选了绝大部分有防骗经验的人员，剩下的主动联系的都为易受骗人群；二是部分诈骗方式针对特殊人群，比如兼职刷单诈骗方式主要瞄准大学生群体、冒充公检法人员诈骗方式主要瞄准老年群体、退税诈骗主要瞄准购车购房人员等。

（四）诈骗组织趋于集团化

诈骗分子通常通过团伙作案的方式实施诈骗，并逐渐趋于集团化操作模式。诈骗集团内部组织非常严密，具有很强的反侦查能力，成员分工明确，有专门负责编辑“剧本”的，有专门购置通信工具的，有专门收集银行账户的，有专门模仿“客服”等工作人员的，还有专门负责转移资金的等，甚至各“部门”或成员之间都保持隔离，这些都给公安机关的打击带来了很大的困难。

四、网络诈骗防范技巧

（一）核实对方身份为首要原则

无论是哪种类型的网络诈骗，违法犯罪人员实施诈骗的前提都是必须伪装自己的身份，如冒充国家机关工作人员、客服人员或者亲朋好友等。因此，在进行转账或者汇款操作前核实对方身份非常关键。

在核实对方身份时，切忌以下几点：

（1）主动猜测对方身份。

（2）通过 QQ、微信等方式核实身份。

（3）个人信息被对方验证后不假思索地相信对方。

一般情况下，对国家机关、企事业单位工作人员身份的核实，可以采取官网查询或者拨打 114 查询公开电话方式予以确认，切勿随意相信对方自述信息；对于亲朋好友 QQ、微信、手机发送过来涉及到借钱、汇款等信息，可采取电话联系本人的方式进行确认，还可以多询问几个私密问题。在通过电话核实对方身份时，只相信自己“拨过去的”，不轻易相信“打进来的”。

（二）不轻易相信天上会掉馅饼

接到中奖的信息后，切记保持冷静，不要被中奖信息冲昏了头脑，正所谓“天上不会掉馅饼，掉了也不一定砸中你”。首先可以先确认自己此前是否参与过抽奖活动，其次是想办法核实对方的身份，最后是判断对方提出的要求是否合理，正规机构、正规网站组织的抽奖活动是绝对不会让中奖者“先交钱，后兑奖”的。

（三）不随意点击可疑链接

对于来路不明的链接，要保持警惕，不要随意点击可疑链接，特别是点

课堂笔记

击链接后要求下载安装程序的，不下载非正规渠道软件，防止计算机或手机等电子终端遭受木马攻击。如果点击链接跳转至网页界面，在无法核实网页是否是正规网站的情况下，不要随意填写个人的身份证号码、手机号码、银行卡卡号、密码、验证码等私密信息。

（四）坚决不透露私密信息

网络是公民个人信息泄露的重灾区，按照个人信息私密程度的不同可分为不同层级，其中，诸如姓名、身份证号码、住址、电话号码、银行卡号等信息，一般不要轻易提供给陌生人。而诸如密码、验证码等特别私密的重要信息，更是不能透露给他人，养成定期更换密码的习惯，不同金融账户最好设置不同密码。

（五）转账操作前三思而后行

随着现代科技的发展，资金转移变得越来越方便和快捷，但是资金一旦转出，一般情况下就很难撤销或申请退回，所以无论何种情况下，进行转账操作前务必三思而后行。转账操作前可询问自己三个问题：

（1）本次转账操作是否有安全保障。

（2）本人能否确认对方身份并找到对方。

（3）转账操作完成后是否有把握索要回这笔钱。

只要上述三个问题存有疑虑，就应该谨慎对待。

（六）冷静面对积极寻求帮助

日常生活中，如果无法判断所接收的信息是否为诈骗信息、对方是否为诈骗人员，可积极寻求亲朋好友、老师或公安机关的帮助，正所谓“当局者迷，旁观者清”，切不可怀着试一试的心态去处理。在遭遇网络诈骗后，要尽量保持冷静，不要慌张，第一时间挂失和冻结相关账户并拨打110报警。

【安全微课堂】

如何检查自己的手机是否中病毒？可以检查一下自己的手机是否出现以下现象：

（1）手机越来越卡，软件和系统运行速度变慢，电池变得不耐用，经常自动关机。

（2）手机自动运行程序，自动跳转广告，网络流量无故耗费。

（3）自动发带链接的彩信、短信给通信录的好友。

（4）手机强烈震动，不停出现弹窗并自动安装软件，然后自动关机。

（5）手机发热，屏幕闪退等，有出现文件丢失等情况。

如果你的手机同时出现了以上五种情况，那你的手机是中病毒无疑了。不过以上几种现象只是手机中病毒比较常见的特征，不排除还有别的情况。手机一旦中病毒，最好及时删除有问题的程序，将手机恢复出厂设置，避免个人信息被盗取。

课堂笔记

第四节　大学生信贷安全与防护

【引例】

重庆某高校大三学生张某，日常开销比较大，因觉得正规平台借款金额不够用，又通过网贷平台贷款了4000元。贷款后为了偿还旧贷，他开始寻找新的网贷平台，后又向另外5家平台借钱还贷，以拆东墙补西墙的方式勉强维持。

2021年5月，张某在网贷平台的贷款全部逾期，高额的逾期费让张某彻底失去了还款能力。为了还款，张某卖掉了手机和笔记本电脑等个人物品，但远远不够。随后催款公司开始陆续给张某的父亲和辅导员打电话，告知他们张某的欠账金额，甚至还到张某所就读的学校找张某，逼其还钱。毕业后，张某为了躲避滚雪球般越来越庞大的债务，无法在固定的企事业单位工作，生活质量也受到严重影响。

点评：随着大学生消费水平的提高，现如今校园信用贷款非常风靡，不需要任何抵押，动动手指就能借到钱。部分学生为了攀比和满足虚荣心，在不考虑个人偿还能力的情况下肆意贷款，很容易给自身带来诸多麻烦和遭遇校园套路贷。

随着互联网的普及和互联网金融业态的兴起，通过网络进行贷款是很普遍的事情，需要贷款的当事人足不出户就可以完成所有贷款流程。但是，网上贷款在给人们带来便利的同时，也带来了很大风险和隐患。对于涉世未深的大学生来说，掌握一定的网络信贷安全知识，显得尤为重要。

一、网络贷款

网络贷款是指借款方与放款方通过网络平台完成借贷业务的新型借贷模式。该模式中借款申请的提交、资料的上传与审核、放款等流程均在线上完成，是小额借贷与互联网金融融合发展的产物。

与银行传统的线下贷款模式相比，网络贷款具有门槛低、手续简单、办理流程快、信息透明度高、风险分散等诸多优点，很大程度上解决了民间小额贷款的难题。但随着网络贷款模式爆发式的发展，由于相关法律法规缺失、监管体系不完善等原因，网络贷款引发的信息泄露、坏账率高、违法催款等问题也不断暴露出来。

二、大学生网络贷款

（一）大学生网络贷款主要类型

随着网络贷款模式的兴起，网络贷款公司迅速将目标瞄准了基数大、消费超前的大学生群体，并通过网络借贷平台将贷款业务不断地向高校延伸和

课堂笔记

拓展。目前校园借贷平台大致分为以下几类：

第一类是学生分期购物平台，旨在满足大学生购物需求，部分还提供低额度的现金提现服务，如趣分期、任分期等。

第二类是P2P（Peer to Peer）贷款平台，是一种个人对个人的小额贷款网络交易模式，又可以根据运转模式以及承担责任大小的不同分为无担保线上模式、有担保线上模式、线下模式以及线下与线上相结合模式。P2P贷款模式也是目前管理较为混乱、存在问题较多、隐患较大的一种模式。

第三类是电商平台提供的信贷服务，如蚂蚁花呗、京东白条等。

（二）大学生网络贷款风险及危害

1. 个人信息泄露

大学生在申请网络贷款的过程中，都要向网络借贷平台提供自己的姓名、身份证号码、联系电话、银行卡账号、本人照片等个人信息，甚至还包括就读学校班级信息、辅导员信息、亲属的信息等，非正规网络借贷平台往往会滥用这些信息，甚至将个人信息作为商品进行贩卖，以致上述人员会经常接收到一些垃圾信息或者骚扰电话。如果此类信息被泄露给不法分子，更有可能会遭遇网络诈骗等不法侵害。

2. 催生无节制消费习惯

网络贷款平台通常采用招收校园代理的方式实施地推，大力鼓吹超前消费。

由于网络贷款程序简单，贷款门槛也比较低，因此自制力较差的大学生很容易经不住诱惑，易产生冲动消费，助长相互攀比的不良风气，逐渐养成无节制消费的习惯。

3. 背负还款压力

大学生的资金来源主要是家庭给予的生活费，还款能力有限，一旦借贷大学生进入“拆东墙补西墙”的恶性循环中，将会面对高额本息还款压力，贷款公司会采取电话催还、上门催收等各种方式催款，使得欠款学生面临着巨大的心理压力，根本无法安心学习和生活，甚至会引发极端事件。

4. 威胁人身安全

如陷入非法网贷，大学生还常常会面临各种暴力催收，直接威胁到个人的人身安全。对方常常会自行实施或雇佣社会闲散人员，采取语言威胁、恐吓甚至是非法带离、非法拘禁等不法手段达到催收欠款的目的，轻则威胁到个人人身安全，重则威胁到亲人的安全。

三、谨防校园套路贷

（一）什么是校园套路贷

校园套路贷是校园贷的一种异化类型，是套路贷深入校园的一个分支形式，是违法犯罪人员以民间借贷为幌子、专门针对学生群体、以非法占有为目的的一种违法借贷模式，兼具校园贷和套路贷的各种特征。

课堂笔记

（二）校园套路贷主要特征

1. 借贷门槛低

借款人一般只需要提供个人的身份证、学生证、金融账号、联系电话等信息，就可以申请贷款，不需要房子、车子等任何抵押物品。但同时，贷款公司会要求借款人提供就读学校、暂住地址、家庭地址、亲属个人信息、老师同学个人信息等，方便其后期催还款。

2. 制造民间借贷假象

贷款公司以“小额贷款公司”名义对外宣传，与借款人签订借款合同，制造民间借贷假象，并以“违约金”“保证金”等各种名目骗取被害人签订“虚高借款合同”“阴阳合同”等明显不利于被害人的合同。

3. 制造银行流水痕迹

贷款公司在与借款人签订完借款合同后，会按照合同上的借款金额全额转款至借款人的金融账户中，形成借款流水清单，随后再通过转接的方式要求借款人 向第三方支付“服务费”“担保费”等费用，刻意制造出借款人已经取得合同所借 全部款项的假象。

以小陈为例，小陈向“贷款公司”借款 10000 元，在签订完合同后，对方会向小陈个人账户中转入 10000 元，随后要求小陈以现金的方式缴纳“服务费”“担保费”等费用，或者将上述费用转入第三方的个人账户上。

4. 恶意垒高借款金额

在借款人无力偿还的情况下，放款方会主动介绍其他假冒的“小额贷款公司”或个人，或者“扮演”其他公司与借款人签订新的“虚高借款合同”，以拆东墙补西墙的方式“缓解”眼前的债务危机，进一步垒高借款金额。

5. 催收方式花样多

利用借贷过程中收集到的借款人个人信息资料及其亲朋好友个人资料，对方会采取软硬兼施的策略不停“索债”，轻者发送逾期短信，拨打电话催款，联系贷款者家人、老师、同学，张贴大字报等，重则语言恐吓、强制带离、非法拘禁、殴打等，或者提起虚假诉讼，最终以达到侵占被害人或其近亲属财产的目的。

（三）校园套路贷常见陷阱

1. 巧立名目收取高额手续费

贷款公司常常鼓吹贷款利率低，但实际上在借贷过程中常常设置“中介费”“服务费”“手续费”等其他名目收取高额费用，常常导致应偿还本金远高于实际获得贷款额。以小陈贷款 10000 元为例，扣除“中介费”“服务费”“手续费”后，可能只剩下 9000 元，再扣除所谓的担保费后，实际到手的可能只有 8000 元。

2. 利用分期还款掩盖高利率真相

采用分期付款的方式，表面上看似减小了个人的还款压力，但实际上却掩盖了高利率的真相。同样以上述小陈的案例为例，贷款 10000 元，实际到手 8000 元，分 12 个月还清，每月偿还 917 元，感觉利率低、较划算，但实际

课堂笔记

偿还 11000 元，按照实际到手的费用是 8000 元来计算，折合年利率已高达 37．5%。

3．逾期还款后果非常严重

网贷公司只要在合同或电子授权上取得你的个人授权，一旦出现逾期还款，后果非常严重，一方面是扣除所谓的保证金，另一方面往往还需要按天计算利息，并且实行复利计息或利滚利，本息连还导致严重超出个人承受能力，陷入债务偿还恶性循环，容易陷入“连环贷”的圈套。

四、网络信贷安全防护措施

（一）树立正确的消费观，积极倡导理性消费

坚持树立正确的消费观念，自觉摒弃攀比心理，坚决抵制严重超出个人偿还能力的超前消费、过度消费等错误消费观念，努力养成艰苦朴素、勤俭节约的良好作风。积极倡导理性消费，克服虚荣心理，根据自身能力合理规划支出。

（二）坚决抵制非法网贷，正常需求寻求帮助

不要轻易听信校园贷的各种推广宣传，不要怀揣侥幸心理，不充当非法网贷平台的宣传员，坚决抵制各类非法网贷行为。确因生活困难、学业、创业需要申请贷款的，应主动向家长或学校反映情况，征求父母、家人的意见，在家长或学校的帮助下通过正规渠道办理助学贷款等业务。

（三）一旦陷入非法校园贷，第一时间报警求助

如若不慎陷入“培训贷”“回租贷”“美容贷”等校园贷陷阱或遭遇其他民间借贷纠纷，保持冷静并积极面对，第一时间向学校、家长报告情况，拨打 110 向当地公安机关报案，寻求合法途径解决问题，维护自身合法权益。

2017 年 9 月，多部门发文明确“任何网络贷款机构都不允许向在校大学生发放贷款”。随着管理部门相继出台有关文件，校园贷泛滥趋势得到了有效遏止。然而类似陷阱却不会止于此，只有树立正确的世界观、人生观、价值观，理性看待金钱，树立风险防范意识，才不会落入“迭代更新”的陷阱之中。

【安全微课堂】

2018 年 8 月，全国 P2P 网络借贷风险专项整治工作领导小组办公室下发了开展网贷机构合规检查工作的通知，同时随文下发了《网络借贷信息中介机构合规检查问题清单》（以下简称“问题清单”），共计 108 条，问题清单主要从六个方面对 P2P 平台做出相关要求：

（1）违反禁止性规定。

（2）违反法定义务及风险管理要求。

（3）未履行对出借人与借款人的保护义务。

（4）违反信息披露相关要求。

（5）违反重点领域相关监管要求。

（6）其他违法有关法律法规、监管规定的情形。

课堂笔记

【思考与练习】

(1) 谈谈网络科技发展的利与弊。

(2) 当代大学生如何规范个人的上网行为。

(3) 结合身边的真实案例，谈谈大学生如何防范网络诈骗。

(4) 思考网络贷款的利与弊，谈谈如何正确使用网络贷款。

温馨提示

如何防范网上行骗

支着一　不要随意拨打网上的电话

有些诈骗网站会留下自己的联系方式让您拨打，这个时候我们就一定要提高警惕了，必须先做一个全方位的了解，再考虑进行下一步的行动，万不可自以为是，总觉得自己很谨慎很精明，你怎知那些骗子不正是抓住了你的这个心理呢？

支着二　去正规的官方网站，注意防范“钓鱼网站”

所谓“钓鱼网站”指不法分子利用各种手段，仿冒真实网站的 URL 地址以及页面内容，或者利用真实网站服务器程序上的漏洞在站点的某些网页中插入危险的 HTML 代码，以此来骗取用户银行或信用卡账号、密码等私人资料。有些年轻人，常去一些小网站，看一些不雅的视屏，或者玩游戏，这是很不好的，不但危害了我们的心灵，还会给诈骗分子留下蛛丝马迹，一旦您的电脑被黑客攻击，盗走了您的密码之类个人信息，那么将会发生难以预料的后果。

支着三　购物尽量使用第三方支付平台交易

在网站购物时，消费者要尽量避免直接汇款给对方，可以采用支付宝等第三方支付平台交易，一旦发现对方是诈骗，应立即通知支付平台冻结货款。即使采用货到付款方式，也要约定先验货再付款，防止不法商家偷梁换柱。此外，一定要在市场上认可度比较高的购物网站上购物，在支付过程中最好选择支付宝、网银等较为安全的支付方式，切记不可现金转账，以免被骗。

支着四　保管好自己的私人信息，不要随便告诉陌生人

注意保管好自己的电子邮箱、QQ 号等相关私人资料，尽量少在网吧或公用电脑上网等。尤其在汇款给别人之前，务必向朋友或客户核实情况，以免上当受骗。

警方还提示网民，在上网购物接到退款电话时，一定要提高警惕，特别是对方要求你提供身份证、手机号以及支付宝、银行卡的相关信息，千万不要轻易将账号和密码告诉给陌生人。

支着五　账号密码要及时更换

不要嫌麻烦、年复一年地用一个密码，如银行账户、QQ、邮箱一定要做到不定期地修改密码，警方建议最好与自己不离身的手机进行捆绑，以便在第一时间掌握自己网上的信息。

课堂笔记

支着六　若发生诈骗我们要做的事情

一旦发现自己进入了诈骗圈，第一时间就是去网络官方举报，然后保留好证据，比如聊天记录等，若有钱财流失，就要马上到警方报警，一定要做到冷静，更不能试图自己解决，要知道网络诈骗分子的手段不是你能想象得到的。

知识小卫士

遇到持械抢劫的处置方法

当面对歹徒持械进行抢劫、伤害时，大学生应尽可能躲避。如果实在无法闪躲或逃离现场，应当沉着应对，积极反击，参考以下方法力争制伏犯罪分子。

(1) 当发现歹徒随身携带凶器，可利用其靠近（如搜身、趴卧）时趁机夺其凶器。

(2) 如歹徒已掏出凶器，应在避免受其伤害的同时，针对对方关节及要害部位，巧妙利用踢、打、摔等方法将其制伏。

(3) 遇到犯罪分子手持短把凶器（如匕首、菜刀等）时，不可轻易上前夺取，更不能冲上前抱住对方的身体，因为短凶器“使用灵活，宜近不宜远”，所以要保持距离，寻找时机，以脚踢其手腕，夺取凶器。如面对犯罪分子刺向面部的匕首，可迅速退步躲闪，随即抬腿踹其肋部，或近身双手交叉上架，趁机抬膝撞其裆部，夺下匕首。

(4) 在格斗中，应充分利用当时的地形物品，采取防身和夺凶器等手段。如可以利用地上的砖头、瓦块击打对方，用泥土、砂粒扬眯对方眼睛等，还可以利用身上的腰带、上衣、水果刀等物防身。

(5) 面对凶残的歹徒，自认为无力抵抗，要迅速寻机逃离，但应注意侧身跑，一面后退，一面防止其刺击。假如歹徒快速追上，则可仰身后倒在地，双腿弯曲，不停交替踹蹬，这样既能使犯罪分子难于下手行刺，又可趁势踹掉其手中的匕首。

课堂笔记

第五章　心理健康：保持阳光的心态

案例思考

章某，女，大三学生。来自某城镇，父母均是普通工人，为家中的独生女。进入大三后，学业日益繁重。章某发现自己上课时注意力无法集中，经常脑子一片空白，英语单词背过就忘，考试前对复习过的知识点没什么印象，考试时大多数以猜测为主，都不知道自己每天在干什么，觉得自己在虚度光阴，自信心也完全丧失。进入大四后，章某认为自己的父母为普通工人，家里没有可靠的社会关系，如今工作又这么难找，而且自己容貌不佳，身材不好，担心工作会无法落实。想到以后的日子会很糟糕，整天泪流满面，郁郁寡欢，很消沉，晚上经常失眠，见了谁都不愿搭理。平时不参加一切活动，觉得身体很疲劳，做事力不从心，凡事也没了积极性。有一天，她与室友发生了争执，很受刺激，为此非常烦恼自责。她将该事向男友倾诉，男友觉得是她小题大做，并不理解她，于是她觉得自己一无是处，没人看得起她。某日，她独自离校出走，在一栋高层住宅小区跳楼自杀。

第一节　大学生的心理健康

现代健康的概念不仅包括身体健康，而且包括心理健康。世界卫生组织把健康定义为“不但没有身体的缺陷和疾病，而且要有生理心理和社会适应能力的完满状态”。因此，只有当个人的身体、心理都处于良好状态时，才是真正的健康。

一、心理健康及其界定

（一）心理健康

心理健康一般包括以下两方面的含义：

（1）指心理健康状态，个体处于这种状态时，不仅自我情况良好，而且与社会契合和谐。

（2）指维持心理健康、减少行为问题和精神疾病的原则和措施。

心理健康还有广义和狭义之分。从广义上讲，心理健康是指一种高效而

课堂笔记

满意的、持续的心理状态；从狭义上讲，心理健康是指人的基本心理活动的过程内容完整、协调一致，即认识、情感、意志、行为、人格完整和协调，能适应社会，与社会保持同步。个体能够适应发展着的环境，具有完善的个性特征；且其认知、情绪反应、意志行为处于积极状态，并能保持正常的调控能力。生活实践中，能够正确认识自我，自觉控制自己，正确对待外界影响，使心理保持平衡协调，就已具备了心理健康的基本特征。

不少人认为生理健康和心理健康是两个没有关系的概念。实际上，这是不正确的。在实际生活中，心理健康和生理健康是互相联系、互相作用的，心理健康每时每刻都在影响人的生理健康。如果一个人性格孤僻，心理长期处于一种抑郁状态，就会影响内激素分泌，使人的抵抗力降低，疾病就会乘虚而入。一个原本身体健康的人，如果老是怀疑自己得了什么疾病，就会整天郁郁寡欢，最后导致真的一病不起。因此，在日常生活中一方面应该注意合理饮食和身体锻炼；另一方面更要陶冶自己的情操，开阔自己的心胸，避免长时间处于紧张的情绪状态中。

（二）心理健康界定的原则

心理是复杂的，心理健康的界定也是多维的，一个人的心理是否健康。不仅要看个体心理的客观表现，也要注意个体心理的主观感受，总的来说，界定心理健康与否要遵循以下三个基本原则：

（1）心理活动与外部环境是否具有同一性。即一个人的所思所想、所作所为是否能正确地反映外部世界，有无明显的差异。

（2）心理过程是否具有完整性和协调性。即人的心理活动中的认识、情感、意志三个过程的内容是否完整，是否协调一致。

（3）个性心理特征是否具有相对稳定性。即人的个性心理特征在外部环境没有重大改变的前提下，人的气质、性格、能力等个性特征相对稳定，行为表现出一贯性。

由此可知，具体界定心理健康标准时，一般应该从环境适应能力、挫折耐受能力、情绪调控能力、社会交往能力、自我意识水平等方面明确判断的标准。

二、大学生心理健康的标准

心理健康是指个体能够适应发展的环境，具有完善的个性特征。且其认知，情绪反应，意志行为处于积极状态，并能保持正常的调控能力。生活实践中，能够正确认识自我，自觉控制自己，正确对待外界影响，使心理保持平衡协调，这就具备了心理健康的基本特征。

总体来说大学生心理健康的标准有以下八条：

（一）大学生智力正常且充分发挥

智力是指人的认识问题、解决问题的能力，包括人的观察力、注意力、记忆力、想象力、创造力、思维能力和实践活动能力等的综合，是人在经验中学习或理解的能力、获得和保持知识的能力，迅速而又成功地对新情景做

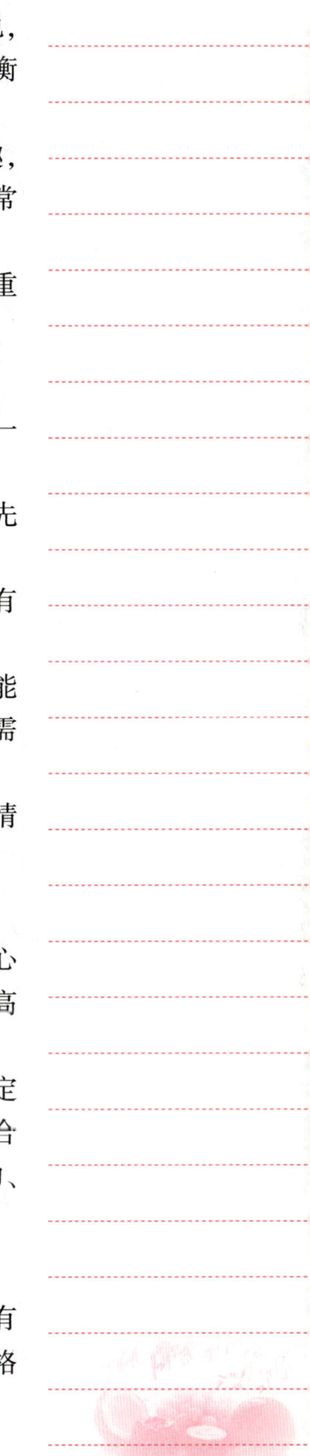

出反应的能力，运用推理有效地解决问题的能力等。智力正常是大学生学习、生活、工作的最基本的心理条件，是大学生胜任学习任务、适应周围环境变化需要的心理保证。因此，它是衡量大学生心理健康的首要标准。一般来说，大学生的智力是正常的，甚至相对于同龄人，其智力总体水平较高，因而衡量大学生的智力，关键看大学生的智力是否正常地、充分地发挥了效能。

大学生智力正常且充分发挥的标准是有强烈的求知欲和浓厚的探索兴趣，智力结构中各要素在其认识活动和实践活动中都能积极协调地参与并能正常地发挥作用，乐于学习。

此外，一些非智力因素包括理想、兴趣、爱好等也是构成心理健康的重要标准。

（二）情绪健康

情绪健康的主要标志是情绪稳定和心理愉快。这是大学生心理健康的一个重要指标。

因为情绪在心理变化中起着核心的作用，情绪异常往往是心理疾病的先兆。大学生的情绪健康应包括以下内容：

（1）愉快情绪多于不愉快情绪，一般表现为乐观开朗，充满热情，富有朝气，满怀信心，善于自得其乐，对生活充满希望；

（2）情绪稳定性好，善于控制和调节自己的情绪，既能克制约束，又能适度宣泄，不过分压抑，使情绪的表达既符合社会的需求，也符合自身的需要，在不同的时间和场合有恰如其分的情绪表达；

（3）情绪反应是由适当的原因引起的，反应的强度和引起这种情绪的情境相符合。

（三）意志健全

意志是人在完成一种有目标的活动时，所进行的选择、决定与执行的心理过程。意志健全者在行动的自觉性、果断性和自制力等方面都表现出较高的水平。

意志健全的大学生在各种活动中都有自觉的目的性，能适时地做出决定并运用切实有效的方法解决所遇到的各种问题，在困难和挫折面前能采取合理的反应方式，能在行动中控制情绪和言行，而不是顽固执拗、言行冲动、行动盲目、轻率鲁莽，或害怕困难、意志薄弱、优柔寡断。

（四）人格完整

人格在心理学上指个体比较稳定的心理特征的总和。人格完整就是指有健全统一的人格，即个人的所想、所说、所做都是协调一致的。大学生人格完整的主要标志为以下内容：

（1）人格结构的各要素完整统一；

（2）具有正确的自我意识，不产生自我同一性混乱；

（3）以积极进取的人生观作为人格的核心，并以此为中心把自己的需要、愿望、目标和行为统一起来。

课堂笔记

（五）自我评价正确

正确的自我评价乃是大学生心理健康的重要条件。大学生是在与现实环境、与他人的相互关系中，在自己的实践活动中认识自己的。一个心理健康的大学生对自己的认识应比较接近现实，有“自知之明”。对自己的优点感到欣慰，但又不至于狂妄自大；对自己的弱点既不回避，也不自暴自弃，而是善于正确地“自我接受”。

（六）人际关系和谐

社会的人总是处在一定的社会关系中，大学生也同样离不开与人打交道。和谐的人际关系既是大学生心理健康不可缺少的条件，也是大学生获得心理健康的重要途径。大学生人际关系的和谐表现为：

（1）乐于与人交往，既有稳定而广泛的人际关系，又有知心朋友；

（2）在交往中保持独立而完整的人格，有自知之明，不卑不亢；

（3）能客观评价别人和自己，善取人之长，补己之短；

（4）宽以待人，乐于助人；

（5）积极的交往态度多于消极态度；

（6）交往动机端正。

（七）适应能力强

较强的适应能力是心理健康的重要特征，不能有效处理与周围现实环境的关系是导致心理障碍的重要原因。

心理健康的大学生，应能和社会保持良好的接触，对社会现状有较清晰正确的认识，思想和行动都能跟得上时代的发展步伐，与社会的要求相符合。当发现自己的需要愿望与社会需要发生矛盾时，能迅速进行自我调节，以求和社会的协调一致，而不是逃避现实，更不是妄自尊大，一意孤行，与社会需要背道而驰。

（八）心理行为符合大学生的年龄特征

在人的生命发展的不同年龄阶段，都有相对应的不同的心理行为表现，从而形成不同年龄阶段心理行为模式。大学生应具有与年龄和角色相应的心理行为特征。心理健康的大学生精力充沛、思维敏捷、情感活跃，与之相适应，行为上应该表现为朝气蓬勃、热情洋溢、生龙活虎、反应敏捷、勇于探索、勤学好问。如果出现那种所谓的“少年老成”、萎靡不振、喜怒无常，或过于幼稚、过于依赖等现象，都是心理不健康的表现。总之，若经常严重地偏离这些心理行为特征，则有可能是心理异常的表现。

第二节　大学生的不良心理表现

目前我国大学生存在的心理问题是比较多的。由于人们认识上存在一定的误解与偏差，以为只有表现出明显的精神症状才算是心理问题或心理疾病，因而忽略了大学生一些异常的早期表现。最近几次心理健康调查表明，大学

课堂笔记

生已成为心理弱势群体，他们的精神行为阳性检出率约为16%，心理处于不健康或亚健康状态的学生占50%左右，这一结果表明大学生需要了解不良心理健康的表现，对自己进行及时调整。

一、引起大学生不良心理表现的主要原因

（一）难以适应生活环境的转变

大学新生来自全国各地，大家的家庭环境、教育环境、成长经历、学习生活基础等相差很大，进入大学后，在自我认知、同学交往、自然环境等方面都面临全面的调整适应。由于目前大学生的自理能力、适应能力和调整能力普遍较弱，因此，在大学生中生活适应问题广泛存在。现在的大学生多是独生子女，很多事都是由家长代办，大学生入学后亟须适应生活环境，包括语言、饮食、生活习惯等，培养自己独立生活、独立工作的能力，这对部分大学生而言是很大的压力。

（二）学习紧张与竞争的压力

学习成绩差是引起大学生焦虑的主要原因之一。进入大学，本想放松一下，但新的竞争又宣告开始，大家又站到了新的起跑线上，并且各个地区的高中教学质量不一样，学生对基础知识掌握的程度也不同，因此入校后短暂松懈和自我加压对比明显。因为大学学习与中学学习存在很大不同，所以，很多学生存在学习方法、学习态度、学习兴趣、考试焦虑等问题。还有的学生对所学专业不感兴趣，硬着头皮学，但总是效果不好，成绩不理想。

（三）人际关系失调

在我国由于长期受应试教育的影响，多数学生较为封闭，人际交往能力普遍较弱。进入大学后，如何与周围的同学友好相处，建立和谐的人际关系，是大学生面临的一个重要课题。

有的大学生对自己的神态和举止特别敏感，害怕在别人面前出丑、失态，与人交往时感到异常紧张。有的大学生交际能力不是很强，面对新环境、新对象，恐惧愈演愈烈，最后严重影响正常的学习和生活。

（四）性与恋爱方面的问题

大学生的性生理发育已经成熟，性心理也有了发展，有了性的欲望和冲动，然而由于受到社会道德、法律、理智和纪律的约束，这种欲望和冲动被扼制和压抑着。由于对性缺乏健康、科学的认识和态度，对自己的性心理缺乏正确的认知和评价，因此，对自己的性心理感到困惑、不适，对性欲和性冲动感到不安、羞愧和压抑。大学生在性心理方面的问题还包括在恋爱方面的困扰。如单相思、失恋、性行为等发生的各种情绪反应等。

（五）经济压力导致自卑

经济上的压力使部分贫困生自尊受创，造成性格孤僻、心情忧郁、烦躁不安，导致学习成绩下降，人际关系冷漠，记忆力下降，严重地影响了他们的学习、生活和身心健康发展。

课堂笔记

（六）择业压力

每位大学生都希望找到一份满意的工作，而如今社会竞争激烈，用人单位的要求也越来越高，导致部分大学生在找工作时觉得与自己想象中的差距太大，从而产生失落、不安、彷徨和焦虑情绪，严重者导致心灰意冷。

二、大学生不良心理常见的表现

根据不良心理的表现程度，可将不良心理表现分为心理困扰、心理障碍和精神病三类。心理困扰主要是指各种适应问题、应激问题、人际关系问题等；心理障碍主要是指神经症、人格障碍等轻度失调；精神病是大脑机能活动发生紊乱，导致认识、情感、行为和意志等精神活动不同程度障碍的疾病的总称。这里主要针对心理障碍和精神病进行分析。

（一）心理障碍

1. 神经症

神经症主要有以下几种：

（1）焦虑症。患有焦虑症的大学生常感到不明原因的紧张不安，经常提心吊胆，却又说不出具体原因。过分关心周围事物，注意力难以集中，工作和学习效率明显下降。如果对自己期望过高，压力过大，凡事患得患失，时间长了，就会产生持续性的焦虑、不安、担心、恐慌，对新事物、新环境适应能力差。

（2）抑郁症。抑郁症主要表现为悲伤、绝望、孤独、自卑、自责等，把外界的一切都看成“灰暗色”的。对枯燥的专业学习不感兴趣或对刻板的生活方式感到厌烦，为自己学习或社交的不成功而灰心丧气，陷入抑郁、悲观状态。长期的忧郁状态会导致思维迟钝、失眠、体力衰退等，对个体危害是很大的。

（3）强迫症。患强迫症的大学生多与其性格缺陷有关，如缺乏自信，遇事过分谨慎，生活习惯呆板，墨守成规，常怕遭遇不幸，活动能力差，主动性不足等；明知某种行为或观念不合理，却无法摆脱，因而非常痛苦。这种症状多是由强烈而持久的精神因素及情绪体验诱发而来的，与患者以往的生活经历、精神创伤或幼年时期的遭遇有一定的关系。

（4）神经衰弱。大学生神经衰弱的发生，主要是由于缺乏面对现实的勇气和良好的适应能力造成的，如学习负担过重、个体自我调节失灵，对社会、对人生思虑过多，在家庭问题、恋爱问题上犹豫徘徊等。所有这些问题在患者头脑中产生强烈的思想冲突，使得神经活动过程强烈而持久地处于紧张状态，超过了神经系统本身的张力所能忍受的限度，从而导致崩溃和失调。

2. 人格障碍

所谓人格障碍，一般是指人格系统发展的不协调，主要表现为情感和意志行为方面的障碍。有人格障碍的大学生一般能处理自己的日常生活和学习，智能是正常的，意识是清醒的，但由于缺乏对自身人格的认知，常与周围人发生冲突，而且很难从错误中吸取教训并加以改正。人格障碍种类很多，大

课堂笔记

学生中较为常见的有以下三种：

(1) 偏执型人格障碍。这类人格障碍的特点是主观、固执、敏感多疑、心胸狭隘、报复心强；或是骄傲自大，自命不凡，自我评价甚高；或是遭遇挫折时过分敏感，不从主观方面找原因。这种人易与他人发生冲突与争执，多见于男大学生。

(2) 情感型人格障碍。主要分为抑郁型、狂躁型、郁躁型三种形式。抑郁型表现为情绪抑郁、多愁善感、精神不振、少言寡语；狂躁型表现为情绪高涨、急躁、热情、雄心勃勃、过于乐观，有很多设想却有始无终；郁躁型人格则介于上述两者之间。

(3) 分裂型人格障碍。主要表现为孤僻，言语怪异，不爱与人交往，不关心别人对自己的评价，常常沉溺于钻研某些纯理论性问题，对他人漠不关心，独来独往；在带有合作性质的任务中，与其他人完全不能相容。

(二) 精神病

常见的精神病有精神分裂症、躁狂抑郁性精神病、偏执性精神病及各种器质性病变伴发的精神病等。精神病致病因素有多方面，先天遗传、个性特征及体质因素、气质因素、社会环境因素等。其症状有妄想、幻觉、错觉、情感障碍、哭笑无常、自言自语、行为怪异、意志减退等，绝大多数病人缺乏自知力，不承认自己有病，不主动寻求医生的帮助。

三、大学生常有的心理困扰

(一) 大学新生易产生的心理困扰

1. 失落心理

这是一种对自己某种行为后果或境遇与预期相差甚远而感到失望的一种消极心态。其产生与以下两种因素有关：

(1) 感到学校或专业不理想。这是一种较普遍存在的、影响新生情绪的消极心理。自认为未考好或志愿未填好，产生对高考结果的失落。上大学只是一种无奈，是抱着权宜之计上学。带着沮丧、遗憾、无奈等复杂情绪入学，也在考虑退学或转系的意念，更谈不上学习的目标与动力了。由于对录取学校所学专业不接纳、不认同，导致对前途的茫然、失望，心理上的抵触情绪和失落感比较严重。

(2) 所上大学与理想中的大学差距太大。由于入学前将大学生活过分理想化，把大学生活想象的很浪漫、神秘和多姿多彩；加上对所上学校优势的不了解，入学后却发现现实并非完全如此或感觉相差甚远，这种差距使得大学新生产生了很大的心理落差，而且新生往往很容易从校园环境等表面现象得出结论。过高的期望值与大学的现实生活反差较大，导致部分新生入学出现情绪波动和失落。

2. 间歇（放松）心理：过分放松与放任

高中时期高度紧张的生活体验是学子们终生难忘的“黑色的6月”。经过三年超负荷的拼搏，使身心能量过度透支，入学后也难恢复。再加上老师、

课堂笔记

家长和朋友为了激励他们考上大学，运用“大学就是天堂”手段，使很多新生产生“进大学等于享受”的感觉，整天沉迷于交朋友，认老乡，玩游戏，看小说，谈恋爱等活动中，而无形中影响了学习和成长。

3. 茫然心理

由目标缺乏所致，故也可称之为“目标缺乏症”。因为目标具有动力、导向和激励作用，中学阶段奋斗目标非常明确与强烈，即一切围绕高考而拼搏。面临严峻的升学压力，每个学生的生活都是高效、专注、充实的，个体的潜能被最大限度地挖掘。考入大学后实现了目标，如不及时建构新的目标，就会导致目标丧失。有的新生入学初期新的人生目标尚未确立，出现目标的丢失和理想真空状态，动机缺乏，意志减退，导致行为懒散。因此作为新生，进大学后要注意重新定位自己，树立新的目标，做好规划，以在新的环境更好地发展自己。

4. 自卑心理

自卑（inferority）心理是由于比较自己与别人某一（些）方面进而产生己不如人的一种心理状态，是自我评价偏低。产生这种心理的原因有很多种，如成绩、能力、出身、外貌、气质、经济、社会地位、所在环境等。例如，大学生一般在高中阶段都属于学习上流者，有的是尖子生，得到的光环较多，经常被老师赞扬，自我感觉良好。进入高校后，却发现山外有山，天外有天。这种学习和能力位置的重新排列造成很大的心理落差，由于对角色地位的变化缺乏足够的认识和准备，往往导致他们自我评价失真，从而产生自卑心理，自卑的结果既可以使人沉沦，也可以导致补偿和超越。

5. 环境适应不良

适应能力是心理健康的重要指标，它包括自然环境和社会环境两方面。大学生的适应不良主要是后者，是指对大学生活和学习诸方面的不适应。诸如想家，处理不好个人的生活事务，处理不好同学关系。许多新生不知自己该干什么、干什么好，不善于自主地安排自己的生活和学习，导致焦虑、挫折、茫然和无聊的心态，有些同学甚至以过度的娱乐和恋爱来填补此阶段心灵的空虚。

6. 人际交往障碍

最主要的是与同学交往方面的问题。如同学之间的沟通障碍，生活习惯的格格不入，人际矛盾。个人原因常常与自我中心心理、个性不良、人际交流技巧缺陷等有关。在人际关系中，最要紧的是天天不能回避的“室友关系”。从过去以自我为中心到学校集体生活，尤其要面对室友间的情趣爱好、饮食习惯、家境状况、作息习惯等方面的差异，有人感到无所适从，甚至彼此无法相容。

（二）大学老生常有的心理困扰

（1）盲目地自我。进入大二以后，大学生基本适应了大学的环境，对学校及社会有了一定的了解。这时，一些老生自我意识膨胀，对学校及社会，过分关注消极面，对积极面总持不信任甚至否定态度，似乎表现反抗才意味着成熟。

（2）缺乏学业规划。虽然有时间的紧迫感，对学业也有诸多设想，但在具体目标的实施上却没有正确的规划和对自己强有力的约束，结果最宝贵的大学时光一晃而过，即将毕业或毕业后，由于没有学到该学的知识和技能，自身的前途与发展受到影响，才感到后悔。

（3）情感纠葛。对于正处在青春期的大学生来说，爱情是大学校园里最美丽的华章，但同时也可能给他们带来烦恼。比如，由于失恋带来的悲伤、忧郁等创伤性情绪，在行动上多表现出冷漠、颓丧、烦躁、逃避或攻击，甚至导致暴力伤人案件，或诱发轻重不一的精神障碍和躯体疾病。

（4）找工作的苦恼。在大学阶段后期，许多大学生对自己的职业定位感到迷茫，对就业环境的认知出现偏差，对就业压力感到恐惧和担心，许多人选择职业时产生了焦虑、挫折、矛盾及从众、攀比甚至逃避等不良心理。

（5）对社会的恐惧和对未来的担忧。从学校到社会，从学生到职业人，大学生将再次面临角色转变和生活、工作的适应问题，有些学生对此感到恐惧和担忧，无法调整。

第三节　大学生心理问题的自我调节

从某个角度来说，心理问题犹如一个定时炸弹，如果不及时加以处理，有可能会导致大学生的行为失常，影响学习和生活，可能会导致大学生走上自杀的道路，因此，大学生要掌握一些处理心理问题的方式与方法，以保证心理充满阳光，积极健康地面对生活。

一、心理调节的总原则

管理心理学认为，人的心理状态虽然受社会生活环境的制约，但是，人们仍可以通过各种努力来进行调节，以维持心理平衡，达到心理健康之目的。这种调节可以从以下几方面来进行：

（一）树立正确的人生观、价值观

心理学研究表明，人的价值观念存在很大的差异。有以认识真理为主的科学价值观，有以“先天下之忧而忧，后天下之乐而乐”为准则的道德价值观，有以权力、地位为核心的政治价值观，有以功利、实惠为目标的经济价值观，有以宗教为中心的信仰价值观等。但是，无论信奉哪一种价值观，只有以辩证唯物主义和历史唯物主义的世界观及人生观为统帅，才能有正确的人生方向，才能正确处理个人与社会之间的关系，才能防止主观片面、固执偏激，才能达到豁达大度、处事不惊，才能经得住各种挫折与考验。

（二）正视自我，接受现实

马斯洛在进行有关自我实现的实验时发现，心理健康的人对世界的知觉是客观的，能按照生活的真实面目看待生活，能按照自己的本来面目正视自我，并能够坦然地接受现实中的“我”，包括“我”的缺点和不足；相反，

课堂笔记

心理不健康的人对世界的知觉是主观的，他们不能正确认识自己、评价自己，以致狂妄自大、目空一切，他们不能坦然地接受自己，尤其是自己的缺点，以致自暴自弃、心灰意冷等。

（三）确立符合实际的目标

心理障碍往往缘于挫折，而一个人在心理上是否会体验到挫折感，与其抱负的大小密切相关。如果自我抱负过于远大，失败的机会就愈多，则更容易体验到挫折感。因此，大学生在制定目标时，不仅要考虑目标价值的大小，还要充分考虑目标实现的可能性。如果条件不具备、目标实现的可能性极小，即使是很有意义的目标，也不应列入计划。

（四）努力加强个性修养

每个人的个性特征是不同的，从心理学角度来分析，存在神经类型强弱、灵活性的差异，智力水平高低、能力大小的差异，性格内向与外向、独立与依赖的差异等。不同的人有不同的性格特征，不同的性格特征有各自不同的积极因素和消极因素，但是有一点是相同的，那就是当一个人性格特征中的积极因素多于消极因素时，在人生的道路上成功的机会就可能多些。因此，每一个大学生都应该努力强化自身个性中的积极因素，克服消极因素。这也是消除心理障碍，促进心理健康的有效途径。

（五）合理调控自己的情绪

实践表明，在健康情绪状态下，大学生的知觉活动、思维活动，特别是智力和创造活动才能得以正常进行。处于青年时期的大学生，生活经历少，遇事易冲动，不善于控制自己的情绪，常常因一点小事而动感情，或振奋、激动，或丧气、失望等。因此，大学生学会调控自己的情绪，是摆脱心理障碍，维护心理健康的重要途径。

（六）建立良好的人际关系

良好的人际关系，对于排除心理障碍，促进心理健康有着不可替代的作用。要建立良好的人际关系，大学生必须首先学会以善意的态度与人相处，而不是以敌意的态度待人；尊重别人，而不是强加于人；真正地鼓励与赞美，而不是虚伪地恭维与奉承；友好地劝告与批评，而不是粗暴地讽刺与攻击等。

（七）养成良好的学习和生活习惯

人的生理、心理活动是有规律的。大学生在集体生活中，要时刻注意养成良好的学习和生活习惯，学会有规律地生活。这不仅有利于大学生科学用脑，而且对于排除心理障碍，维护心理健康也是十分有益的。

二、心理调节的具体方法

（一）学业受挫的心理调节

（1）正确看待学习过程与结果。学习是一种追求，需要明确努力的目标。不少学生看重学习的得分结果，而忽视了学习过程中的能力锻炼。应注重把握进取的过程，把分数看成是追求过程中的标记。

（2）应有坚定的自信心。只有对自己、对环境、对未来充满信心，才可为制定的目标努力。大学生应正确调适心理，不妄自尊大，不妄自菲薄。那些用负面的眼光去评价自己、环境和未来的人永远不会成功。

（3）面对困难要认真对待。虽然不是所有的困难都能依靠个人的努力得以解决，但是许多学生却在刚遇上困难时就表现出惧怕和退缩，更谈不上轻松地接纳困难，从而始终与困难保持距离。

（4）加强自我肯定。自我肯定是自信心增强的基础，在了解和正确评价自己的基础上，追求自己的需要、利益和价值，才会最大可能地选择和驾驭自己的生活。

（二）恋爱中的心理调节

恋爱是创造和谐美满婚姻的前奏，能否通过它来实现理想的目标，心理因素十分重要。恋爱失败，往往是由心理障碍所造成的。因此，大学生在恋爱时要克服不良心理的干扰。

（1）不要有自卑心理。有自卑心理的人，并不一定就是条件很差，有的是生理缺陷或职业原因或有过某些过失而产生这种心理。有自卑心理的人遇到理想的异性时因担心对方看不起自己，不敢大胆追求而失去时机。有这种心态的人要振作精神，树立自信、自强的心理。

（2）不要以自我为中心。在恋爱中，不能只要求恋人围着自己转，听自己的话，为自己服务，迎合自己的性格需要，不顾对方的需求、兴趣、爱好和价值，否则，很难得到异性的爱。因此，只有改变只顾自己的价值观，学会关心、尊重别人，才能具备恋爱成功的基本条件。

（3）不要有从众心理。有这种心态的人对恋人的看法缺乏主见。别人说好则自觉得意，别人说不好则会觉得不理想，往往因随波逐流而断送了自己的爱情。广听众议是好的，但要认真地分析判断，拿定自己的主意。

（4）不要有求全心理。有人把恋人过于理想化，把标准定得太高，超出了实际，极大地缩小了择偶范围，减少了恋爱的成功率。特别是大龄青年，求全心理更为突出，结果一误再误。有这种心态的人要从理想化回到现实中来，及时调整择偶标准。

（5）不要有男权心理。女方要求男方的地位、文化水平要比自己高，若男方的地位、文化水平低于女方时，则没有勇气去追求女方。克服这种心理的关键在于要真正领悟爱情的真谛，树立男女平等的思想。

（6）不要有迷信心理。由于封建迷信思想的影响，有人为了自己的婚姻求神拜佛，算命看相，从而阻碍了青年男女恋爱关系的建立和发展，甚至酿成不幸。有这种心态的人应该树立科学观念，清除愚昧邪说的影响。

（三）失恋后的心理调节

失恋是一种正常的现象，要用积极的心态和行为进行自我调节和调整。

（1）丢弃自卑。任何事情都面临着两种结果，要么是成功，要么是失败，所以谈恋爱首先就要有失恋的心理准备。有思想、有志气的青年不应受世俗偏见的束缚，不要自卑，应从恋爱中发现自己的不足，加以改正。

课堂笔记

（2）倾诉。首先要找一个知心的朋友或心理疏导者，把自己的痛苦和烦恼毫无保留地发泄出来，然后听他们的劝慰和开导。如果一时找不到，也可以写在日记本上。这样可以起到释放自己的痛苦和烦恼，寻得心理安慰和寄托，减轻和消除不良情绪的作用。

（3）代偿。失恋以后，首先想自己得意的事情，比如自己人际关系和谐、某个异性对自己痴情，来获得对痛苦和烦恼的解脱，理智地用一些积极的言语和格言来提醒、暗示自己，如“天涯何处无芳草”“塞翁失马，焉知非福”等。也可以进行逆向思维，多想对方的不足，分析自己的优势，鼓足勇气，迎接新的生活。

（4）转移。当自己失恋以后，或向异性朋友倾诉，或与朋友散步聊天，或给自己刻意安排一些工作量偏大且危险性小的工作，来达到忘却痛苦和烦恼的目的；或去参加自己喜爱的活动，如下棋、画画、跳舞等，以转移注意力、释解苦闷；或投身到大自然中去，把自己融入大自然的博大胸怀中，从而得到抚慰。

（5）立志。失恋以后，以积极进取的态度和行为，提高自己的能力和修养，全身心地投入学习中。

（6）行为疏泄。行为疏泄是通过机体的外显活动宣泄心理痛苦和烦恼的一种方法，如舞蹈、摔打等。当自己失恋后，去从事这些活动，可以起到减缓愤怒、宣泄不满的效果。

（四）同学交往中的心理调节

同学之间的冲突和争吵是正常的事情，关键是要积极化解，最好能通过恰当的途径和方式使双方和好。主要的心理调节有以下几点：

（1）直接接触。如果需要，可以约定时间、地点进行面对面谈话，说话时不要使用威胁性的语言。谈话是为了解决问题，而不是激化矛盾。如果希望谈话保密，一开始就应该说清楚。

（2）就事论事。涉及这次具体的问题，不要翻旧账，将过去发生的事情牵扯进来。

（3）避免揭短。揭短容易激化矛盾，不利于问题的解决。

（4）永不放弃。没有取得结果并不意味着没有解决的办法。不应该停止沟通，而是要准备做出让步并找到双方都能接受的解决办法。

（5）不要怪罪。怪罪别人或怪罪自己，对于问题的解决没有任何作用。如果想解决问题，就不要太看重已经过去的事。

（6）责任自负。要对自己的而不是他人的态度负责。

（7）注意聆听。要善于聆听，不要打断别人的谈话，不要马上做出不满意、不同意的反应。如果懂得尊重别人，也同样会得到尊重。

（8）学会宽恕。宽恕别人，意味着给了别人一个改正错误的机会。

（9）公平协商。解决问题要靠双方的共同努力。要本着公平的原则，认真协商，努力找出有利于双方的最佳解决方案。

（五）与老师相处中的心理调节

师生关系是学校中最重要的人际关系。师生关系好坏，可能会影响学生

的学习。因此，大学生要正确处理与老师的关系。

(1) 培养尊师的真挚感情。古往今来，作为“传道、授业、解惑”的老师，都希望自己的学生“青出于蓝而胜于蓝”。学生只有尊重老师的辛勤劳动，才能不辜负老师的期望。人不可能十全十美，老师也不例外，对老师的过失，学生应该给予原谅。

(2) 要客观全面地认识老师。当听到老师的批评时，首先要客观、冷静地分析，老师为什么要批评自己，自己哪些方面做错了，发生错误的主要原因是什么，自己应该从中吸取哪些教训，怎样做才最有利于解决问题和自身的发展。

(3) 学会与老师对话的技巧。与老师交流中最重要的一点是要学会适当地表达自己的要求与意见。这里说的适当包括恰当的时候，恰当的语气和语言，以及恰当的行为表现等。不要在被老师批评的时候，反而向老师提出要求，这样会给人一种不礼貌，甚至是要无赖的感觉。

(六) 就业时的心理调节

大学生在就业过程中，难免会遇到这样或那样的问题，如果没有及时进行心理调节，有可能会产生焦虑、抑郁、自卑等不良心理，严重者可能会丧失对生活的信心，从而走上自杀的道路。对此，大学生要坚持做到以下几点：

(1) 正视社会现实。在择业过程中。只有了解社会现状，才能更好地正视社会、适应社会，进而发挥自身潜能，为社会做出贡献。

(2) 调整心态，充分准备。及时了解招聘单位情况，做好求职前的必要准备，如求职材料、服装礼仪等。求职面试时要怀着“我一定会成功”的坚定信念，并且注重面试技巧，适时推销自己。

(3) 及时调整择业期望。有的学生往往由于对工作环境、工资收入、福利待遇、职业地位等要求过高。而在求职时遇挫。不妨调整期望值，放下包袱，分析失败原因，采用“分步达标”的办法，先就业再择业，最终实现自己的愿望。

(4) 放眼未来，再展宏图。种种原因，学非所用在所难免，有不少学生很难找到满意的工作。对于这些问题，要从长计议，正视现实，适应环境，放眼未来。职业是生活的起点，只有全身心地投入其中，才能使自己成长、发展、充实、满足，从而实现人生价值，达到服务社会的要求。

(5) 融入新环境，适应新岗位。到了新的工作岗位，要以积极的心态主动参加单位的各项活动，尊敬领导和同事，团结他人，尽快适应新的工作环境、生活环境、职业岗位和人际关系。

(6) 谦虚谨慎，敢于竞争。刚参加工作的学生往往志向远大，但由于缺乏经验，工作中难免弄巧成拙。因此，在实际工作中，对领导、同事的善意批评要正确认识，虚心接受别人的意见。从小事做起，比如打开水、清扫卫生等，一步一个脚印做好工作。同时也要敢于竞争，要从实际出发，充分考虑自己的专业、性格、爱好，扬长避短，发挥特长，关键时刻显身手。

在现代社会人们已普遍意识到，竞争已不仅是智力和体力的竞争，更重要的是心理素质、心理与人格的较量。因此，大学生一定要正确看待心理安

课堂笔记

全问题，增强自身的心理素质，提高自身应对心理困扰的能力，保障心理健康。

第四节　心理健康与人格培养

心理健康与健全的人格是分不开的，拥有了健全的人格，才能拥有健康的心理。因此，大学生应该对人格有所了解，培养健全的人格。

一、人格与人格特点

（一）人格

英文中的 personality（人格）一词来源于古希腊语 Persona，意指戏剧演员在舞台上扮演角色所戴的面具，集中表现剧中某种人物的典型心理。后来这个词被用来描述一个人的心理。心理学里人格也叫个性，是指一个人在遗传素质的基础上，在个体成长中形成的、区别于他人的、独特稳定的心理倾向和心理特征的总和。

心理学中将一个人完整的人格结构分为人格的心理倾向和人格特征两个方面。心理倾向包括需要、动机、兴趣、信念和世界观，构成了个性心理的动力系统和调节机制。人格特征包括能力、气质和性格，体现着人的心理活动效能和活动风格上的差异性。

（二）人格的特性

1. 人格的整体性

人格是人的心理结构的整体表现，人格倾向性和人格特征这两方面并非是单独存在的，而是相互联系、相互制约、相互作用的。人格的整体性有多方面的表现。

（1）人格内部的协调一致性。即人格倾向和人格特征这两方面是整体协调统一的。也就是说我们的需要、动机、世界观与性格、能力等是协调一致的。

（2）人格存在内外的统一性，即主观与客观，动机和行为的和谐一致。一个人失去了人格内在的统一性，他的行为就会经常由几种相互抵触的动机支配，导致人格分裂，形成双重人格或多重人格。

（3）只有从整体人格出发，才能更好地理解一个人的行为。在个人身上偶尔发生的行为，往往不是一个人的真实状态，我们不能以偏概全。

人格是由各个紧密相连的成分构成的多层次、多侧面的统一整体。离开了人格结构的整体性就不能正确地分析和理解任何人的人格。

2. 人格的独特性

每个人因为家庭环境、成长历程、生活阅历、学习经历等因素的不同，而形成了不同于其他人的独特人格结构。虽然人格有独特的一面，但是在人格的集体潜意识中可以看出，人格也有共性的一面，这种共性来源于共同生活的社会背景、文化环境或者信念信仰。比如中国有56个民族，每个民族的人都可能具有一些共性，也有不同于其他民族的人格特点的地方，而且民族内部人与人之间又有人格的差异。总之，共性和个性是个相对的概念。

3. 人格的稳定性和可变性

个体会因为先天的遗传、后天的社会文化因素以及个人的生活、学习阅历的不同，在成长的过程中逐渐形成自己稳定的人格特点。也就是说一个人格稳定的人，一定会在遇到同样的情况时就有稳定的心理反应方式。比如，一个胆小怯懦的人，在陌生人面前总会脸红，当众演讲也多半会面红耳赤，遇事也总会退缩。然而在个人的行为中偶然表现出来的心理特征和心理倾向不能代表一个人的人格。一个胆小怯懦的人也会在特殊的情况下做出与自身人格特点相异的行为，如恼羞成怒后，往往出现较强烈的攻击行为。

二、健全人格的标准

严格地说，什么样的人格才算是健全的，并没有一个统一的标准。从目前心理学的研究看，主要有以下三种标准：

（一）“成熟健全人”的标准

美国人格心理学家阿尔波特在哈佛大学长期研究高校人员的心理健康水平，并把他们称作“成熟者”。从他们身上，阿尔波特归纳出以下几个特征：

（1）自我广延的能力。健康成人参加活动的范围极广，他们有许多朋友，许多爱好，并且在政治、社会活动方面也颇为积极。

（2）情绪上有安全感和自我认可。健康成人能忍受生活中不可避免的冲突和挫折，经得起一切不幸遭遇。他们对自己也具有积极的意象。

（3）与他人热情交往的能力。健康成人与别人的关系是亲密的，但没有占有感，无嫉妒心，富于同情心。他们能容忍自己与别人在价值与信念上的不一致。

（4）具有自我客体化的表现。健康成人对自己的所有和所缺都十分清楚。他们理解真正的自我与理想的自我之间的差别。他们也知道自己看待自己与别人看待自己之间的差别。

（5）表现具有现实性知觉。健康成人看待事物是根据事物的实在情况，而不是根据自己的希望那样来看待事物。这种人看待情境及顺应情境都是“明白人”，而不是“糊涂人”。

（6）有一致的人生哲学。健康成人需要有一致的定向，为一定的目的而生活，有一种主要的愿望。意识形态、哲学、生活预感或前景都能对人的一切行动产生创造性的推动力。

（二）“机能健全人”的标准

“机能健全人”的标准是由美国心理学家罗杰斯提出来的，它的主要内容有以下几点：

（1）能接受一切经验。机能健全的人对任何经验都是开放的，这与心理疾病患者不同，他们认为一切经验都不可怕。他们不拒绝失败的经验，一切

课堂笔记

经验将正确地被符号化，从而达到意识，因而他们的人格更广泛、更充实、更灵活。

（2）自我与经验和谐一致。机能健全的人的自我结构与经验协调，并且能够不断地变化，以便同化新经验。机体在评定事物价值时，总是以自己的机体经验为根据，不大容易受外界力量所左右。

（3）个性因素都在发挥作用。机能健全的人较多地依赖对情境的感受，不怎么依赖智力因素。他们常常根据直觉来行动，使行动有自发性。他们的行为既受理性因素引导，也受无意识的情绪因素制约，所有的人格因素都在起作用。

（4）有自由感。机能健全的人能够接受一切经验，他们的身心充实并信任自己，因而有很大的行动自由。他们相信自己能够掌控自己的命运，在自己的生活中有很多选择余地，感到自己所希望的一切都有能力达到。

（5）具有高创造性。机能健全的人在他们所做的一切事情上都表现出创造性。他们的自我实现伴随着独创性和发明性。自我多体现强调个体创造性的活动。

（6）与他人和睦相处。机能健全的人乐意给人以无条件的关怀，他们的生活与其他人高度协调，同情他人，受到他人的欢迎。

（三）“自我实现人”的标准

美国人文主义心理学家、人类潜能运动的先驱者马斯洛，对“自我实现人”进行了深入研究，并归纳出以下15种特点：

（1）良好的现实知觉。自我实现者对世界的知觉是客观、全面和准确的，因为他们在感知世界时，不会掺杂自己的主观愿望和成见，或带有自我防御，而是按照客观世界的本来面貌去反映；与此相反，心理不健康者则是以自己的主观方式去知觉世界的，他们试图使世界与自己的主观愿望、焦虑和担心相吻合。

（2）对人、对己、对大自然表现出最大的认可。他们会以积极的态度来对待，而对那些不可改变的不足与缺陷，他们能顺其自然，不会自己跟自己、跟他人和自然过不去。

（3）自我、单纯和自然。在人际交往中，自我实现者具有流露自己真实感情的倾向，他们不会装假或做作，他们的行为坦诚、自然。一般而言，他们都有足够的自信心和安全感，这就使得他们足以真实地表现自己。

（4）以问题为中心，不是以自我为中心。自我实现者热爱自己所从事的工作，献身于某种事业或使命，并能全力以赴。与常人相比，他们工作起来更刻苦、更专注。对他们来说，工作并非真正的劳苦，因为快乐恰恰寓于工作之中。

（5）有独处和自立的需要。自我实现者以自己的价值和感情指导生活，不依靠别人来求得安全和满足，他们依靠的只是自己。他们一般都喜欢安静独处。这样做并不是因为害怕别人，也不是要有意逃避现实，而是为了在减少干扰的条件下，更好地深思，更全面地比较，以便去寻求更为合理的解决问题的方案。他们平静安详，保持冷静，安然地度过或顶住各种灾难和不幸。

（6）不受环境和文化的支配。自我实现者行为的动力主要来自自身内部的发展和自我实现的需要，而不是来自因缺少某种物质或精神上的东西需要外部的补充。因此，他们更多依赖自己而不是外部环境，能够抵制外部环境和文化的压力，独立自主地发挥思考的能力，自我引导和自我管理。

（7）对生活经验有永不衰退的欣赏力。自我实现者能够对周围现实保持奇特而经久不衰的欣赏力，充分地体验自然和人生中的一切美好事物。他们不会因事物的重复出现而习以为常，失去敏感；相反，他们对每一个新生儿、每一次日出或黄昏，都像第一次见到时感到那样新鲜，那么美妙。

（8）神秘或高峰体验。高峰体验是人感受到的一种强烈的、心醉神迷的狂喜或敬畏的情绪体验。当它到来时，人会感觉到无限的美好，具有极大的力量、自信和决断意向，甚至连平凡的日常活动，也可以被提升为压倒一切的、妙不可言的活动。马斯洛认为，所有人都具有享受高峰体验的潜在能力，但只有自我实现者更有可能、更常得到这种体验。

（9）关心社会。自我实现者所关心的不仅局限于他们的朋友、亲属，而是扩及全人类。他们把帮助穷困受苦的人视为自己的天职，具有同所有的人同甘苦、共患难的强烈意识，千方百计为他人着想。在自我实现者看来，他人的快乐就是自己的快乐，他们已经把自己从满足自身狭隘需求的牢笼中解放了出来。

（10）深刻的人际关系。自我实现者注重与朋友间的友谊，他们交友的数目虽然不多，同伴圈子比较小，但友情深切和充实。就对爱的理解来说，他们认为爱应当是全然无私的，至少应当是给予爱和得到爱同等重要。他们能够像关心自己一样，关心所爱者的成长与发展。

（11）深厚的民主性格。自我实现者谦虚待人，尊重别人的权利和个性，善于倾听不同的意见。对他们来说，社会阶层、受教育程度、宗教信仰、种族或肤色，都是不重要的，重要的是他们是否掌握真理。自我实现者极少偏见，愿意去向值得学习的人学习。

（12）明确的伦理道德标准。一般说来，他们强调目的。而手段必须从属于目的，因此具有明确的道德标准。自我实现者常常将普通人看成是达到目的的手段，把活动经历当作目的本身，因此比常人更能体验到活动本身的乐趣。

（13）富有哲理的幽默感。自我实现者善于观察人世间的荒诞和不协调现象，并能够以一种诙谐、风趣的方式将其恰当地表现出来。但他们绝不把这种本领用之于有缺陷的人。他们对不幸者总是寄予同情。

（14）富有创造性。这是马斯洛研究的所有对象的共同特征之一，他们每个人都在某个方面显示出独到之处和创造性。虽然，他们中某些人并不一定是作家、艺术家或发明家，但他们具有同儿童的天真想象相类似的能力，具有独创、发明和追求创新的特点。

（15）不受现存文化规范的束缚。自我实现者对随意迎和他人的观点和行为十分反感，他们认为人必须具有自己的主见。认定的事情就应坚持去做，而不应顾及传统的力量或舆论的压力。他们这种反对盲目遵从的倾向，显然

课堂笔记

不是对文化传统或舆论的有意轻视，而是他们具备自立、自强人格的反映。

三、健全人格的培养

虽然人格是稳定的，但是它也是可变的。大学生既可以积极自觉地培养良好的人格品质，也可以改变不良的人格品质，即使有某种程度的人格障碍也是可以矫治的。因此我们应注意以下几方面：

（一）树立正确的人生观与价值观

一个人有了正确的人生观、价值观和世界观，就能对社会、对人生有正确的认识和看法，就能采取适当的态度和行为面对生活中遇到的各种事情，就能正确地观察和分析客观事物做到冷静而稳妥地处理各种事情。同时形成心胸开阔、乐观开朗等良好的人格品质，提高对心理冲突和挫折的耐受能力，从而防止心理障碍问题的发生，有利于保持心理健康。

（二）在实践活动中培养良好的人格

俗话说“实践出真知”。无论是知识的获取、能力的形成，还是意志的磨练都离不开实践。应积极参加各种有益身心健康的实践活动，如近年来校园内兴起的青年志愿者活动或者是学生社团等，对于在校大学生人格的发展与塑造就很有意义。一个人的一言一行往往是其人格的外化，反过来一个人日常言行的积淀成为习惯就是人格。因此，优化良好人格要从眼前的小事做起。“勿以善小而不为，勿以恶小而为之”，最终构建成优良的人格大厦。

（三）建立良好的人际关系

人格发展、塑造的过程是个体实现社会化的过程，是个体与他人、集体、社会相互作用的过程。人格是在行为中表现的，健全的人格只有在与人交往中才能体现出来。塑造健全人格，必须发展良好的人际关系，尊重社会风俗，关心他人的需要；真诚地赞美，不做无建设性的批评；多与他人沟通，保持自尊和独立等。集体是人格塑造的土壤，通过集体中的人际交往，个人的某些人格品质或受到赞扬、鼓励，或受到压制、排斥，并有可能使人对自身的人格结构做出有针对性的调整，以更好地适应集体，形成良性互动，有助于人格的优化与完善。

温馨提示

心理咨询的形式

面谈咨询。找校园里或其他专业机构的心理咨询师，进行面对面交流。面谈咨询可以详细了解、分析当事人的心理问题，帮助他们摆脱有碍于心身健康的不利因素，提高他们解决问题、适应环境的能力。对已经形成心理障碍者，则分析其病因和症状，制订完整的心理疏导计划。当面咨询掌握的情况较全面，能够更深入地为当事人提供有效的帮助，是一种首选的心理咨询方法。

课堂笔记

通信咨询。当事人以电子邮件或纸本信函的方式，提出自己要咨询的问题，心理咨询师给予回复。其优点是不受居住条件限制，对于不善于口头表达或较为内向的当事人来说是一种较易接受的方法。其缺点是咨询效果会受当事人书面表达能力、理解力和个性特点的影响。

电话咨询。电话心理咨询这种方式快捷方便而又经济，可保证隐私性。不受距离和地理位置的限制，而且还可以从来电者的声调、语气停顿中获得额外的信息。

网上咨询。网上咨询包括访问相关专业网站，以及通过QQ、视频进行咨询等。通过网络，当事人可以倾诉自己的困惑，心理咨询师可以在尽可能短的时间内掌握当事人的基本情况，从而做出适时的分析判断，并可以通过实时交谈不断矫正其分析判断，做出切合实际的引导及处理。

知识小卫士

大学生常见心理疾病及其治疗

一、神经衰弱

1. 神经衰弱的判断

神经衰弱主要是由于某些长期存在的精神因素引起脑功能活动过度紧张，从而产生了精神活动能力的减弱，是一种常见的神经症。患者常感到脑力和体力不足，易兴奋，易疲劳，工作效率低下，还常伴有头痛等躯体症状和睡眠障碍。

2. 神经衰弱的治疗

神经衰弱的治疗和调节方法比较多，除通过心理咨询外，主要通过放松来进行自我调节。具体方法有做深呼吸、意念放松、肌肉放松。

（1）做深呼吸。平躺于床上，一手置于腹部，一手置于胸部，用鼻子用力吸气，再用嘴唇慢慢呼气，注意呼吸应当深长缓慢，呼吸时使全腹上下起伏，用心体会呼吸时的声音和肌体越来越松弛的感觉。每天须做1~2次，每次5~10min，12周后将练习时间延长到20min。

（2）意念放松。闭目养神，心平气和，除去杂念，集中注意力到丹田，想象丹田有一股气流，接着吸气，这股气流由丹田慢慢流到胸口，又到头部，最后到达头顶，再顺向吸气，自脑后流向脖子，顺着脊柱回到丹田，反复循环直到消除压力和紧张。

（3）肌肉放松。晚上睡觉前，松开自己身上所有的紧身衣物，轻轻地坐在椅子上，双臂和手平放于扶手上，双腿自然前伸，头与上身轻轻后靠。放松动作要领是先使该部位肌肉紧张起来，保持紧张状态10s，然后慢慢放松，并注意体验放松时的感觉（如发热、发沉等）。整个放松训练按照由下至上的顺序，先从脚趾肌肉放松开始，再到小腿肌肉放松，大腿肌肉放松，臀部肌肉放松，腹部肌肉放松，胸部肌肉放松，背部肌肉放松，肩部肌肉放松，臂部肌肉放松，颈部肌肉放松，最后到头部肌肉放松。每次放松训练20~30min即可。

课堂笔记

二、强迫症

1. 强迫症的判断

强迫症是指某些行为的持续存在毫无意义且不合理，却不能克制地反复出现，愈是企图努力抵制，反愈感到紧张和痛苦，从而导致严重的内心冲突并伴有强烈的焦虑和恐惧。常表现为强迫怀疑、回忆、联想，强迫情绪，强迫清洗、询问、检查等。

2. 强迫症的治疗

（1）心理治疗。主要采取解释性的心理治疗，目的在于提高患者对病症的认识，使患者认识到强迫症是一种功能性疾病，而不是器质性疾病，经过治疗，会逐渐好转，帮助患者树立战胜疾病的信心。

（2）行为治疗。如对于恐高症，可以在专业医护人员带领下上楼。实践证明，经过反复多次训练，可取得很好的疗效。

（3）自我疗法。当强迫症出现时，自己给自己强烈刺激，引开注意力，有专家提议：预备一根皮筋套在手腕上，当出现症状时，立即拉弹皮筋圈，使自己感到疼痛，从而抑制或消除症状。

（4）药物治疗。对于有强迫思维的患者可在专业医生的指导下采用药物治疗。

三、抑郁症

1. 抑郁症的判断

判断识别典型的抑郁症最直接的方法，就是一个人的抑郁情绪持续两周以上，同时伴有下述症状：

（1）情绪低落、兴趣丧失或无愉快感；精力减退或持续疲乏；活动减少或动作迟滞；有罪恶感、过分自责或内疚。

（2）联想困难或注意力不能集中；无价值感、缺乏信心，常想到死或自杀。

（3）睡眠障碍，失眠或早醒；食欲明显下降或亢进，体重降低。

（4）性欲下降或者对性失去兴趣。

假若有一条特别严重，或数条同时出现，就很可能是抑郁症发作的征兆，一定要提高警惕。轻度抑郁者虽然可以自我控制情绪，但时间一长，会渐渐失去扮演社会角色的能力；重度抑郁者则有可能自残，造成更大损失。

2. 抑郁症的治疗

抑郁症并不可怕，只要接受及时、正确的治疗，很快就会恢复。

（1）药物治疗。用来改变脑部神经化学物质的不平衡，包括抗抑郁剂、镇静剂、安眠药、抗精神病药物，但都需要求助于精神专科医生。

（2）心理治疗。改变不适当的认知或思维、行为习惯，可求助于专业心理治疗机构及专业人员。

（3）享受阳光及运动。阳光中的紫外线有助于改善一个人的心情。多做运动，可使心情得到意想不到的放松。

（4）良好的生活习惯。有规律与安定的生活是抑郁症患者最需要的。保持心情愉快，不要陷入自己假想的心理旋涡中。

四、神经性进食障碍

1. 神经性进食障碍的判断

神经性进食障碍又名精神性厌食征，也叫减肥综合征，因故意节食造成的对于吃饭的恐惧或者没有欲望，有厌食呕吐等表现，严重的营养不良患者可能有生命危险。

2. 神经性进食障碍的治疗

(1) 首先要补充营养，因为在严重营养不良状态下，死亡率可高达10%，所以必须紧急抢救治疗。如果患者拒绝治疗，应采用劝说及强迫的方式使其住院，以挽救其生命。

(2) 心理治疗。心理治疗包括疏导病人的心理压力，对环境、对自己有客观认识，找到适应社会的角度及处理和应付各种生活事件的能力。心理治疗要找有经验的专业心理医生。

(3) 要了解健康体魄的概念，标准体重的意义，对自己的身体状况有客观的评估，了解食物、营养学方面的知识。

五、精神分裂症

1. 精神分裂症的判断

精神分裂症是一种慢性、易复发、常见的精神疾病，发病的年龄多在16~35岁。其表现如下：

(1) 思维障碍。是指思维缺乏逻辑性和目的性，言语不着边际。思维内容障碍主要是指与事实明显不符，但患者却又坚信不疑的妄想，常见的有被害妄想、关系妄想、嫉妒妄想等，此类妄想往往内容荒谬离奇，对象广泛且易变更。

(2) 感知障碍。最常见的是言语性幻听。患者若受幻听支配，可表现为与幻听对话或接受指令后做出荒唐之举。不常见的还有幻视、幻味、幻嗅等。

(3) 情感障碍。主要表现为情感淡漠和迟钝。患者对切身和周围之事毫不关心，也有些病人表现为情感不协调或倒错，他内心的体验与情感的表现不一致，甚至相反。

(4) 意志障碍。在情感淡漠时，其意志活动能力多低下，表现为退缩，被动、缺乏进取心等；反之，在情绪激动时，其意志表现也会出现病态的增强。

(5) 行为障碍。一般有兴奋和抑制两种表现。兴奋多为冲动性的，如伤人、毁物、自残等。抑制则有多种形式，如动作刻板、疏懒少动、离群索居等。

2. 精神分裂症的治疗

(1) 药物治疗。近年来，精神分裂症的药物治疗有了很大进展。抗精神病药物能迅速、有效地控制兴奋，消除幻觉妄想，调整情绪和意向障碍，改善患者与环境的接触。

(2) 心理治疗。在用药物调整大脑功能的同时，必须重视环境和情绪因素，发挥患者在治疗中的主观能动作用。心理治疗可求助于专业心理治疗人员。

另外，丰富精神生活的内容，活跃情绪，对治疗精神分裂症也有很大帮助。

课堂笔记

第六章 公共安全：关爱自我和家庭

案例思考

2020 年 1 月 1 日，四川某职业院校的一名同学凌晨 2 点回校，在国道上被一醉酒驾驶的车辆撞到，当场身亡。2020 年 9 月开学的第一天，该校的一名新生边走边玩手机，结果路边一辆车后退滑行到身边都未发现，他因过于关注手机而丝毫没有避让，结果汽车将他撞倒，幸好车速不太快，否则性命难保。

第一节 预防交通事故的发生

随着时代的发展，交通越来越发达，便捷的交通给我们的生产、生活带来了极大的方便。但是，我们在享受交通便利的同时也受到交通安全隐患的威胁。近年来，随着高校不断地扩招、合并，校园内人流量、车流量也在急剧增加，大学生不仅外出时要注意交通安全，也要在校园内提高警惕，预防交通事故的发生。

一、大学生发生交通事故的主要形式

（一）注意力不集中

“低头一族”已是校园一道最具特色的风景线，这是大学生发生交通事故最主要的原因，大学生爱边走边玩手机、平板或听音乐或打手机或左顾右盼，心不在焉，不注意路面情况和来往车辆，缺乏自我防范意识。

（二）在路上嬉戏打闹或进行球类活动

大学生精力旺盛、活泼好动，即使在路上行走也是蹦蹦跳跳、嬉戏打闹，甚至有时还在路上进行球类活动，易发生交通事故。

（三）骑“飞车”、飙车，比车技，不计后果

高校的校园面积都比较大，宿舍与教室、图书馆等之间的距离比较远，因此许多大学生购买了自行车、电动车或摩托车，课间骑车在人海中穿行逐渐成为大学的一道风景线。但部分学生在校园骑行时却忘乎所以，把道路当成了赛道或表演车技的舞台，为引发交通事故埋下了祸根。

课堂笔记

（四）行走或乘坐交通工具时发生交通事故

大学生空闲余暇时购物、观光、访友要到市区活动，这些地方车流量大，行人多，各种交通标志眼花缭乱，交通状况与校园相比更加复杂，许多大学生由于缺乏通行经验而发生交通事故。大学生离校、返校、外出旅游、参加社会实践活动、求职等都要乘坐各种长途或短途的交通工具，发生交通事故的情况也时有发生，有时甚至造成群体性伤亡。2014 年，多名女大学生因“搭错车”而失联，导致多名女生被害。

二、交通事故的预防

避免交通事故的发生，关键在于提高安全意识，遵守交通规则，具体可从以下几方面着手：

（一）步行时

（1）步行应当在人行道内行走，没有人行道的地方靠路边行走。

（2）雾天、阴雨天行路时要格外小心，最好穿颜色鲜艳的衣服或雨衣。夜间行走时最好储备一个手电筒用于照明。

（3）步行通过路口或者横穿道路，应走人行横道或者过街设施。通过有交通信号灯的人行横道，应按交通信号灯指示通行；通过没有交通信号灯、人行横道的路口，或者在没有过街设施的路段横穿道路时，应在确认安全后通过。

（4）穿越马路时要走直线，不可迂回穿行，不要突然横穿马路，特别是马路对面有熟人、朋友呼唤，或者自己要乘坐的公共汽车已经进站时，千万不要贸然行事，以免发生意外。

（5）通过铁路道口时，应按交通信号或者管理人员的指挥通行。没有交通信号和管理人员的，应在确认无火车驶近后迅速通过。

（6）在马路上不要边走路边看书，要注意观察来往车辆，不在马路上玩游戏、踢球、溜冰或追逐打闹。

（7）不得跨越、倚坐道路隔离设施，不得有扒车、强行挡车等妨碍交通安全的行为。

（8）不要进入高速公路行走。

（二）乘车时

（1）乘车时，须在站台或指定地点依次候车，待车停稳后，先下后上；在道路上乘机动车，应当从车身右侧上车；不得强行上下或者攀爬行驶中的车辆，乘车时注意文明礼貌，谦和文雅，自觉购票，不失风度，避免因上下车拥挤等事与他人争吵、摩擦。

（2）不在行车道上或交叉路口处招呼出租汽车，应当在非交叉路口处的行人道上招呼出租车。

（3）不乘坐“黑车”。“黑车”的驾驶员在驾驶时，既要观察路边是否有乘客，又要观察是否有交警或行政执法大队、运管处工作人员。导致较多的不稳定因素的出现，潜在的危险性很大。

（4）不携带易燃、易爆等危险物品乘车。

（5）不要在车上嬉戏，不得将头、手臂伸出车外，影响驾驶人员安全

课堂笔记

驾驶。

（6）机动车行驶中，乘车人不能将身体任何部位伸出车外，不能跳车。

（7）乘坐货运机车时，不站立，不坐在车厢、栏板上。

（8）车辆行驶中不与驾驶员闲谈或者有妨碍驾驶员安全操作的行为。

（9）车辆在高速公路行驶中，乘车人不得站立，不随便向车外抛弃物品，前排乘车人应系安全带。

（10）高速公路上，车辆因故障不能离开车道或者发生交通事故时，乘车人必须迅速转移到右侧路边上。除执行任务的交通警察外，禁止任何人在高速公路拦截车辆。

（三）骑非机动车时

（1）熟练掌握骑车技术以后才能到马路上骑车。

（2）骑非机动车时，应当在非机动车道内行驶。在没有非机动车道的道路上，应当靠行车道的右侧行驶，在非机动车道内行驶时，最高时速不得超过15km。

（3）不要骑安全部件（如车闸）失效的自行车、摩托车或电动车。出行前要先检查一下车辆的铃、闸等部件是否齐全有效，确保没有问题方可上路。

（4）骑车通过有红绿灯的交叉路口，要遵守交通信号。不能贪图方便取近道。晚上骑车应慢行。

（5）骑车时，不能双手离把，不准手中提物，不准曲线骑行，不准猛拐，不攀扶拖拉机等机动车。骑车时避免两人以上并行，不能互相追逐打闹。骑车转弯前应减速慢行，在确保安全后，伸手示意通过。不要强行猛拐，不做危险动作。

（6）千万不能进入高速公路骑车。

（四）乘船时

（1）不要搭乘水线明显低于水位或乘客拥挤的超载船只，不要坐缺乏救护设施、无证经营的小船。

（2）凭票乘船。不仅自己不夹带危险物品上船，还应主动配合站埠人员做好对危险物品的查堵工作。若发现有人将危险物品带上船只，应督促其交给管理人员做妥善处理。

（3）不管水性好坏，出发前最好在行囊中预备一个便携式气枕或者充气式救生圈。尤其是携带儿童出游，登船后第一件事就是留意观察船上备用的救生衣（具）存放位置，以及救生艇、救生筏存放的位置，要熟悉和了解船上的各通道、出入口处以及通往甲板的最近逃生口，以便在紧急情况下能迅速地离开危险的地方。发现船上出现超载要保持警惕，尤其是船体剧烈颠簸时，要高度戒备，换上轻装，将重要财物随身携带。

（4）上下船时，一定要等船靠稳，待工作人员安置好上下船的跳板后再行动；排队时按次序进行，不得拥挤、争抢，以免造成挤伤、落水等事故；上船后要听从管理人员的安排，并根据指示牌寻找自己的座位；不随意攀爬船杆，不跨越船档，以免发生意外。

（5）客船航行时，不在船头、甲板等地打闹、追逐，以防落水；摄影时，不要紧靠船边，也不要站在甲板边缘向下看波浪，以防晕眩或失足落水；观景时切莫一窝蜂地拥向船的一侧，以防引起船体倾斜，发生意外。

(6) 夜间航行，不要用手电筒向水面、岸边乱照，以免引起误会或使驾驶员产生错觉而发生危险。

(7) 天气恶劣时，如遇大风、大浪、浓雾等，应尽量避免乘船。

(8) 船上的许多设备都与保证安全有关，不要乱动，以免影响正常航行。

(9) 若在航行途中遇到大雾、大风等恶劣天气临时停泊时，要静心等待，不要让船员冒险开航，以免发生事故。

(五) 乘飞机时

(1) 注意穿着。最好穿纯棉、羊毛、丝绸或皮革等天然纤维衣物，避免穿尼龙、人造丝或混纺织品，因为这些材质在高温下会熔化；尽量不要穿短裙、短裤或紧身T恤衫，以免不适或行动受限。

(2) 熟悉应急出口所在位置，并要熟悉手柄转动方向，以及开门的方法操作，在许多事故中都有旅客因打不开应急出口而死伤的情况。

(3) 认真听取应急措施简要说明。空中小姐在起飞前将对应急措施进行简要说明（有时是在机上放录像），一定要认真听取或观看，弄清注意事项，认清应急出口，计划好应急时的撤离路线，要做到有备无患。

(4) 学会运用飞机上的氧气设备。现代大型客机一般都在一万米高空飞行。为了保证空勤人员和旅客的正常生活，座舱与外界密封隔绝，并设置了专门的设备，对座舱进行调温和增压，除此之外还设有固定式和便携式氧气设备，旅客要学会使用这些氧气设备，以便需要时能立刻使用。

(5) 系好安全带。飞机在飞行时会因遇到气流而发生颠簸，严重时，上下旋动的强烈湍流，会让人觉得自己在被狠狠往下砸，没系好安全带的旅客会被抛到舱顶再摔到座位或地板上，造成人身伤害。因此，除非需要离开座位，否则，在整个飞行中，都应系好安全带。半躺着睡觉或专心阅读时，可以松松地系着安全带，以便在遇到强烈颠簸时，能来得及系紧、系好安全带。

(6) 不要使用手机等电子产品。在飞机上，使用一些电子装置，特别是会发射电磁波的用品，将干扰飞机的通信、导航、操纵系统，也会影响飞机与地面的无线信号联系，尤其在飞机起飞下降时干扰更大，即使只造成很小角度的航向偏离，也可能导致机毁人亡。

第二节　交通安全常识

“车祸猛于虎”。交通安全是一个沉重又永恒的话题，为了生命安全和家庭的幸福，大学生要掌握相关的交通安全知识，避免交通违章，减少交通事故的发生。

一、道路交通指挥信号

(一) 指挥信号灯

交通警察在管理交通时，在路面交叉路口设置的交通控制信号灯指挥各方向的车辆和行人通过交叉路口。交通信号灯俗称红绿灯，由红、黄、绿三

课堂笔记

色灯光组成。

（1）绿灯信号：绿灯亮，是准许通行的信号。绿灯亮时，准许车辆、行人通行，但转弯的车辆不准妨碍直行车辆和行人通行。

（2）黄灯信号：黄灯亮时，给人一种危险需要注意的感觉，是预告停车的信号。黄灯亮时，不准车辆、行人通行，但已越过停止线的车辆和已进入人行横道的行人，可以继续通行。另外，黄灯亮时，右转弯车辆和T形路口右边无横道的直行车辆，在不妨碍被放行的车辆和行人通行的情况下可以通行。

（3）红灯信号：红色代表着危险，是绝对禁止通行的信号。红灯亮时，不准车辆和行人通行。但右转弯车辆和T形路口右边无横道的直行车辆遇红灯信号时，在不妨碍被放行车辆和行人通行的情况下可以通行。

（二）人行横道信号灯

（1）绿灯亮时，准许行人通过人行横道。

（2）绿灯闪烁时，不准行人进入人行横道，但已进入人行横道的，可以继续通行。

（3）红灯亮时，严禁行人进入人行横道。

二、大学生应熟悉的交通标志

道路交通标志是用图形符号、颜色和文字向交通参与者传递特定信息，用于管理交通的设施。道路交通标志分为主标志和辅助标志两大类。主标志又分为警告标志、禁令标志、指示标志、指路标志等。

（一）警告标志

警告标志是警告车辆和行人注意危险地点的标志。其形状为正等边三角形，颜色为黄底、黑边、黑图案，见图6-1。

图 6-1　警告标志示例

课堂笔记

（二）禁令标志

禁令标志是禁止或限制车辆、行人交通行为的标志。其形状通常为圆形，个别为八角形或顶点向下的等边三角形。其颜色通常为白底、红圈、红斜杆和黑图案，见图 6-2，禁止车辆停放标志，为蓝底、红圈、红斜杠。

禁止通行

禁止驶入

禁止机动车通行

禁止载货汽车通行

禁止三轮机动车通行

禁止大型客车通行

禁止小型客车通行

禁止汽车拖、挂车通行

禁止拖拉机通行

禁止农用运输车通行

禁止二轮摩托车通行

禁止某两种车通行

禁止非机动车通行

禁止畜力车通行

禁止人力货运三轮车通行

禁止人力客运三轮车通行

禁止人力车通行

禁止骑自行车下坡

禁止骑自行车上坡

禁止行人通行

禁止向左转弯

禁止向右转弯

禁止直行

禁止向左向右转弯

禁止直行和向左行

图 6-2　禁令标志示例

（三）指示标志

指示标志是指示车辆、行人行进的标志。其形状为圆形、正方形或长方形，颜色为蓝底白图案，见图 6-3。

课堂笔记

向左和向右转弯　靠右侧道路行驶　靠左侧道路行驶　立交直行和左转弯行驶　立交直行和右转弯行驶

环岛行驶　单行路（向左或向右）　单行路（直行）　步行　鸣喇叭

最低限速　干路先行　会车先行　人行横道　右转车道

直行车道　直行和右转合用车道　分向行驶车道　公交线路专用车道　机动车行驶

机动车车道　非机动车行驶　非机动车车道　允许掉头

图 6-3　指示标志

（四）指路标志

指路标志是传递道路方向、地点和距离信息的标志。其形状除地点识别标志、里程碑、分合流标志外，为长方形或正方形。一般道路指路标志为蓝底白图案（见图 6-4），高速公路指路标志为绿底白图案（见图 6-5）。

课堂笔记

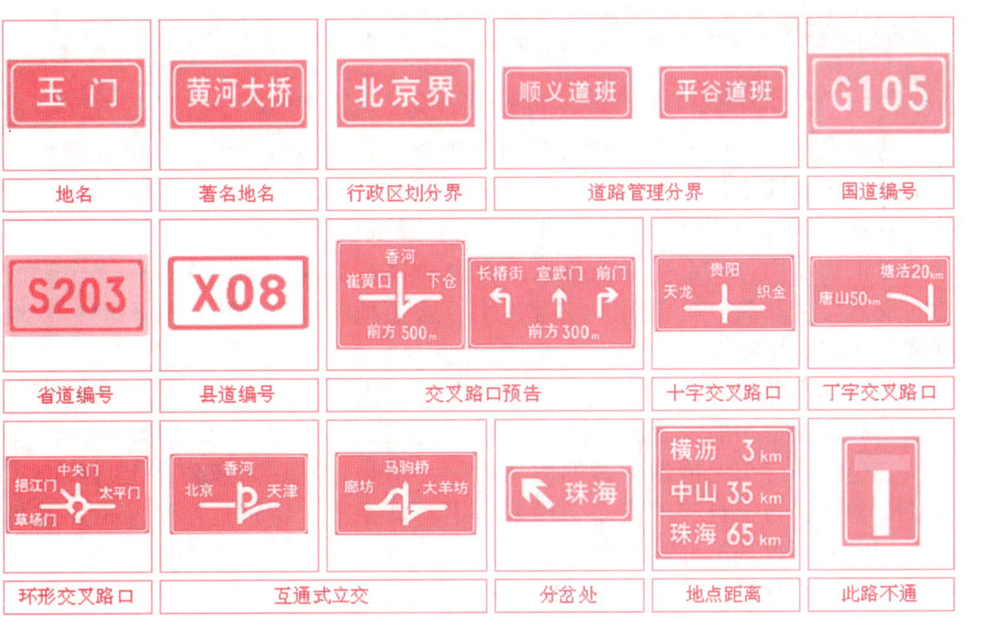

图 6-4　一般道路指路标志

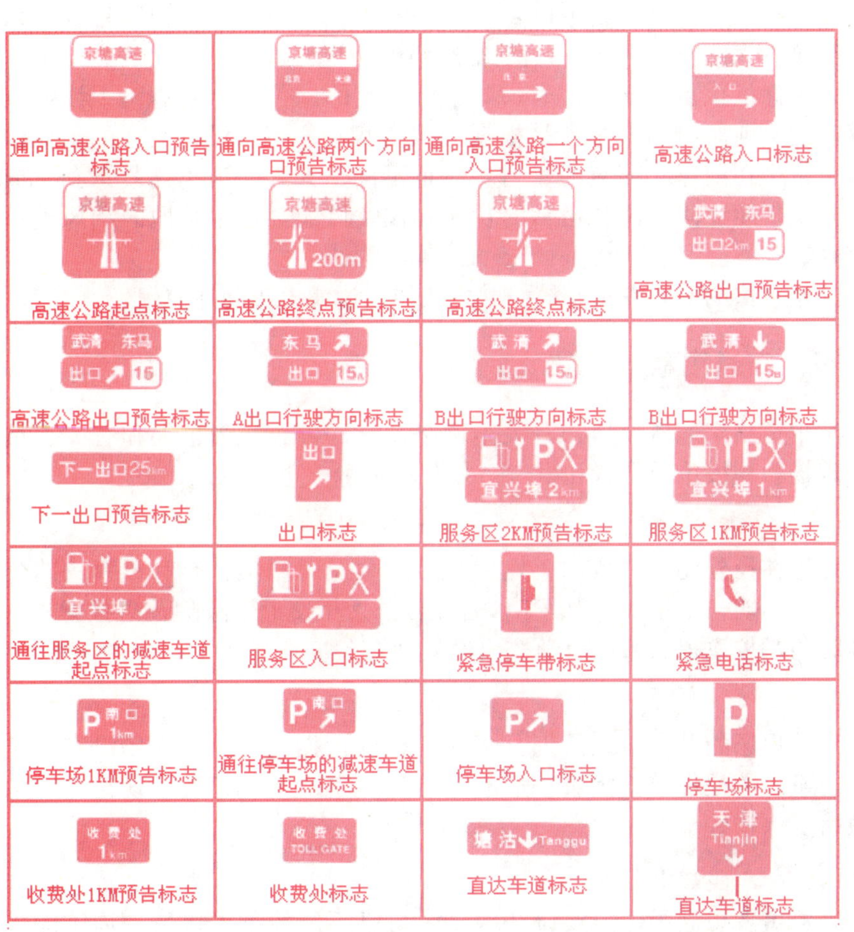

图 6-5　高速公路指示标志

课堂笔记

三、正确使用安全带

（一）一般驾驶人及乘客

这类人群在使用安全带时肩带须绕过肩部，并越过胸前，不可以绕过臂膀下方，否则安全带无法发挥应有的作用。

系安全带时，还要检查安全带是否有扭绞或破损现象。

以正确使用方式系妥安全带后，再以身体往上急冲的动作确认安全带的功能正常与否。简简单单用手或身体平行缓慢地拉动安全带，并不能有效地测试安全带的功能。

因为汽车撞击时，人体会产生急速向上冲击的瞬间力量，此时安全带就应该发挥其锁定功能来固定人体，因此，需要用该方法测定安全带的安全性。

安全带是行车保护驾驶者的方式之一，不是只有在高速公路上行驶时才应系安全带。为了自我的安全，最好一上车即系妥，特别是在快速道路或郊区等处行车，更是不可不系安全带。

对一些设有安全气囊装置的车子，驾驶人务必系安全带。

（二）孩童

孩童在系安全带时不可以多人共用一条安全带，以免因紧急刹车或撞击时，安全带无法发挥其作用，使孩童受伤。

为了保证孩童的健康，家长要掌握一定的座位安全知识，不让孩童坐在前座。通常前座椅的安全带是根据大人的身材、体重设计的，如果让孩童系上安全带坐在前座，孩童的身材、体重不同于大人，当车辆紧急刹车或撞击时，安全带便无法发挥其正常的功能，孩童可能会发生被抛向挡风玻璃等危险伤害。

选用合格的幼儿安全座椅，并应依使用说明书正确地使用。

四、交通事故的处置

发生道路交通事故后，有关车辆必须立即停车，当事人和有关人员必须保护现场，积极抢救伤者和财产，并及时报警。

（一）及时报案

无论在校外还是在校内，发生交通事故及时报案，有利于事故的公正处理，千万不能与肇事者“私了”。若在校外发生交通事故除及时报案外，还应该及时与学校取得联系，由学校出面处理有关事宜。

（二）保护现场

事故现场的勘查结论是划分事故责任的依据之一，若现场没有保护好会给交通事故的处理带来困难，造成“有理说不清”的情况。切记，发生交通事故后要保护好事故现场。

（三）控制肇事者

若肇事者想逃脱一定要设法控制，自己不能控制可以发动周围的人帮忙控制，若实在无法控制也要记住肇事车辆的牌号、车型、颜色等特征。

总之，在遇到交通事故后，要尽量保持头脑冷静，采取相应的自救措施，及时报警。

课堂笔记

第三节　交通安全急救知识

交通与我们的生活密不可分，如果在思想上麻痹大意，就有可能发生交通事故。那么，一旦发生交通事故，我们该怎么做呢？

一、乘车时的自救方法

（一）乘汽车时的自救

汽车是我们外出旅行最常用的交通工具，但安全问题不可忽视。因此，我们特别需要了解一些关于乘车安全方面的知识。

（1）当乘坐的汽车发生车祸时，如果能在一瞬间迅速做出反应，就要紧握面前的扶手、椅背，同时两腿微弯，用力向前蹬地。这样会减轻受伤害的程度，使身体不致造成重伤。

（2）一旦发生车辆机械故障或是路面原因造成的车辆失控，要及时判断，果断处理，必要时跳车求生。

（3）如果发生正面碰撞，后排的人要迅速抱住头部并缩身成球形，这样可以减少头部、胸部受到的撞击。如果汽车发生翻立或翻滚，双手要紧紧握住座位，双脚死死抵住车厢。

（4）在车祸发生得十分突然，来不及做缓冲动作的情况下，坐在前排的人要迅速抱头并滑下座位，以防头部由于惯性冲向挡风玻璃。

（5）车辆撞损后往往会起火甚至发生爆炸，因此，要尽快逃离车辆，必要时要用脚、肘甚至裹着衣物击碎车窗玻璃逃生。

（二）乘列车时的自救方法

列车是远距离出行时最安全的交通工具之一。列车出事前通常没有什么征兆，不过旅客会察觉到一些异常现象（如紧急刹车），这时，应充分利用出事前短短几分钟或几秒钟的时间，使自己身体处于较为安全的姿态，采取下面一些自防自救的措施：

（1）离开门窗或趴下来，抓住牢固的物体，以防碰撞或被抛出车厢。

（2）身体紧靠在牢固的物体上，低下头，下巴紧贴胸前，以防头部受伤。

（3）如座位不靠门窗，则应留在原位，保持不动。接近门窗，就应该尽快离开。

（4）火车出轨向前时，不要尝试跳车，否则身体会以全部冲力撞向路轨、还可能发生其他危险，如碰到通电流的路轨、飞脱的零件，或掉到火车蓄电池破裂溅出的残液上。

（5）火车停下来后，看清周围环境如何，如果环境允许，则在原地不动等待救援人员到来。此外，无论如何都要呼救，想办法尽快将遇险的信息传递出去。

课堂笔记

二、乘船时的自救方法

船舶在江河湖海里航行时，也会遇到意外事故，如触礁、搁浅、碰撞、火灾、爆炸甚至船舶翻沉等，乘客的安全会因此而受到严重的威胁。那么，碰到这种情况应该如何自救呢？

（一）船只下沉逃生方法

（1）船撞到礁石、浮木或其他船只，都有可能导致船体洞穿，但是并不一定马上下沉，或许根本不会下沉。应该来得及穿上救生衣，发出求救信号，手机、信号弹或燃烧的衣物都可以发出求救信号。

（2）除非是别无他法，否则不要弃船。一旦决定弃船，要在工作人员的指挥下，先让妇女儿童登上救生筏或者穿上救生衣，按顺序离开事故船只。注意穿上救生衣后一定要像系鞋带那样打两个结。

（3）如果来不及登上救生筏或者救生筏不够用，不得不跳入水里，应迎着风向跳，以免下水后遭漂浮物的撞击。跳水时双臂交叠在胸前，压住救生衣。双手捂住口鼻，以防跳下时进水。眼睛望前方，双腿并拢伸直，脚先入水。眼睛不要向下望，否则身体会向前扑摔进水里，容易受伤。如果跳水的方法正确，并屏住呼吸，救生衣会使人在几秒之内浮出水面。救生衣上有防溅兜帽，应该解开套在头上。

（4）跳水一定要远离船边，跳水的正确位置应该在船尾，要尽可能地跳远，不然船下沉时涡流会把人吸进船底。

（5）跳进水中要保持镇定，既要防止被漂浮物撞伤。又不要离出事船只太远。如果事故船在海中遇险，请耐心等待救援，看到救援船只挥动手臂示意自己的位置。如果在江河湖泊中遇险，如果很容易游上岸边，可以尝试。如果水流很急，不要直接朝岸边游，而应该顺着水流游向下游岸边，如果河流弯曲，应游向水位较浅且水流速度较慢的内弯处上岸，或者等待救援。

（6）如在海上遇险，跳入海中后，千万不要喝海水。因为海水含盐量往往要比淡水多5%，饮用海水，身体失水会更快，更感到口渴，严重的会出现腹胀、幻觉、神志昏迷、精神错乱等症状。在求生过程中要尽量节省食物，在没有充足淡水供应时，更应注意少进食或尽可能不进食，以免大量消耗体内水分。

（二）船只失火逃生方法

（1）船上一旦失火，由于空间有限，火势蔓延的速度惊人。如果当时远离陆地，可能难以逃生，因此若是失火，必须当机立断，关闭引擎并大喊："失火了！"

（2）若是甲板下失火，船上的人须立即撤到甲板上，关上舱门、舱盖和气窗等所有的空气口，阻止空气进入，然后在甲板上或者其他容易撤退的地方进行扑救，如果无法迅速灭火，应该撤离火场，甚至弃船。

（3）一旦发现火势无法控制，抓紧时间寻找救生设备，从船尾跳到水中或者撤到救生筏上，弃船后应尽快远离出事船只。

（4）弃船后，有人会因为过度惊惶而丧命，注意均匀地深呼吸有助于保

课堂笔记

持镇静。游泳或踩水时，动作要均匀舒缓。如遇到水面上没有燃烧的浮油时，必须将头部高仰出水面，紧闭嘴，防止油进入口鼻，同时还要注意不要让油进入眼内。

（三）其他的相关措施

（1）危机时刻能想起的求救电话（110，120，119 或者家人的电话）都可以拨打。打电话时尽量保持冷静，告诉对方自己的位置和出现的险情。

（2）一旦出现险情，万不可盲目乱跑，不管情况多么紧急，都要听从指挥，保持船体的平衡，如此才能延缓船的下沉速度，争取更多的救护时间。

（3）万一掉进水里或者跳到水里，要屏气并捏着鼻子，避免呛水，因为人一旦呛水将失去方向感并更加惊惶疲惫。因为很多河流并不是很深，所以在放松身体的同时可尝试能否站起来。

（4）为了节省体力，落入水中要脱掉沉重的鞋子，扔掉口袋里沉重的东西，不要贪恋财物，不要有侥幸心理。

（5）由于溺水者往往惊惶失措，死命地抓住一切够得着的东西当作救命稻草，因此拯救者在进行救护时一定要注意观察，不要被溺水者抓住，除非万不得已，不要下水进行救护。不得已下水救护时，一般要先在溺水者的后脖颈处砍一下，避免溺水者缠上身来。

三、乘飞机时的自救方法

乘坐飞机时，如遇飞机密封增压舱失落、失火、机械故障等，驾驶员将不得不紧急迫降。紧急迫降一般在海上进行。但如离海岸太远，有时也只好在荒郊野外或撒满消防剂的飞机场跑道上强行迫降。迫降时，作为旅客应当做到以下几点：

（1）保持镇静，保持清醒的头脑，听从指挥，切不可惊慌失措或各行其事；同时，注意看清飞机紧急出口的位置。

（2）如果飞机高度在 3660m 以上，密封增压舱突然失落释压，乘客头顶上的氧气面罩会自动垂下，应立即吸氧，直到驾驶员把飞机的高度降低。

（3）在机组人员的统一指挥下，尽可能往前舱就座。因为机尾摔毁的可能性要多于机头摔毁的 10 倍以上。

（4）按照要求将座椅的靠背调节到正常状态，收起小桌板，系好安全带。屈身向前，脸贴在垫有枕头之类柔软物的双膝上，两臂抱住大腿，使整个身体处于“最低水平”位置，以减少因惯性而造成的损伤。

（5）迅速将高跟鞋、眼镜、假牙牙托取下，清除身上或身体周围的坚硬物品，这样可以避免伤害。在紧急情况脱离之前，仍要系好安全带。

（6）如机舱内有浓烟雾，用毛巾（最好是湿的）掩住鼻子和嘴。走向紧急出口时应尽可能俯屈身体，贴近机舱下部。

（7）如果飞机是在水上迫降，要按照机组人员讲解的方法穿好救生衣。自己穿好救生衣后，要帮助他人（特别是小孩）。不要在走出机舱前给救生衣充气，这样会造成出舱门的困难。

（8）在打开紧急出口前，要通过舱门的玻璃迅速查看外边的情况，如发

课堂笔记

现出口处有浓烟、火焰或尖锐的碎片以及其他障碍，不要打开舱门，应立即从另外的出口脱离。

(9) 紧急出口打开后，充气救生梯便自动膨胀，以坐的姿势滑跳到梯上，双手护头，快速着地。滑到地面后，尽可能快速地远离飞机，不要返回机上取行李。

(10) 离开飞机后，仍要听从指挥人员的指挥，以便统一行动，脱离险境。

(11) 如果自己或他人受伤，应立即通知空乘人员。等待救援时，设法和其他乘客交谈，保持求生意志。

四、汽车常见事故的自我保护

(一) 迎面碰撞

交通事故中的迎面碰撞，受到致命危险的主要是司机。一旦遇有事故发生，当迎面碰撞的主要方位不在司机一侧时，司机应手臂紧握方向盘，两腿向前蹬直，身体后倾，保持身体平衡，以免在车辆撞击的一瞬间，头撞到挡风玻璃上而受伤。如果迎面碰撞的主要方位在临近驾驶员座位或者撞击力度大时，驾驶员应迅速躲离方向盘，将两脚抬起，以免受到挤压而受伤。

(二) 汽车翻车

当司机感到车辆不可避免地要倾翻时，应紧紧抓住方向盘，两脚钩住踏板，使身体固定，随车体旋转。车内乘客应迅速趴到座椅上，抓住车内的固定物，使身体夹在座椅中，稳住身体，避免身体在车内滚动而受伤。翻车时，不可顺着翻车的方向跳出车外，而应向车辆翻转的相反方向跳跃。落地时，应双手抱头顺势向惯性的方向滚动或跑开一段距离，避免遭受二次损伤。

(三) 车辆落水

汽车翻进河里，若水较浅，不能淹没全车时，应待汽车稳定以后，再设法从安全的出处离开车辆。若水较深时，先不要急于打开车门和车窗玻璃，因为这时车门是难以打开的。此时，车厢内的氧气可供司机和乘客维持 5~10 分钟，应首先使头部保持在水面上，迅速用力推开车门或玻璃，同时深吸一口气，及时浮出水面。

(四) 失火

如果汽车在行驶途中会突然起火，面对此情况，驾驶员应立即熄火停车，同时切断油路、电源，关闭车窗处脱身。一旦身上已经着火，可以下车后倒地滚动，边滚边脱去身上的衣服。这时最应该注意的是不要张嘴深呼吸或高声呼喊，以免烟火灼伤上呼吸道。如果是公交车起火，首先要保持镇静，不要拥挤，快速有序离开起火车辆。如果车门不能打开或拥挤导致下车困难，应用安全锤敲碎玻璃快速逃生。

(五) 地震时

遇到地震最忌讳忙中添乱，司机在这时应该服从灾区应急交通指挥，不妨碍应急救援车队的行动。发生地震时，司机应该立即把车停在附近空地或

者路边上，一定不要将车直接停放在路中央，同时要远离楼房。这时还应该尽快关闭发动机，打开收音机收听关于地震的进一步信息。尤其是在人员寻找进一步避难位置时，不要锁车，不要将车钥匙带走，以方便关键时刻能将车辆移开。如果是乘坐公共汽车或火车，一定要保持冷静，尽量将自己稳定住，等车停稳后再下车，先避震，再设法与家人联系。若在地铁里，要听从指挥，不要盲目跳车。

五、道路交通事故的救护常识

车祸往往是在瞬间发生的，主要由于疲劳驾驶、酒后开车、路面处理技术欠佳以及在不熟悉的路段高速驾驶等造成。车祸轻则擦伤、碰伤，重则常引起多器官受损的复合伤，现场急救不及时，残疾、死亡率很高。

车祸发生后，无论是司机还是乘客只要意识还清醒就要先关闭发动机，对于撞车后起火燃烧的车辆要迅速撤离，以防油箱爆炸伤人；如果只有一人驾驶车辆，汽车翻倒后无力从车中爬出的，可鸣笛或闪动大灯向路过车辆发出求救信号；大多数车祸发生时车辆均处于高速行驶之中，所以车祸对人体的伤害多为撞击伤，以及车辆翻倒时发生的挤压伤。高速的冲撞、挤压常可导致头部损伤、胸部损伤、四肢骨折甚至脊柱骨折。

1. 开放式气胸急救

在我国发生的交通事故当中，胸部受伤的人，约占全部伤者的1/3，当车祸发生时，除了机动车的一部分锐器伤到自己，还有你平时携带的钥匙、钢笔等，可能会对你造成伤害，而车祸中猛烈的颠簸，很有可能使刺入胸部的锐器脱出，这时就会造成胸部的开放式伤口。

当我们发现伤者的胸部有一个严重的创伤，考虑这个伤口非常深，甚至你会发现，除了血以外还有血泡往外冒的话，那你一定要警惕，可能会产生创伤性的开放性气胸。

如果发现车祸伤者胸口出现开放式伤口，并伴有呼吸困难时，我们应该找一个干净的纱布，填塞伤口，然后，最重要的是要找一个大于伤口边缘5cm的一个不透气的材料，比如说一块塑料布，放在伤口的最上面，用胶带将伤口四周沾上，最后用长布条，将伤口处围紧，注意围紧时要吸气，给胸腔留出足够的活动空间，当车祸发生时，发现伤者的胸部出现开放式伤口，我们第一时间要做的就是堵住伤口，将血止住。这样做一是可以避免伤者流血过多，造成死亡；二是可以有效地避免开放式气胸，等到救护车到来以后，专业的医生将会进行进一步的处理。

特别提醒：对于有伤口的伤员，应该先给予包扎，再进行心肺复苏的抢救。心肺复苏术只适用于无心跳无呼吸的重伤者。

2. 头部外伤急救

（1）发现受伤者，应尽快检查头部有无外伤，是否处于危险状态。最重要的是不要随便移动患者，并按以下程序迅速抢救：①取昏迷病人体位，即让负伤者侧卧，头向后仰，保证呼吸道畅通。②若呼吸停止则进行人工呼吸，若脉搏消失则进行心脏按摩。③若头皮出血时，用干净纱布直接压迫止血。

（2）如果头受伤后，有血液和脑脊液从鼻、耳流出，就一定要负伤者平

课堂笔记

卧，患侧向下。即左耳、鼻流出脑脊液时左侧向下，右侧流时右侧向下。如果喉和鼻大量出血，则容易引起呼吸困难，应让受伤者取昏迷病人体位，以使其呼吸方便。

注意事项

(1) 受伤后只有头痛头晕，说明是轻伤。此外还有瞳孔散大，偏瘫或者抽风，那至少是中等以上的脑伤了。

(2) 脑外伤病人一旦出现频繁呕吐、头痛剧烈和神志不清等症状，那就决不可大意，应速送医院诊治。

(3) 受伤后如有脑脊液流出时，最好不要用纱布、脱脂棉等塞在鼻腔或外耳道内，因为这样易引起感染。

3. 骨折急救

对于骨折伤者，单纯的四肢骨折可以就地取材，用硬板、硬纸板等包扎固定，大的骨折应用木板使身体保持笔直状态，防止骨折的再损伤。在搬动病人时使其身体保持水平，不能扭曲，防止拖拉脊椎受到损伤，使伤势加重。

4. 出血急救

出血：因撞击可能造成头颈部或胸部外伤，车祸后最好先检查颈部是否出血，大量出血时最好用毛巾或其他替代品暂时包扎，同时用力按压出血创口上方的动脉血管，以免失血过多。如果伤员出现四肢大出血，立即用皮筋、绷带或皮带将靠近心脏端扎紧，以防失血过量。需要注意的是：如果扎得时间过长，应每隔一小时左右放松一次，以防伤员肢体因缺血坏死。若伤员出血量较少，可用清洁的毛巾或纸巾捂住创口。

还有一种出血为内出血，主要是肝脾破裂所致。内出血时，伤员常会出现休克、面色苍白、出冷汗、全身无力、说话声音低沉等症状。这种情况应避免移动伤员，不得不进行移动时，动作一定要缓慢，距离越短越好。休克时，将伤员平放，给伤员喝一点热水，并抬高双腿，可以使血压维持更长一段时间。

5. 心跳呼吸停止急救

对心跳呼吸停止者，可现场施行心肺复苏，心肺复苏通常采用人工胸外按压和口对口人工呼吸法。

(1) 口对口人工呼吸法

在保持患者仰头抬颏前提下，施救者用一手捏住鼻孔（或口唇），然后深吸一大口气，迅速用力向患者口（或鼻）内吹气，然后放松鼻孔（或口唇），照此每 5 秒钟反复一次，直到恢复自主呼吸。

每次吹气间隔 1.5 秒，在这个时间抢救者应自己深呼吸一次，以便继续口对口呼吸，直至专业抢救人员的到来。

(2) 人工胸外按压法

急救者两臂位于病人胸骨的正上方，双肘关节伸直，利用上身重量垂直下压，对中等体重的成人下压深度为 3~4cm，尔后迅速放松，解除压力，让胸廓自行复位。如此有节奏地反复进行，按压与放松时间大致相等，频率为每分钟 80~100 次。

课堂笔记

（3）一人心肺复苏方法

当只有一个急救者给病人进行心肺复苏术时，应是每做 30 次胸心脏按压，交替进行两次人工呼吸。

（4）二人心肺复苏方法

当有两个急救者给病人进行心肺复苏术时，首先两个人应呈相对位置，以便互相交换。此时，一个人做胸外心脏按压，另一个人做人工呼吸。两人可以数着 1，2，3 进行配合，每按压心脏 30 次，口对口或口对鼻人工呼吸两次。

注意事项：

（1）口对口吹气量不宜过大，一般不超过 1200cm，胸廓稍起伏即可。吹气时间不宜过长，过长会引起急性胃扩张、胃胀气和呕吐。吹气过程要注意观察患（伤）者气道是否通畅，胸廓是否被吹起。

（2）胸外心脏按压术只能在患（伤）者心脏停止跳动下才能施行。

（3）口对口吹气和胸外心脏按压应同时进行，严格按吹气和按压的比例操作，吹气和按压的次数过多和过少均会影响复苏的成败。

（4）胸外心脏按压的位置必须准确，不准确容易损伤其他脏器。按压的力度要适宜，过大过猛容易使胸骨骨折，引起气胸血胸；按压的力度过轻，胸腔压力小，不足以推动血液循环。

（5）施行心肺复苏术时应将患（伤）者的衣扣及裤带解松，以免引起内脏损伤。

第四节　新冠肺炎防控

一、新型冠状病毒感染的肺炎知识

（一）什么是新型冠状病毒

从不明原因肺炎患者下呼吸道分离出的冠状病毒为一种新型冠状病毒，世界卫生组织（WHO）将其命名为 2019-nCoV。

（二）哪些人容易感染新型冠状病毒

人群普遍易感，新型冠状病毒肺炎在免疫功能低下和免疫功能正常人群均可发生，与接触病毒的量有一定关系。对于免疫功能较差的人群，例如老年人、孕产妇或存在肝肾功能异常、有慢性病人群，感染后病情更重。

（三）新型冠状病毒的传播途径有哪些

主要传播方式是经飞沫传播、接触传播（包括手污染导致的自我接种）以及不同大小的呼吸道气溶胶近距离传播，目前近距离飞沫传播应该是主要途径。

（四）新型冠状病毒有无人传人的可能

从一些聚集性病例的发病关联次序判断，新型冠状病毒人传人的特征十

课堂笔记

分明显，且存在一定范围的社区传播。

（五）什么是飞沫传播

飞沫：直径大于5微米的含水颗粒，飞沫可以通过一定的距离（一般为1米）进入易感的黏膜表面，飞沫的产生来源如下：

（1）咳嗽、打喷嚏或说话。

（2）实施呼吸道侵人性操作，如吸痰或翻身、拍背等刺激咳嗽的过程和心肺复苏等。

（六）什么是接触传播

直接接触传播：病原体通过黏膜或皮肤的直接接触传播，具体有以下两种：

（1）血液或带血体液经黏膜或破损的皮肤进入人体。

（2）直接接触含某种病原体的分泌物引起传播。

（七）新型冠状病毒肺炎患者有什么临床表现

新型冠状病毒肺炎患者起病以发热为主要表现，可合并轻度干咳、乏力、呼吸不畅、腹泻等症状，流涕、咳痰等症状少见。部分患者起病症状轻微，可无发热现象，仅表现为头痛、心慌、胸闷、结膜炎、轻度四肢或腰背部肌肉酸痛。部分患者在一周后出现呼吸闲难，严重者病情发展迅速。多数患者愈后良好，少数患者病情危重，甚至死亡。

二、个人防护知识

（一）如何保护自己远离新型冠状病毒感染

（1）勤洗手：使用肥皂或洗手液并用流水洗手，用一次性纸巾或干净毛巾擦手，双手接触呼吸道分泌物（如打喷嚏）后应立即洗手。

（2）保持良好的呼吸道卫生习惯，咳嗽或打喷嚏时，用纸巾、毛巾等遮住口鼻，咳嗽或打喷嚏后洗手，避免用手触摸眼睛、鼻或口。

（3）增强体质和免疫力。均衡饮食、适量运动、作息规律，避免产生过度疲劳。

（4）保持环境清洁和通风：每天开窗通风次数不少于3次，每次20~30分钟。户外空气质量较差时，开窗通风次数和时间应适当减少。

（5）尽量减少到人群密集场所活动，避免接触呼吸道感染患者。

（6）如出现呼吸道感染症状如咳嗽、流涕、发热等，应居家隔离休息，持续发热不退或症状加重时及早就医。

（二）洗手在预防呼吸道传播疾病中的作用

正确洗手是预防腹泻和呼吸道感染的最有效措施之一，中国疾病预防控制中心、WHO及美国疾病预防控制中心（CDC）等权威机构均推荐用肥皂和清水（流水）充分洗手。

（三）六步洗手法

第一步：双手手心相互搓洗（双手合十搓五下）。

第二步：双手交叉搓洗手指缝（手心对手背，双手交叉相叠，左右手交

换各搓洗五下）。

第三步：手心对手心搓洗手指缝（手心相对十指交错，搓洗五下）。

第四步：指尖搓洗手心，左右手相同（指尖放于手心相互搓洗五下）。

第五步：一只手握住另一只手的拇指搓洗，左右手相同搓五下。

第六步：弯曲手指使关节在另一手掌心旋转揉搓，交换进行各搓五下。

（四）口罩的选用

选择一：一次性医用口罩，连续佩戴 4 小时更换，污染或潮湿后立即更换。

选择二：N95 医用防护口罩，连续佩戴 4 小时更换，污染或潮湿后立即更换棉布口罩、海绵口罩均不推荐。

（五）正确使用口罩

医用口罩的使用方法：

（1）口罩颜色深的是正面，正面应该朝外，而且医用口罩上还有鼻夹金属条。

（2）正对脸部的应该是医用口罩的反面，也就是颜色比较浅的一面，除此之外，要注意带有金属条的部分应该在口罩的上方，不要戴反了。

（3）分清楚口罩的正面、反面、上端、下端后，先将手洗干净，确定口罩是否正确之后，将两端的绳子挂在耳朵上。

（4）最后一步，也是前面提到过的金属条问题，将口罩佩戴完毕后，需要用双手压紧鼻梁两侧的金属条，使口罩上端紧贴鼻梁，然后向下拉伸口罩，使口罩不留有褶皱，最好覆盖住鼻子和嘴巴。

三、新型冠状病毒肺炎的治疗

新型冠状病毒肺炎的疑似及确诊病例应当在具备有效隔离条件和防护条件的定点医院隔离治疗，疑似病例应当单人单间隔离治疗，如果确诊新型冠状病毒怖炎，应首先根据病情的严重程度确定治疗场所，确诊病例可多人收治在同一病室，危重型病例应当尽早收入重症监护室（ICU）治疗。

患者应卧床休息，加强支持治疗，保证充分热量；注意水、电解质平衡，维持内环境稳定；密切监测生命体征、氧饱和度等。患者应根据病情监测血常规、尿常规、CRP、生化指标（肝酶、心肌酶、肾功能等）、凝血功能，必要时监测动脉血气分析、胸部影像学等。根据氧饱和度的变化，及时给予有效的氧疗措施，包括鼻导管、面罩给氧和高流量鼻导管氧疗等。

在抗病毒治疗方面，可试用 α-干扰素雾化吸入、洛匹那韦/利托那韦（克力芝），利巴韦林（建议与 α-干扰素或洛匹那韦/利托那韦联合应用）、磷酸氯喹、阿比多尔。

在抗菌药物治疗上，需要避免盲目或不恰当地使用抗菌药物，尤其是联合使用广谱抗菌药物。

对于重型和危重型病例的治疗原则是在对症治疗的基础上，积极防治并发症，治疗基础疾病，预防继发感染，及时进行器官功能支持，患者需要给予高流量鼻导管氧疗或无创机械通气，若短时间内病情无改善甚至恶化，应

课堂笔记

当及时进行气管插管术和有创机械通气，必要时考虑体外膜肺氧合（ECMO）。

在循环支持方面，应在充分液体复苏的基础上，改善微循环，使用血管活性药物，必要时进行血流动力学监测，糖皮质激素的使用可根据患者呼吸困难程度、胸部影像学进展情况酌情短期内（3~5天）小剂量使用，可给予肠道微生态调节剂，维持肠道微生态平衡，预防继发细菌感染。有条件的情况下可考虑康复者血浆治疗，对于存在焦虑恐惧情绪的患者，应加强心理疏导。

温馨提示

景区旅游危机应对措施

（1）当乘坐过山车、海盗船娱乐器材等发生机械故障时，不要试图解开安全带自行爬出，以防器材突然启动被甩出或踩空滑落发生伤亡，应保持镇定，等待工作人员处理事故和营救。在准备乘坐时身上的物品掉落，不要急忙去捡回，防止设备启动被撞伤。

当乘坐过山车、海盗船等游戏设备出现身体不适，如眩晕、心慌、呕吐等症状时，示意工作人员停机，寻求救助。

（2）攀岩时踩落石块或攀断树枝。要高声大叫，提醒别人，以防发生伤亡；抛绳前，左右环顾，观察下面是否有人，即使无人也要提醒周围和下面；攀岩时发现绳索磨损严重或锁扣脱落，不要强行攀爬和急忙下降，要待在原地，抓稳抓牢，向保护者和旁边的攀岩者呼救，听从保护者的意见，配合营救人员迅速脱离险境。

（3）在漂流途中因颠簸掉入水中时，不要试图立即抓住漂流筏，以防在激流中撞上岩石或导致漂流筏倾覆，使更多的人发生危险。保持镇静，避开水中的岩石和激流、漩涡，往岸边或水流缓慢的地方游，在水流缓慢的地方抓住树枝和岩石爬出，等待救援。

（4）在野外迷失方向时，如带有手机，应及时拨打电话求救；随集体行动，与队伍走散时离其他人也不会太远，高声呼叫可引起同伴的注意；如走得太远无法联系，电话也无信号时，选择较开阔的地方生火，发出求救信号，但应注意不要引起山林起火。

另外，还可采用以下方法辨别方向：找到一棵树桩观察，年轮宽的一边是南方；找一棵树，其南侧的枝叶茂盛而北侧的则稀疏；观察蚂蚁的洞穴，洞口大都是朝南的；在岩石众多的地方，也可以找一块醒目的岩石来观察，岩石上布满青苔的一面是北侧，干燥光秃的一面为南侧；利用手表来辨识方向，将当前的时间除以2，再把所得的商数对准太阳，表盘上12所指的方向就是北方。

（5）在野外如被毒蛇咬伤，患者会出现出血、局部红肿和疼痛等症状，严重者几小时内就会死亡，这时要迅速用布条、手帕、领带等将伤口上部扎紧，以防止蛇毒扩散，然后用消过毒的刀在伤口处划开一个长1cm、深0.5cm左右的刀口，用嘴将毒液吸出。如口腔黏膜没有损伤，其消化液可起到中和作用，所以不必担心中毒。

课堂笔记

(6) 在野外被蚊虫叮咬后不要抓痒，可用肥皂清洗干净后再擦点清凉油或风油精等，用冰或凉水冷敷后在伤口处涂抹氨水；如在水中被蚂蟥叮咬，不要用手去拉，以防吸盘留在伤口内感染，可用力拍打使其掉落，然后用盐水清洗伤口或用酒精消毒；如果被蜜蜂蜇了，用镊子等将刺拔出后再涂抹氨水或牛奶。

(7) 在山中惊扰胡蜂、大胡蜂后不能猛跑或拍打，以免遭到蜂群攻击发生危险。应立即蹲下或就地滚开，以衣服保护头部，不要使周围树叶发生振动；如被蜂蜇，用食醋洗敷被蜇处，用指甲或夹子将蜂刺拔除，服用一些抗组胺药物，也可将紫花地丁、半边莲、七叶一枝花、蒲公英等捣碎涂擦。

(8) 旅行时发生骨折或脱臼时，先用夹板固定，再用冰冷敷；从大树或岩石上摔下来伤到脊椎时，将患者放在平坦而坚固的担架上固定，不让身子晃动，然后送往医院。

(9) 野外备餐时如被刀等利器割伤，可用干净水冲洗，然后用手巾等包住。轻微出血可采用压迫止血法，1h 后每隔 10min 左右要松开一下，以保障血液循环。

(10) 旅行时吃了腐败变质的食物，除会腹痛、腹泻外，还会伴有发烧和衰弱等症状，应多喝些饮料或淡盐水，也可采取催吐的方法将食物吐出来。

知识小卫士

“驾照新规”扣分细则

(一) 以下 5 种违规 扣 1 分

(1) 未携带行驶证、驾驶证；

(2) 车辆未张贴年检；

(3) 车辆未张贴交织险标志；

(4) 违反规定使用灯光和双闪。

(5) 副驾不系安全带，记 1 分，罚 50 元；

(6) 行驶中抽烟，记 1 分，罚 100 元。

(二) 以下 3 种违规 扣 2 分

(1) 堵车时乱插队、强占对向车道；

(2) 不按规定车道等待练红绿灯；

(3) 超载小于 20%；

(三) 以下 10 种违规 扣 3 分

(1) 经人行道未减速、停车、避让行人；

(2) 行驶中拨打手机，由记 2 分改为记 3 分，罚 100 元。

(3) 未按照禁止标线指示行驶；

(4) 转弯车未让直行车或行人先行；

(5) 相对方向行驶的右转车未让左转车先行；

(6) 不按规定道路行驶；

(7) 超速驾驶但未超过限速 50%；

(8) 未给特殊车辆让行；

课堂笔记

(9) 不按规定超车、逆向行驶;

(10) 不系安全带,记3分,罚100元。

(四) 以下5种违规 扣6分

(1) 驾驶证被暂扣后继续驾驶;

(2) 在堵车时占用应急车道行驶;

(3) 未按规定避让校车的;

(4) 闯红灯:由以往的扣3分改为扣6分。

(5) 副驾驶有不满14周岁乘坐的,记6分,罚300元;

(6) 闯红灯,记6分,罚100元;

(7) 超速驾驶,记6分。

(四) 以下5种违规 扣12分

(1) 高速公路倒车、逆行、穿越中央隔离带调头;

(2) 超速驾驶高于限速50%;超速驾驶高于限速50%,由原来扣6分改为扣12分;

(3) 酒驾醉驾,记12分、5年内不得再考取驾照;

(4) 事故后逃逸但未构成犯罪;

(5) 未悬挂、伪造、变造、不按规定安装号牌、故意遮挡污损号牌;车牌安装不符合规范,也会处扣12分处罚。

课堂笔记

第七章　人际交往：架起沟通的桥梁

案例思考

刚进大学不久，谢某与吴某正好在同一个寝室。偶然的原因，她们与班上另外两名女同学成了好伙伴，四个好朋友平时一起娱乐，一起吃饭，一起学习，连上课都坐在一起，十分亲近。然而，随着时间的推移，谢某发现自己与同寝室的吴某在性格、处事方式和生活习惯上有很多不同，她与吴某经常为小事争吵，关系越来越僵。其他两个伙伴对谢某和吴某的这种关系还蒙在鼓里。但谢某感觉她们和吴某的关系好像更好一些，一时还没想到合适的方式向她们讲明，因此，四个人还是与往常一样在一起学习、娱乐。尽管与吴某在一起时十分尴尬，但谢某觉得想避又避不开，近来这种状况经常影响情绪，以至于不能安心学习。

于是，谢某产生了从这个小团体中脱离出来的念头，希望独立安排自己的学习和生活，又担心伙伴们误会。想对她们说明自己与吴某的关系，又担心她们不信任。因此，左右为难。经常和一个自己不喜欢的人相处，觉得日子特别难熬。“和室友吴某的关系怎么处理？“该不该走出这个朋友圈子？”这些问题逐渐成了谢某的心病。

第一节　消除心理障碍

人是社会性动物，正如马克思所言：“人的本质并不是单个人所固有的抽象物，在其现实性上，它是一切社会关系的总和。”进入大学之后，大学生面临着新的环境、新的群体，重新整合各种关系，处理好与交往对象的关系便成为他们新的生活内容。良好的人际关系不仅是大学生心理健康水平、社会适应能力的重要指标，也是其今后事业发展与人生幸福的基石。

一、大学生在人际交往中易遇到的心理障碍

人际交往是指人们运用语言或非语言符号交换意见、交流思想、表达情感和需要的能力。一般来说，大学生在人际交往过程中，出现一些困难或不适应是难免的，但如果个体的人际关系严重失调，人际交往时常受阻，就说明存在着交往障碍。大学生常见的交往障碍主要表现在以下三方面：

课堂笔记

（一）认知障碍

认知障碍在大学生的人际交往中表现得尤为突出，随着大学生的自我意识逐渐增强，开始了主动交往，但由于社会阅历有限、客观环境的限制等使其不能够全面接触社会，同时心理上也不成熟，在人际交往中往往带有理想化的模型，然后据此在现实生活中寻找知己，一旦理想与现实不符，则产生交往障碍，心理出现创伤。另一个是以自我为中心，人际交往的目的在于满足交往双方的需要，是在互相尊重、互谅互让、以诚相见的基础上得以实现的，而有的大学生却常常忽视平等、互助这样的基本交往原则，自我为中心，从不考虑对方的需要，这样的交往必定以失败而告终。

（二）情感障碍

情感成分是人际交往中的主要特征，情感的好恶决定着交往者今后彼此的行为。交往中感情色彩的浓重，是青年大学生人际交往的一大特点。情感障碍具体表现在以下几个方面：

（1）自卑。自卑是一种过低的自我评价。个体自卑感的形成主要是社会环境长期影响的结果。美国心理学家的研究表明，在儿童时期，如果各项活动取得成绩而受到了老师、家长及同伴的认可、支持和赞许，便会增强他们的自信心、求知欲，内心获得一种快乐和满足，就会养成一种勤奋好学的良好习惯；反之，他们就会产生一种受挫感和自卑感。自卑的浅层感受是别人看不起自己，而深层的体验是自己看不起自己。有自卑心理的大学生在交往中缺乏自信，畏首畏尾，遇到一点挫折，便怨天尤人。如果受到别人的耻笑与侮辱，更是甘咽苦果，忍气吞声。实际上，自卑者并不一定能力低下，而是凡事期望值过高，不切实际，在交往中总想把自己的形象理想完美，惧怕丢丑、受挫或遭到他人的拒绝与耻笑。受这种心境的影响，自卑者在交往中常感到不安，因而将社交圈子限制在狭小的范围内。

（2）自负。自负的人在人际交往中表现为傲气轻狂、居高临下、自夸自大，过于相信自己而不相信他人，只关心个人的需要。强调自己的感受而忽视他人，显得目中无人。与同伴相处，高兴时海阔天空、手舞足蹈讲个痛快，不高兴时则会不分场合地乱发脾气，全然不考虑别人的情绪和别人的态度。另外，对待自己与熟识的人的关系上，过高地估计了彼此的亲密程度，讲一些不该讲的话。由于过于亲昵的行为，反而会使对方产生心理防范而与之疏远。

（3）嫉妒。嫉妒是一种消极的心理品质，是对与自己有联系的、而强过自己的人的一种不服、不悦、失落、仇视，甚至带有某种破坏性的危险情感，是通过把自己与他人进行对比，产生的一种消极心态。表现为对他人的长处、成绩心怀不满，报以嫉恨，以致行为上失常，表现为语言上的冷嘲热讽，行为上的敌对。嫉妒他人的人总是用望远镜观察一切，在望远镜中，小物体变大，矮个子变成巨人，疑点变成事实。当看到与自己有某种联系的人取得了比自己优越的成绩，便产生一种忌恨心理；当对方面临或陷入灾难时，就隔岸观火，幸灾乐祸，甚至借助造谣、中伤、刁难、穿小鞋等手段贬低他人，安慰自己。正如黑格尔所说："有嫉妒心的人自己不能完成伟大事业，便尽量去低估他人的伟大，贬低他人的伟大性使之与他本人相齐。”

（4）羞怯。羞怯心理是绝大多数人都会有的一种心理。具有这种心理的人，往往在交际场所或大庭广众之下，羞于启齿或害怕见人。由于过分的焦虑和不必要的担心，使得他们在言语上支支吾吾，行动上手足失措。有害羞心理的大学生在人际交往中常常表现出腼腆，动作忸怩，不自然，脸色绯红，说话音量低而小，严重者怯于交往，对交往采取回避的态度。过多约束自己的言行，无法充分表达自己的愿望和情感，也无法与人沟通，造成交往双方的不理解或误解，妨碍了良好的人际关系的形成。

（5）孤僻。孤僻也会导致交往障碍，具体表现为孤芳自赏、自命清高，待人不随和，或者是由于行为习惯上的某种怪癖使他人难以接受。这样从心理上与行为上与他人有着屏障，自己将自己封闭起来。

（6）敌视。敌视是交际中比较严重的一种心理障碍。这种人总是以仇视的目光对待别人。有这种心理多与童年时期家庭环境使其受到的虐待有关，总是认为别人在仇视自己，所以仇视一切人。对不如自己的人以不宽容表示敌视；对比自己厉害的人用敢怒不敢言的方式表示敌视；对处境与己类似的人则用攻击、中伤的方式表示敌视。使周围的人随时有遭受其伤害的危险，而不愿与之往来，从而造成变往障碍。

（三）人格障碍

人格障碍是另一种常见的人际交往障碍。所谓人格，是指一个人的思想意识和个性特征、心胸情怀和道德操守。是个体在成人化和社会化的过程中所形成的比较稳定的心理和行为范式。人格的差异会带来交往中的误解、矛盾与冲突，人格不健全可直接造成人际冲突。如不同气质类型的人对同一问题的处理方式不一样，胆汁质的人性情急躁，言谈举止不太讲究方式，这会使抑郁质的人常感委屈和不安，造成双方的互相抱怨和不满。而相同性格类型的人（同是内向性格或同是外向性格）也很难相处融洽。

人格障碍在交往中还有两种显著表现：多疑和干涉。

（1）多疑。多疑是人际交往中的 种不好的心理品质，可以说是友谊之树的蚀虫，它能使人陷入迷惘，混淆敌友，从而破坏人的事业。具有多疑心理的人，往往先在主观上设定他人对自己不满，然后在生活中寻找证据。带着以邻为壑的心理，必然把无中生有的事实强加于人，甚至把别人的善意曲解为恶意。这是一种狭隘的、片面的、缺乏根据的盲目想象。

（2）干涉。心理学研究发现，人人需要一个不受侵犯的生活空间，同样，人人也需要有一个自我的心理空间。再亲密的朋友，也有个人的内心隐秘，有一个不愿向他人袒露的内心世界。在人际交往中，有些人偏偏喜欢询问、打听、传播他人的私事，这种人热衷探听别人的情况，并不一定有什么实际目的，仅仅是以刺探别人隐私而沾沾自喜的低层次的心理满足。很明显，这种做法会使正常的人际关系出现问题，从而产生人际交往障碍。

二、人际交往心理障碍的克服

每个人在交往中都或多或少地出现这样或那样的问题，改善人际关系，

课堂笔记

加强人际交往，对大学生的学习、生活和心理健康都有重大意义。大学生要不断调整自己的认知结构，对人际交往形成一种积极、准确的认识。从而来克服人际交往中出现的各种问题。

（一）克服自卑的方法

1. 提高自我期望，客观认识自己

自卑者要善于发现自己的长处，肯定自己的成绩。其具体做法有以下内容：

（1）自我列举法。可以用写日记的方法，每天列举自己一条优点，日子长了，累积多了，自信心就会随之增强，自卑就会逐步消退。

（2）征求意见法。请同学、朋友、亲友评价自己，恳请大家谈自己的缺点，更要听大家讲自己的优点，优点听得多了也会增加自信心。

（3）学会同人比较。在努力发现自己长处的同时，也去发现周围人不如自己的地方。

2. 修正理想自我

一个人不能没有理想，但理想的建立一定要从自身的实际出发，其确立标准应当以自己通过努力能够实现为原则，只有这样，才会在实践中不断取得成功，增强自信心。

3. 改变不合理观念

所谓不合理观念，是指那些认为自己应该完美无缺，否则就不堪设想、糟糕至极的过于概括化、绝对化的观念。自卑者在认识上大都受这种观念的影响。

4. 进行积极的自我暗示

大学生要在做事之前多分析自己的有利条件，总结过去成功的经验，体验过去成功的快乐，增加信心，不断提醒和激励自己，使自己在心理上确信能够获得成功。

5. 学习自信行为

因自卑而妨碍交往的大学生，还应当在交往中学习自信行为，特别是在同那些比自己强的人交往时更应如此。比如，锻炼自己能径直向对方走去；讲话时敢于直视对方的眼睛；讲话时声音洪亮，不吞吞吐吐，当对方声音超过自己时，要学会故意将声音放低，使对方听自己的，掌握交往主动权等。

（二）嫉妒心理的克服

1. 纠正自己认知的偏差

嫉妒者在别人成功时，总以为别人的成功是对自己的威胁，有碍于自己的发展。实际上，别人的成功来自努力，荣誉是其努力的报酬，嫉妒者不应把别人的成功等同于自己的失败。

2. 学会对比

每个人不仅要看到别人的优点和自己的缺点，而且要看到自己在别的方面优于对方。如果在嫉妒心刚刚产生时能有意识地进行对比，就会使原先失衡的心理获得新的平衡，遏制嫉妒心理的产生。

3. 积极升华

嫉妒者在别人比自己强时，应当把不服气的心理引向积极的方面，化嫉妒为求上进的力量，赶上甚至超过对方。在学习、体育运动和社会活动中，当看到与自己条件相仿的人超过自己、获得荣誉的时候，强烈的嫉妒心可能会使这些人内心十分不快，理智却又不容许他们表露这种情绪。于是，可以奋发努力，争取超过对手，或者即使不能通过努力超过对手，还可以扬长避短，以自己之优势对对方之不足，以获取总的平衡。

4. 加强修养，改造个性

当代大学生应当端正学习目的，做到心胸广大，志向宏远。唯有如此，才能宠辱不惊，不患得患失。才能为同学、朋友获得成功与荣誉而感到高兴，以别人的成绩鞭策自己，你追我赶，相互帮助。

（三）多疑心理的克服

1. 学会正确的人际认知方法

对他人和客观事物的认识要力求全面、客观和公正，切忌只凭主观臆想轻率地得出结论。在没有形成怀疑思维之前，引进正反两方面的信息，不要轻易提出为自己的怀疑服务的单方面依据。

2. 学会自我安慰

一个人在生活中遇到别人的议论，与别人产生误会是常见之事。如果觉得别人在议论自己，应当安慰自己，暗示自己不要为别人的闲言碎语所困扰，不要在意别人的议论，甚至可以为受到别人的注意而自鸣得意，以此来自我解脱。

3. 培养自信心

尺有所短，寸有所长。每一个人都应当看到自己的长处，培养自信心，相信自己能与周围人处理好人际关系，会给别人留下良好的印象，这样也就不会疑心别人。

4. 正确认识他人

对陌生人产生怀疑是一种正常的防备心理，但也不要动辄疑神疑鬼。应当在交往中认真观察和了解他人，把握其性格、处世方法等，努力去从本质上认识对方、了解对方，以消除疑虑。

5. 正确对待别人的怀疑

在受到别人怀疑时，一是不要意气用事，要冷静分析被怀疑的原因，用事实来打消对方的怀疑。二是要胸怀坦荡，所谓“身正不怕影子歪”，受到怀疑时，一时难以解释清楚的，如果强硬地争辩解释，只会增加对方的疑心，这时，最好暂不理睬，泰然处之。因为疑心总会在不断显现的事实面前散去，真相终将水落石出。

总之，在人际交往中出现的种种心理问题，是可以通过自身的努力加以克服的。

第二节　建立良好人际关系

美国著名的心理学家和人际关系学家戴尔·卡耐基认为，一个人掌握的

课堂笔记

专业知识和技能大约只能占其成功因素的15%，而85%的成功来源于良好的人际关系。

人际关系的好坏本身就是一个人的能力、思想品质和心理素质的综合体现。一个人人际关系好，表明他身上有很多优秀的东西令人钦佩。因此，大学生要建立起良好的人际关系。

一、大学生必须面对的人际关系

（一）校园里的同学关系

同学是大学生人际交往的主要对象，同学关系是大学生人际关系的主要内容。大学校园里的同学关系总的来说是和谐、友好的，同学之间的关系有亲情化、家庭化的趋势，即在日常生活、学习中有一种如同亲属般和谐稳固的同学关系。在今天的大学校园里，大学生根据各自的兴趣、爱好、性格等，结成一个个或松散或紧密的交际圈。这些交际圈按类型可分为以下几种：

1. 学习圈

学习圈是由共同的学习愿望或目的而组成的圈子。但真正为了学习学校开设的课程而形成学习圈的并不多，大都是为了通过某种公共考试而形成的学习圈。例如研究生入学考试、托福考试、GRE 考试、司法考试等。

2. 社团圈

学生社团是大学校园里一道亮丽的风景线，是校园文化的重要组成部分。社团有理论类、实践类、文艺类、军事类、体育类，涉及文、史、哲、天文、地理、生物、音乐、体育、美术等各个方面。许多大学生通过社团走出校园，将自己与自然、社会融为一体，培养能力，增长才干。正如有位同学所说："我是学理工的，通过社团活动，我的人际交往能力、公关能力、合作能力、表达能力等都有了很大提高。"

3. 娱乐圈

这个圈子里的学生都爱好某种娱乐活动，如体育运动、文艺活动等。喜欢体育运动的学生，课余时间经常在一起活动，不仅内部操练，还经常主动出击，找别人打对抗赛，力求把圈子的活动搞得丰富多彩。喜欢唱歌跳舞的，一到学校歌舞厅开放时间，就结伴前去，玩个尽兴。喜欢打牌、下棋等休闲活动的，总是抽空就摆开阵势。

4. 合租圈

近年来，不少高校出现了学生校外租房的现象。校外租房合住的大学生们组成了一个个独特的生活圈子。校外租房的原因有很多：有的学生是为了考研，改善学习环境；还有的学生是为了打工方便；也有个别同学与舍友关系紧张，因而一走了之，与关系好的同学形成新的生活圈。合租圈是在社会转型时期大学校园里出现的新的学生交际圈。但为了安全管理，高校一般不提倡大学生校外租房。

5. 老乡圈

20世纪90年代以来，老乡会逐渐成为大学校园里的热点，是大学生一个重要的交际圈子。老乡会多由来自同一地区的学生组成，大的以省为界，小

的以市、县为界，以老乡感情维系，内部人际关系比较亲密，具有一定的封闭性和排他性。老乡会的活动时间相对比较集中，一般集中在9月、10月新生入校期间和五六月份毕业生即将离校阶段。

（二）校园里的师生关系

老师与学生，是大学校园里两大基本群体。老师是学生人际交往的重要对象，师生关系是学生人际关系的重要内容。师生关系如何，直接影响到学生能不能健康地学习成长，并在很大程度上决定着学校能不能对学生的身心健康给予积极的影响。

随着社会的发展，人们的很多观念都发生了变化，但学生中尊师的主流一直没有变。在大学校园中，老师在建立新型师生关系中处于主动地位，他们对待学生的态度直接影响着师生关系发展的方向与速度。

现在高校中的师生关系密密程度还有待提高，师生之间的交往不多。一般说来，人际交往的亲密程度同交往水平成正比。师生关系的疏密，可以从学生遇到问题会不会去寻求老师的帮助得到印证。调查显示，大多数学生只有遇到与学习有关的“功课问题”“学业问题”时，才会寻求老师的帮助，至于其个人的心理问题，以及家庭问题、交友问题、恋爱问题等，则很少会去找老师帮助。这在一定程度上反映出师生之间交往、交流不多，关系并不密切。

（三）网络人际关系

网络人际交往是人们在网络空间里进行的一种新型人际互动方式。网络人际交往给大学生的生活方式、价值观念带来的改变是前所未有的。据中国互联网网络信息中心发布的统计报告，目前在中国的网络用户中学生占21%，是上网用户比例最大的一个群体，其中，高校学生达学生上网量的90%。

网络是一把双刃剑，网络人际交往对大学生的健康成长既有正面效应，也有负面效应。它可扩大大学生交友的范围，了解外面的世界，但是，由于大学生的识别能力差，判断力不强，沉溺于网络交往、上当受骗等时有发生，对此，大学生应提高认识，进行正确的处理和对待。

二、良好人际关系的建立

（一）把握人际交往的原则

大学生要想建立起良好的人际交往关系，首先要把握人际交往的原则。

1. 平等交往

平等主要指交往双方态度上的平等，我们每个人都有自己独立的人格、做人的尊严和法律上的权利与义务，人与人之间的关系是平等的关系。在交往过程中，如果一方居高临下、盛气凌人、发号施令、颐指气使，那么他很快便会遭到孤立。大学生往往个性很强，互不服输，这种精神是值得提倡的，但绝不能高人一头，更不能因同学的出身、家庭、经历、长相等方面的客观差异而对人“另眼相看”。坚持平等的交往原则，就要正确估价自己，不要光看自己的优点而盛气凌人，也不要只见自身弱点而盲目自卑，要尊重他人的自尊心和感情，这是人际交往的基础。

课堂笔记

2. 尊重他人

每个人都有自己的人格尊严。并期望在各种场合中得到尊重。尊重能够引发人的信任、坦诚等情感，缩短交往的心理距离。一般来说，大学生的自尊心都较强，因此，大学生在人际交往中尤其要注意尊重的原则，不要损伤他人的名誉和人格，承认或肯定他人的能力与成绩。否则，容易导致人际关系的紧张和冲突。坚持尊重的原则，必须注意在态度上和人格上尊重同学。平等待人，讲究语言文明、礼貌待人，不开恶作剧式的玩笑，不乱给同学取绰号，尊重同学的生活习惯。

3. 真诚待人

真诚是人与人之间沟通的桥梁，只有以诚相待，才能使交往双方建立信任感，并结成深厚的友谊。诚实又是成功交往的基础，知心朋友和牢固的友谊是通过真诚相处才获得的。那么。怎样做到诚实呢？简单地说就是一要正直无私；二要说老实话，办老实事，做老实人；三要表里如一，言行一致。坚持真诚的原则，必须做到热情关心、真心帮助他人而不求回报，对朋友的不足和缺陷能诚恳批评。对人、对事实事求是，对不同的观点能直陈己见而不是口是心非，既不当面奉承人，也不在背后诽谤人，做到肝胆相照、赤诚待人、襟怀坦白。

4. 互助互利

人际关系以能否满足交往双方的需要为基础。如果交往双方的心理需要都能获得满足，其关系才会继续发展。因此，交往双方要本着互助互利原则。互助，就是当一方需要帮助时，另一方要力所能及地给对方提供帮助。这种帮助可以是物质方面的，也可以是精神方面的；可以是脑力的，也可以是体力的。一个人如果只想得到别人帮助，而不去帮助别人，关心别人，是处理不好人际关系的。坚持互助互利原则，就要破除极端个人主义，与人为善，乐于帮助别人，同时，又要善于求助别人。别人帮助他克服了困难，他也会感到愉快，这也可以进一步增进双方的情感。

5. 讲究信用

诚信是一个人内在气质的反映，是衡量一个人综合素质的重要指标，是成功的伙伴，是无形的资本，是中华民族古老的传统。信用原则要求大学生在人际交往中要说真话，言必行，行必果。答应做到的事情不管有多难，也要千方百计、不遗余力地办到。如果经再三努力而没有实现，则应诚恳说明原因，不能有“凑合”“对付”的思想。守信用者能交真朋友、好朋友，不守信用者只能交一时的朋友或终将被抛弃。坚持信用原则，要做到有约按时到，借物按时还，不乱猜疑，不轻易许诺、信口开河，让人家空欢喜。

6. 宽容大度

人际交往中产生误解和矛盾是不可避免的。大学生个性较强，接触密切。不可避免地会产生矛盾。这就要求大学生在交往中不要斤斤计较，而要谦让大度、克制忍让，不计较对方的态度，不计较对方的言辞。并勇于承担自己的行为责任，做到“宰相肚里能撑船”。宽容克制并不是软弱、怯懦；相反，它是有度量的表现，是建立良好人际关系的润滑剂，能“化干戈为玉帛”，赢得更多的朋友。在宽容别人身上的缺点时，应该看到别人身上的优点，这样

才能赢得别人的尊重和信任；同时，也要清楚地认识到自己身上的缺点和不足。古人说得好：水至清则无鱼，人至察则无徒。明白了这些道理，就会多一些宽容，多一些真诚。从而多一些友谊。

7. 保持距离

距离产生美，这是有一定道理的。保持距离绝不是设置心灵上的屏障或戒备防线，它因人、因场合而异，人与人之间亲密程度的不同所保持的距离是不相同的。同学之间要处理好人际关系，保持牢固的友谊，就必须像刺猬彼此相抱着取暖。需要保持适当的距离，这样既能感受到对方的温暖又免于相互之间的伤害。懂得了这一道理，我们就学会了尊重和被尊重，就能更好地处理人与人之间的关系。

（二）掌握人际交往的艺术

1. 语言艺术

随着全球化的发展，人际交往复杂性深化，人的社会关系向全面性发展。面对人际交往复杂性的深化，要求人们在交往中充分发挥主体性，谨慎地选择和使用交往的媒介——语言，讲究交往中的语言艺术，从而使人的社会关系得到全面、和谐的发展。

（1）要根据交往的方式和需要，采用恰当的语言方式。语言交际是交往过程中运用口头语言和书面语言交流思想、情感和信息的沟通形式。口头语言沟通如会谈、讨论、演讲以及对话等。书面语言交际如书信、通知、E-mail，BBS等。不同的交际方式，必须采取不同的语言表达方式。如个体之间，人与人之间的距离短，容易倾听，说话要轻言细语，使交际显得亲切。在交际中，语言表达要简明、清晰，不要啰唆、含糊；要通俗朴实，不要过于晦涩华丽；要因时因人而异，不要千篇一律；要生动富有感情，不要呆板冷漠等。要学会倾听，耐心听取他人的表述。不要以自我为中心，只许自己滔滔不绝，而不给他人讲话的机会，或他人一讲就中间打断，表现出对对方的不尊重，这样不利于交际。当别人讲话时，即使自己很不愿意听，也要克制情绪，不要表现出不耐烦而让对方尴尬。否则，难以取得良好的交际效果。

（2）要始终注重尊重原则。人际交往中使用语言要始终注重尊重原则。只有相互尊重，才能称得上平等。尊重包含两个方面的内容：自尊和尊他。作为具有独立人格的个人，都具有自尊心，即希望别人尊重自己。但是要被他人尊重，首先必须尊重他人。

（3）要以积极的态度听取他人的表达。在交际时，要学会以尊重对方的态度倾听，给别人谈自己想法和体会的机会与空间，切忌自己从头讲到尾，切忌大包大揽、不顾对方的谈话方式。正如有位哲人所言，“善于听的人，别人欢迎，自己长智”。

（4）要合理地选择合适的话题。在人际交往中，话题选择的恰当与否也是影响沟通效果的重要问题。心理学研究表明，情感引导行动。积极的情感，如喜欢、愉悦等往往能够形成理解，甚至是接纳、合作的行为效果；而消极的情感，如愤怒、厌恶等常会带来拒绝，甚至是排斥。因此，与人沟通时，选择能使人产生积极情感的话题非常关键。选择沟通话题时要避免对对方及与对方相关人的轻佻、轻视；要避免谈论对方不愿意提及的问题或是让对方

课堂笔记

伤感、难过的话题。其实，打动人心的最佳方式，是谈论与其切身利益或是切身体会较深，对方最珍爱的人或事物。

（5）要学会察言观色。出门看天色，进门看脸色，这是一种交际行为。观其天色，可推知阴晴雨雪，看其脸色，便可知人的情绪。知情绪，便能善相处；善相处，便能心相通；心相通，便能达到一致。因此，学会察言观色，是不可忽视的交际之道。学会察言观色，留意对方的表情，互谅互让，该治则治，当止即止，就能减少很多纠纷，求得和睦相处。

（6）要尽量避免与人辩论。辩论产生的结果只能是失败，永远无法获胜。即使表面上你取得了胜利，实际上却与失败没有什么区别。因为就算你在辩论会上胜了对方，把对方驳得体无完肤，甚至指责对方神经错乱，可是结果又会怎么样，你虽然逞了一时之快，感到高兴，但是对方却会感到自卑。你伤了他的自尊，他会对你心怀不满。

2. 非语言艺术

非言语沟通，就是通过使用不属于言语范畴的方法来传递信息的过程，非言语沟通的形式很多，如身体动作、面部表情、空间利用、触摸行为、声音暗示、穿着打扮和其他装饰等，甚至没有表情的表情、没有动作的动作，都是非语言沟通的有效途径。非语言艺术一般包括眼神、手势、面部表情、姿态、位置、距离等。掌握和运用好这种交往艺术，对大学生搞好人际交往是不可少的。“眼睛是心灵的窗户”，面部表情是内心情绪的外在表现，能表达人的态度和情感，如眉飞色舞表示内心高兴，怒目圆睁表示愤怒等。交往中还可用人体动作来表达思想，大学生在人际交往中根据谈话的内容和场合，正确运用非语言艺术，巧妙地表达自己的思想感情，有时能起到“此时无声胜有声”的作用。但非语言艺术要运用得恰到好处，不可过于频繁和夸张，以免给人手舞足蹈之感。

美国口语学者雷门德罗斯曾经分析，在人际沟通之中，人类所获得的信息总量，只有35%是通过语言符号传播的，而剩余的60%是非语言符号传达的。其中仅面部表情可传递65%中的55%的信息，为此我们可以得到这样的一个公式：信心传递/接受的全部效果=词语（7%）+表情（5%）+声音（38%）。

3. 改变刻板印象

刻板印象也称类属性思维，是指人们通过整合有关信息及个人经验形成的一种针对特定对象的既定认知模式。中国人时常以年龄、地域等来判断和划分一些人的特征。例如，认为青年人“嘴上无毛，办事不牢”；老年人“墨守成规，思想保守”等。

偏见往往会使人际交往的范围呈缩小化特点。例如，不少同学交往的范围经常局限于同乡，有时还排斥异乡人，有时出门在外遇上个同乡，于是“老乡见老乡，两眼泪汪汪”，什么话都往外掏，像自家人一样信任。有的老乡会的宗旨是“精诚团结，一致对外”，完全忘了还会有“老乡老乡，背后开枪”的现象出现。偏见还会使人总是从自我出发，依着自己的好恶、经验、感受来评价、判断是非，产生“自己是一朵花，别人是豆腐渣”的想法，以己之长，比人之短，不能正确评价别人，也难于与人真诚相处。

4. 克服晕轮效应

晕轮效应又称“光环效应”，属于心理学范畴，是指当认知者对一个人的某种特征形成好或坏的印象后，他还倾向于据此推论该人其他方面的特征。本质上是一种以偏概全的认知上的偏误。这也是人际知觉的错觉现象，它会对人际交往产生不利影响，以致对他人形成错误的态度与判断，容易造成以外表推断内在本质特征、以外貌特征推断人的内在个性品质，从而误导人际交往。

（三）增强自己的人际魅力

人际魅力，是指在人际交往过程中形成的，个体对他人给予的积极和正面评价的倾向。

每个人都有自己喜欢的人，并愿意与之交往；每个人也都有自己讨厌的人，不愿意和这些人交往。这种现象反映的实际就是人际吸引。那么，大学生如何增强人际吸引力，做一个受欢迎的人呢？

1. 建立良好的第一印象

第一印象在人际交往中具有重要作用。人们会在初次交往的短短几分钟内形成对交往对象的一个总体印象，如果这个第一印象是良好的，那么人际吸引的强度就大；如果第一印象不是很好，则人际吸引的强度就小。最初的印象在人际交往过程中还会深刻影响交往的深度。

怎样表现才能给人留下良好的第一印象呢？心理学家卡耐基在其著作《怎样赢得朋友，怎样影响别人》一书中总结出给人留下良好第一印象的六种途径：

（1）真诚地对别人感兴趣。

（2）微笑。

（3）多提别人的名字。

（4）做一个耐心的听者，鼓励别人谈他们自己。

（5）谈符合别人兴趣的话题。

（6）以真诚的方式让别人感到他很重要。

2. 提高个人的外在素质

追求美、欣赏美、塑造美是人的天性。美的外貌、风度能使人感到轻松愉快，并且在心理上构成一种精神的酬赏。大学生应恰当地修饰自己的容貌，扬长避短，注意在不同场合下选择样式和色彩符合自己的服装，形成自己独特的气质和风度。同时，大学生要注意追求外在美和内在美的协调一致，即秀外慧中。随着时间的推移，交往的加深，外在美的作用会逐渐减弱，对他人的吸引会逐渐由外及内，从相貌、仪表转为道德、才能，良好人际关系的可能性也就大大增加。

3. 真诚关心别人，了解别人

“人们知道你是否关心他们之后，才会在乎你是否了解他们。”这句话总结了良好的关系和人生成功的关键。无论你有什么本领、特长，受教育程度有多高，都不如真心实意的关心更能给人深刻的印象，也不如比了解和记住别人的情况更能产生积极的效果。

4. 善于倾听别人意见

倾听是进行沟通的第一步，也是我们建立良好人际关系的关键之一。好

课堂笔记

的倾听能够让人际关系得到不断的提升，得到他人的信赖与信任。

5. 多为他人着想

每一个人都应该学会站在别人的立场上，从他人的角度出发，设身处地为别人着想。“己所不欲，勿施于人”，积极地参与他人的思想感情，意识到“我也会有这样的时候……我遇到这样的事情会怎么样”，这样才能实现与别人的情感交流。这种积极地参与别人思想、情感的能力可以把自己和他人拉得很近，并能化解很多矛盾和冲突。

6. 优化人格

人际交往中的心理障碍基本都是个人人格的表现，因此，改造不良人格，培养和优化良好性格是建立和发展良好的人际关系的重要方面。通常，具有良好性格特征的大学生，如热情、开朗等，往往具有相当大的魅力，易于使人产生可亲可爱之感，因而极大地促进了人际关系的发展，成为人际交往的成功者。

三、维护良好的人际关系

良好的人际交往关系是需要用智慧来经营的，那么，怎样才能维护良好的人际关系呢？

（一）求同存异，避免争论

人与人之间的争论是很正常的事。但是争论往往都以不愉快的结果而结束。事实证明，无论谁赢谁输都会很不舒服。赢者当时可能获得一种心理满足，但很快会被人际关系恶化的阴影所笼罩，一时的满足心理会变得烟消云散。输者的心理挫折感更加强烈，往往会演化为人身攻击，对于人际关系是非常有害的，争论的结果往往是两败俱伤。

首先，同学交往要严于律己，注意自己的一言一行，注重内省；其次，要一分为二地看待同学，多从积极方面看待同学；再次，要尊重同学的个性和习惯，不因彼此的个性差异而冷淡同学，挫伤同学。

（二）不要直接批评、责怪和抱怨别人

直接批评、责怪和抱怨别人会使他人的自尊心和自我价值感受损，尤其是一时面子上感到难堪。有时候只要稍稍改变一些方法，变直接批评、责怪和抱怨为间接的暗示和提醒，效果会好得多，这就是所谓的“坏话好说”的艺术。

（三）勇于承认自己的错误

勇于承认错误是人际关系的润滑剂。当人际关系产生障碍的时候，承认自己的错误是明智之举。虽然承认自己的错误是一种自我否定，但是，承认错误会使自己产生道德感的满足；另外，承认自己的错误是责任感的表现，对他人也具有心理感召力，在此情境中的人际僵局会因此被打破。

（四）含糊其词

在现实的人际交往的过程中，我们总会遇到一些喜欢刨根问底、喜欢反驳批评别人的人，面对这样的人，可以采用含糊其词，避重就轻的方法。郑

课堂笔记

板桥曾说过“难得糊涂”。在人际交往过程中，我们不妨装装糊涂。例如，有一位朋友是典型的批评家。别人每说一句话，他都可以找到一大堆的话来反驳，很多朋友都对他敬而远之。偶然一次，几位朋友再次相聚，他又开始对大家的批评反驳，大家就回答简单的“嗯”“是”“好”，半个小时后，他再也没有力量继续讲下去了。批评的人喜欢别人反驳，这样他才能够找到继续说下去的话题。但是当一直肯定他的时候，他就不会有话题继续了。

总之，大学生应该学会建立良好的人际关系，并懂得怎样进行维护，只有这样，才能在走出校门与社会接触时不会惊慌失措，在与同学、老师、家长以外的人接触时才能够明白如何进行交往，拥有人际交往的财富。

第三节　应对交往危机

大学生因为交友不当造成人身伤害，或者在人际交往中，由于一些小事而伤害他人的事件时有发生。因此，大学生要慎于交友，要学会克制自己，掌握一些化解矛盾冲突的方法，保证人际交往的安全。

一、谨慎交友

俗话说：“害人之心不可有，防人之心不可无。”在社会上还存在不法之徒的情况下，防人之心是少不得的。行骗者是些“心理专家”，他们十分注重研究人们的心理，并善于利用人们的心理弱点，如爱慕虚荣、急功近利、贪图享乐等，采取投其所好的伎俩，把自己伪装成事业的强者、职位的优者、经济上的阔者，以唬人的名片、诱人的许诺、不凡的谈吐，巧妙地解除对方的心理防卫体系，从而为行骗成功铺平道路。因此，大学生在人际交往中要善于把握以下几方面：

（1）对于熟人或朋友介绍的人，要学会“听、观、辨”，即听其言、观其行、辨其行，做到热情而不失控，真诚而不轻信，使自己处于进退自如的主动地位。

（2）与初相识的人交往，要谨慎。在不了解对方的时候，不要轻易露出自身的底细，防止言多必失。也不要轻易食用对方赠予的食物、饮料。

（3）对于那些不相识的生客，态度要热情，处置要小心，避免单独行事，必要时在集体环境中接待。

（4）交友要“择其善者而从之”。真正的朋友关系首先应该建立于高尚的道德情操基础之上，是真诚的情感交流的结果。戒交低级下流之辈，挥金如土之流，吃喝嫖赌之徒，游手好闲之人。

这样我们就在思想上和行动上筑起了难以攻破的防线。如果发现对方有不良动机和企图，就应该注意与之保持距离，或者立即“刹车”，以防落入陷阱。

二、防止人际交往纠纷的发生

人际交往纠纷是大学生活中常见的现象，对纠纷的解决总的原则是：各

课堂笔记

守本分，互谅互让，求同存异，理解万岁。当预感到要发生纠纷的时候，要尽力做到以下几点：

（一）冷静克制

无论争执由任何一方引起，都要持冷静态度，不可情绪激动。这就要求我们大度。只有“大着肚皮容物”，才能“立定脚跟做人”。某古刹有一副颂扬大肚弥勒佛的对联：“大肚能容，容天下难容之事；开口便笑，笑世间可笑之人。”对那些可能发生摩擦的小事，要宽容对待，一笑了之。刘少奇同志在谈到共产党员的修养时指出：“我们应注意自己不用言语去伤害别的同志，但是当别人用言语来伤害自己的时候，也应该受得起。”如果能够做到这一点，就能“猝然临之而不惊，无故加之而不怒”，一切纠纷，都会化为乌有。

（二）诚实谦虚

在与同学以及其他人相处中，诚实、谦虚是加强团结、增进友谊的基础，也是消除纠纷的灵丹妙药。有了诚实、谦虚的精神，在发生纠纷的时候，就能认真听取他人的意见，进行认真的自我批评，宽容他人的过失，处理好相互间的争执。要知道，在与他人的交往中，特别在发生争执的时候，诚实、谦虚并不是懦弱、妥协的表现；恰恰相反，是强大和品德高尚的表现。苏联无产阶级文学家高尔基也说过：“每一次的克制自己，就意味着比以前更加强大。”培根说过：“经得起各种诱惑和烦恼的考验，才算达到了最完美的心灵健康。”

（三）注意语言美

实践证明，大学生中的纠纷多由口角引起，而口角的发生都是恶语伤人的必然结果。俗话说的“病从口入，祸从口出”“话不投机半句多”，就深刻揭示了语言与纠纷的辩证关系。语言美是社会主义精神文明的重要内容，当我们不小心触犯了别人时，只要讲一句“对不起”“很抱歉”或“请原谅”等，或者当别人触犯了我们而道歉后，回敬一句“别客气”或“没关系”，紧张气氛就会烟消云散。

要做到语言美，一是要说话和气，以理服人，不强词夺理，不恶语伤人。二是说话要文雅，不说粗话、脏话。三是说话要谦虚，尊重对方，不说大话，不盛气凌人。

常见纠纷的处理方法如下：

（1）在宿舍，严格遵守共同的生活制度，坚持互信互助、互让互谅的原则。

（2）在食堂，要自觉遵守食堂就餐纪律，注意不要把饭菜泼洒在他人身上，如果泼洒上要主动赔礼道歉，以求得对方谅解。若与食堂工作人员发生争执，不要争吵，应当找食堂领导反映情况。

（3）在图书馆，严格遵守图书馆的规章制度，做文明读者，要保持安静，不抢座位，爱护图书资料。

（4）在球场比赛时，要发扬风格，坚持友谊第一。一旦发生争吵，要等裁判的意见，如裁决有误，应通过学校的相关组织处理。

（5）在操场上遇到无理纠缠时，要寻找借口礼貌拒绝。女生要尽量结伴而行。自觉遵守操场规定，如发生碰撞要主动表示歉意。遇到打架、冲突要主动报告，并协助管理人员进行劝阻。

三、防止打架斗殴的发生

打架斗殴是人们在现实生活中超出理智约束的一种激烈的对抗性伤害行为，往往由突发的纠纷引起，危害性极大。那么，怎样防止打架斗殴呢？

（一）防止突发性打架斗殴

突发性打架斗殴，往往是由于不能冷静对待纠纷而引起的。制止这种打架斗殴应采取说服的方法，针对不同的对象，认真讲清道理，指出“行少倾之怒，丧终身之躯”的严重后果，使冲动的头脑迅速冷静下来，不致自酿苦酒。

（二）防止报复性打架斗殴

报复性打架斗殴往往产生于某种奇特的变态心理。大学生一般自尊心都很强，在吃了亏、受了委屈或受到伤害后，会产生一定的报复心理。这时，知情的同学和老师应该婉言相劝，攻心为上，用一种相似的例子来善意地暗示对方，使其明白报复行为的严重后果，以及为之付出的沉重代价。

（三）防止演变性打架斗殴

演变性打架斗殴一般有较长周期的滋生过程。同学们长期生活在一起，不可避免地在思想上和生活上会产生一些摩擦和冲突。例如，伤人感情的话语容易生成积怨，继而可能引发打架斗殴事件。因此，如果有摩擦、矛盾，应及时化解。

（四）防止群体性打架斗殴

大学生本应在纷繁复杂的生活现象中分辨是非，判断正误，但往往因为老乡或朋友受到“委屈”而失去理智，出现群体性斗殴。当我们在生活中遇到类似的情况时，一定要首先克制自己，冷静思考，切莫推波助澜，火上浇油，在关键时刻，应以大局为重，力排众议，迅速将其引向解决问题的正当途径。

四、恋爱纠纷的处理

（一）大学生恋爱中的主要不安全因素

1. 婚前性行为

有的大学生由于缺少性卫生常识，在性发生过程中，往往会给女方带来阴道损伤和泌尿生殖系统感染。遇到意外怀孕或堕胎等情况，会对双方造成不同程度的压力，进而影响其正常的学习和生活。尤其是未婚先孕的女性，在进行人工流产时，由于青春期女性生殖器官未完全发育成熟，手术时容易发生子宫损伤，还可能为以后留下习惯性流产或早产的隐患，甚至会造成终身不育的恶果。由于大学生的心理发育还没有成熟到非常自如地处理性事务的程度，而且婚前性行为不受法律保护，男女双方彼此并不承担责任，因此，对待婚前性行为一定要谨慎。

课堂笔记

2. 恋爱暴力

人们常说，“打是亲、骂是爱”，然而暴力升级却使原本甜蜜的爱情变得令人窒息。天津师范大学性别与社会发展研究中心王向贤博士对天津市 1035 名大学生抽样调查发现，暴力比例高且持续发生。超过半数大学生在恋爱一年间曾发生心理暴力，近 1/3 会发生肢体暴力。严重暴力的发生率超过 10%，有近 10%的大学生会在恋爱暴力中身体受伤，性强迫也达到 3%以上。

3. 感情纠葛导致意外

恋爱中的感情纠葛同样会给大学生的学习和生活带来影响，使其陷入痛苦，处于空虚和烦恼甚至绝望的状态，处理不好会对以后的恋爱和婚姻生活造成消极影响。由于大学生的不成熟，恋爱的成功率往往很低，持续的时间也较短。失恋带来的悲伤、痛苦、抑郁等不良情绪会使当事者的心理受到很大伤害，一旦形成阴影容易引发更严重的心理甚至生理疾病。如果不能及时化解，甚至会造成轻生、伤害他人等严重后果。

（二）恋爱纠纷的处理

正确处理好大学生中的恋爱纠纷，有助于安定大学生的生活，为其创造良好的学习环境，预防和减少刑事、治安案件的发生。

正确处理恋爱纠纷要注意以下几个问题：

（1）发生恋爱纠纷，双方当事人应以协商处理为主。如果协商不成，可请老师和领导出面解决。

（2）要有诚意。不管恋爱结局如何，都要有解决问题的诚意。只有这样，才能在协商调解中打破僵局，求同存异，妥善解决问题。

（3）严于律己，宽以待人。恋爱纠纷双方应多做自我批评，防止加剧感情的破裂，造成难以收拾的僵局。

（4）中断恋爱关系，要持慎重态度。在双方感情矛盾中，有过错一方要主动承认错误，并用实际行动改正错误，以取得对方谅解。如果确无和好可能，或者一方坚持中断恋爱关系，也要面对现实，为了今后的长久幸福，果断地中断恋爱关系。

（5）中断恋爱关系后，要处理好善后事宜。善后事宜主要包括以下几点：

①对方的恋爱书信，尽可能退还对方。一则可以防止睹物思人而陷入伤感之中无法自拔；二则可使对方去掉心病；三则可以为以后的恋爱减少麻烦。

②在恋爱中，用于共同吃喝游玩的款项，双方结算为宜。

③互赠的礼品，按照民法中关于赠与的法律规定，一般不索还。但如果是贵重物品，提出中断关系的受赠一方应主动退还对方为好。因为赠送珍贵礼物是以存在恋爱关系为前提的，一旦中断恋爱关系，其赠与前提已不存在，不能让失恋一方在承受沉重打击之后，再蒙受经济上的重大损失。另外，还可以防止个别人以恋爱为由骗取钱财。

温馨提示

有一家老式旅馆，餐厅很窄小，里面只有一张餐桌，所有就餐的客人都坐在一起，彼此陌生，都觉得不知所措。

课堂笔记

突然，一位先生拿起放在面前的盐罐，微笑着递给右边的女士："我觉得青豆有点淡，您或者右边的客人需要盐吗?"女士愣了一下，但马上露出笑容，向他轻声道谢。她给自己的青豆加完盐后，便把盐罐传给了下一位客人。不知什么时候，胡椒罐和糖罐也加入了"公关"行列，餐厅里的气氛渐渐活跃起来，饭还没吃完，全桌人已经像朋友一样谈笑风生了，他们中间的冰被一只盐罐轻而易举地打破了。

第二天分手的时候，他们热情地互相道别，这时，有人说："其实昨天的青豆一点也不淡。"大家会心地笑了。

有人曾慨叹人与人之间的隔膜太厚，这隔膜其实很脆弱，问题是敢于先打破它的人太少。只要每人都迈出一小步，就会发现，一个微笑、一句问候，就会化解这层隔膜。人与人的交往需要点积极的行动。

知识小卫士

人际关系测验

请你根据自己的实际情况，认真考虑下列问题，从所给备选答案中选出最符合你的一项。

1. 每到一个新的场合，我对那里原来不认识的人，总是

A. 能很快记住他们的姓名，并成为朋友

B. 尽管也想记住他们的姓名并成为朋友，但很难做到

C. 喜欢一个人消磨时光，不大想结交朋友，因此不注意他们的姓名

2. 我所打算结识人交朋友的动机是

A. 我认为朋友能使我生活愉快

B. 朋友们喜欢我

C. 能帮助我解决问题

3. 你和朋友交往时持续的时间

A. 很久，时有来往

B. 有长有短

C. 根据情况变化，不断弃日更新

4. 你对曾在精神上，物质上诸多方面帮助过你的朋友总是

A. 感激在心，永世不忘，并时常向朋友提及此事

B. 认为朋友间互相帮助是应该的，不必客气

C. 事过境迁，抛在脑后

5. 在我生活中遇到困难或发生不幸的时候

A. 了解我情况的朋友，几乎都曾安慰帮助我

B. 只是那些很知已的朋友来安慰、帮助我

C. 几乎没有朋友登门

6. 你和那些气质、性格、生活方式不同的人相处的时候总是

A. 适应比较慢

B. 几乎很难或不能适应

C. 能很快适应

课堂笔记

7. 对那些异性朋友、同事
A. 我只是在十分必要的情况下才会去接近他们
B. 我几乎和他们没有交往
C. 能同他们接近，并正常交往
8. 你对朋友、同事们的劝告、批评总是
A. 能接受一部分
B. 难以接受
C. 很乐意接受
9. 在对待朋友的生活，工作诸多方面我喜欢
A. 只赞扬他（她）的优点
B. 只批评他（她）的缺点
C. 因为是朋友所以既要赞扬他的优点，也要指出不足或批评他的缺点
10. 在我情绪不好、工作很忙的时候，朋友请求我帮他（她），我
A. 找个借口推辞
B. 表现不耐烦断然拒绝
C. 表示有兴趣，尽力而为
11 我在穿针引线编织自己的人际关系网时，只希望把这些人编入
A. 上司、有权势者
B. 只是诚实、心地善良的人
C. 与自己社会地位相同或低于自己的人
12. 当我生活、工作遇到困难的时候，我
A. 向来不求助于人，即使无能为力时也是如此
B. 很少求助于人，只是确实无能为力时，才请朋友帮助
C. 事无巨细，都喜欢向朋友求助
13. 你结交朋友的途径通常是
A. 通过朋友们介绍
B. 在各种场合接触中
C. 只是经过较长时间相处了解而结交
14. 如果你的朋友做了一件使你不愉快或使你伤心的事，你
A. 以牙还牙也回敬一下
B. 宽容、原谅
C. 敬而远之
15. 你对朋友们的隐私总是
A. 很感兴趣，热心传播
B. 从不关心此类事情，甚至想都没想过，即使了解也不告诉别人
C. 有时感兴趣，传播
评分：

课堂笔记

人际关系测验评分表

试题答案	A	B	C
1	1	3	5
2	1	3	5
3	1	3	5
4	1	3	5
5	1	3	5
6	3	5	1
7	3	5	1
8	3	5	1
9	3	5	1
10	3	5	1
11	5	1	3
12	5	1	3
13	5	1	3
14	5	1	3
15	5	1	3

◎得分与评价：

15~29 分：恭喜你，你有很好的人际关系。

30~57 分：有些方面你注意一下就可以了。

58~75 分：你需要改善与人交往的方式啦。

课堂笔记

第八章 网络安全：共建和谐的新家园

案例思考

想利用假期“勤工俭学”的小刘在一个求职招募QQ中看到以上海一家日企名义招聘暑期实习工，并主动招募了41名小刘所在河南郑州大一学生，一行人以每人200元的价格，租下了一辆大巴，于6月26日下午抵达浦东横沔。没想到刚下车缴纳了1万多元体检费后，招聘方就携款销声匿迹。小刘发现电话无法拨通，方才恍然大悟，发现上当。随即拨打110报警。三林警方接报后，立即赶赴现场安抚学生情绪，着手安排学生返乡。上海浦东三林分区指挥部根据学生提供的信息破获了这起招工诈骗案，3名犯罪嫌疑人涉嫌诈骗被警方拘留，受骗大学生在警方的安排下陆续返家。

第一节 规范上网行为

随着时代的发展，我们已经进入了网络时代。网络给现代人的生活、工作和学习等带来了极大的便利，更是受到了求知欲旺盛、好奇心强、追求时尚的大学生的青睐。网络使我们的生活发生了变化，给生活带来光环的同时，也带来了新的问题。著名学者钱钟书在《窗》中曾说过：“有了门，我们可以进去；有了窗，我们可以不必出去，窗子打通了大自然和人的隔膜，把风和太阳逗引进来，使屋子里也关着一部分春天，让我们安坐了享受，无须再到外面去找。”网络也如一扇窗，它为我们引来了春天，也引来了暴风和洪水。因此，大学生规范自己的上网行为是十分必要的。

一、树立正确的网络观

“网络观”应该是人们对信息网络总的看法和观点。树立正确的网络观，有助于廓清对网络的科学认知、准确定位及规范化管理。大学生要正确合理地利用网络，方便自己的学习和生活，而不能利用网络来危害他人、危害社会。

网络已不再是一片净土，因其传播地域之广、速度之快、门槛之低早已成为谣言的“温床”。网络谣言具有隐蔽性、炒作性、攻击性、报复性、宣泄性、诱惑性、强迫性等特点，属于“重污染”，很轻易地就能对社会环境造成严重的“污染”，甚至引导舆论向着万丈深渊发展。

（1）遵守互联网有关法规。掌握互联网技术的基本操作技能，合法运用各种网络技术及硬软件的使用方法，知晓计算机和网络以外的其他信息技术知识，能够主动地向其他网民传播健康文明上网的理念等。

（2）要坚定政治立场，明确公民角色。不在网上发布违反社会主义文明建设、损害国家和集体利益、破坏国家法规、扰乱公共秩序的言论，不利用网络混淆视听、煽动闹事。

（3）学会认知，提高自身的辨别力和免疫力。网络也存在各种不健康因素。学会利用网络，精选内容，主动筑起一道思想“防火墙”，增强对网络文化的识别知觉能力和抗诱惑能力。

（4）树立正确的网络信息意识，提高网络安全意识和个人防范意识，正确利用网络信息资源。要善于利用网络辅助学习，学会从网上选择并吸收正确的、健康的、有意义和有价值的知识、信息和观点，为己所用。把网络作为文明的窗口，探求知识的海洋。

（5）合理安排上网时间。正确对待网络游戏等娱乐资源，切勿过度沉溺而玩物丧志，影响学业。

（6）要尊重他人的知识产权。不利用各种网络设备或技术手段进行用户账户及口令的侦听和盗用行为，不利用网络进入未经授权的计算机。

（7）不在网上使用可能引发病毒传染的各种来历不明的软件。

（8）不侵入他人系统窃取信息和他人的智力成果，非法控制他人视屏，严禁制作恶意代码或传播病毒。

（9）网络交际要真诚友好，要增强自护意识，不随意约会网友。对“网婚”“虚拟社区”等要保持警惕和距离。

（10）要关心维护网络这一公共平台的安全，不破坏网络秩序。

二、养成良好的网络文明习惯

构建和谐文明的网络，不仅需要创造与开发网络产品的人积极努力，更需要利用网络信息产品的人来共同营造。网络是大家共有的家园，这里虽然是虚拟的世界。但人类普遍道德准则、荣辱观念在这里同样适用。养成良好的文明习惯应做到以下几点：

（1）认真学习并自觉遵守团中央等部门发布的《全国青少年网络文明公约》，养成文明上网的良好行为习惯。

（2）不在网上发表不负责任的言论，不在网上制造信息垃圾。

（3）不在网上刊载不健康、不负责任（消极、颓废、色情、迷信、暴力、捕风捉影、故弄玄虚、信口雌黄等）文字和图片，不链接不健康网站。

（4）不提供不健康内容搜索，不发送不健康短（彩）信，不开设不健康声讯服务，不运行带有凶杀、色情内容的游戏，不登载不健康广告。

（5）不在网站社区、论坛、新闻跟帖、聊天室、博客等场所中发表或转载违法、庸俗、格调低下、损害他人的言论、图片、音视频信息。

（6）不发表庸俗无聊、低级趣味及封建迷信等方面的言论。不利用网络做造谣生事、冒名顶替、诬蔑欺骗、拨弄是非、骚扰恐吓的事情。

（7）要充分利用好网络，积极发挥个人的创造性，主动为宣传网络文明，传播网络文明，建设网络文明做贡献。

（8）有条件的大学生，可以制作个人主页，并使之成为宣传建设网络文明的阵地，主动承担起服务社会的责任，参与创造网络文明。

三、预防网络心理疾病

使用计算机（手机）上网要注意心理安全，预防以下几种心理疾病：

（1）计算机（手机）依赖成瘾。使用者没有明确目的，不可抑制地长时间操作计算机（手机）或上网浏览网页、玩游戏等，几乎每天上网五六个小时，经常熬夜上网，网瘾日益严重。一段时间若不能上网，便会产生失落感、空虚感、焦虑感，烦躁不安，想找人吵架或攻击别人。有的心情郁闷，百无聊赖，产生悲观厌世、自杀念头。

（2）网络交际成瘾。有些人，在现实生活中不愿与人直接交流，不合群，沉默寡言，但喜欢网络交际，经常上网聊天或通过其他网络交流方式与人交流思想感情，一天不上网交流，就浑身不舒服。有的成为博客型网民，恨不能时时刻刻挂在网上。

（3）网络色情成瘾。难以克制地上网浏览，下载色情网页，收看色情影像，阅读色情文章等，沉溺在色情信息中难以自拔，甚至制作、传播色情信息，触犯刑律。

（4）追求刺激，炫耀智慧。有些人掌握了计算机技术，就跃跃欲试，在不断破解别人电子密码、攻破网络禁区中寻求新刺激，乐此不疲。自恃身怀绝技，把网络当成施展高智商的舞台，解密攻关成瘾，专门挑战保密单位、军事部门或政府机关网站，进行非法入幔窥探、捣乱活动。

（5）恶作剧心理。有些人缺乏社会责任感和自我约束能力，道德观念淡薄，拿别人开电子玩笑，给别人制造电子麻烦，捉弄他人。

（6）报复陷害心理。因为达不到某种目的或与人有矛盾纠纷，或者自认为遭受不公正的待遇等，对他人实行电子报复或陷害。

（7）法盲侥幸心理。以为互联网无国界、无法律、无警察；以为利用计算机违法无形无影，留不下痕迹证据；以为执法机关精通计算机的人不多，未必能侦查破案。其实，我国和世界上许多国家都有网络警察，其中有许多网络高手，专门打击计算机违法犯罪活动。

四、正确上网

使用计算机（手机）正确上网的方法如下：

（1）上网时间要自我约束，特别是夜间上网时间不宜过长。

（2）注意操作姿势。荧光屏应该与双眼水平或者处于双眼稍下的位置，与眼睛的距离应在60cm左右。

（3）敲击键盘的前臂与臂肘呈90°，光线不可太暗，应柔和，手指敲击键盘的频率不宜过快。

（4）尽量选用辐射较低的显示器，或者使用防辐射器材，避免显示器的电磁辐射危害人体健康。

(5) 注意计算机使用条件的卫生，尽量去有合法营业资格、安全保障、照明条件好、空气流通的网吧，在家和宿舍上网也要经常通风、换气。

(6) 在饮食上多吃富含维生素和蛋白质的食物，如胡萝卜、苦瓜、动物的肝脏等。

(7) 平时多参加体育运动，丰富自己的业余生活。如打球、参加社团活动、唱歌等。

(8) 一旦出现网瘾综合征不要紧张，要停止上网并合理休息，及时到医院接受心理和生理上的诊断。

总之，大学生在使用计算机上网时要规范自己的网络行为，遵守相关的规定，做一个文明的网民。

第二节　识别网络危机

网络作为一种新的社会文明载体在高校的蓬勃发展，使得高校成为中国社会网络化的发展前沿。但网络只是一种媒介和工具，它对人与社会的作用取决于人们如何使用它。所以大学生要正确地认识并利用网络，趋其利而避其害，远离网络误区，让自己赢在信息网络时代。

一、常见网络不良信息分类

根据有关调查数据显示，目前青少年，尤其是刚刚步入大学校园的大学生接触的不良信息主要有暴力、色情、恐怖内容，占其接触所有不良信息的57%。此外网络赌博、语音室骂聊现象也有蔓延之势。

(一) 虚假信息

虚假广告、虚假新闻、虚假身份在整个网络空间中层出不穷，由于网络传播的特性使然，各种不真实信息，在网络上粉墨登场。这让不少大学生产生一种错觉，认为在网上发布信息是可以随意的，可以不用负任何责任，于是用假名、说假话、不负责任地胡言乱语成了一种时尚。在调查中，76.4%的调查对象认为自己不会在网上公布真实的个人信息。该群体觉得网络媒体不如传统媒体那样具有权威性，对网络信息内容常持怀疑态度。

(二) 暴力内容

网络暴力往往通过网络游戏中的枪战、暗杀、绑架、帮派行会等方式表现出来。据统计显示在网络上流动的非教育信息中有69%的内容涉及暴力。在调查中，当问及“玩游戏时，有无被人故意打杀或故意打杀别人”时，50%以上的回答是肯定的。

目前，很多大型的网络游戏及相关网站都存在暴力的内容，这对大学生的健康成长产生了巨大的负面影响。在游戏中，如果杀了对方，作为一种奖励就可以占有他的财产，未成熟的青少年如果大量地接触这类游戏和网站，会对游戏中的暴力场面和暴力行为习以为常，觉得打人、杀人如家常便饭，不必大惊小怪，并且会形成一种只要打败、杀掉他人就会获得财产的错误思

课堂笔记

想。那么，在现实生活中，如果遇到一些棘手的事情，青少年往往也不会冷静地思考，而会采取类似的暴力途径进行解决。

（三）网上赌博

近年来，网络赌博开始盛行起来，有关赌博的网络游戏、赌博网站大量出现，由于上网赌博下注相当方便，因而吸引了无数人参与，越来越多的人沉迷于网络赌博不能自拔。我国的网吧大多设在大专院校和中小学校附近，未成年人经常通宵达旦进行网络赌博，往往由于资金缺乏，进而通过盗窃、抢劫、诈骗等手段去获取，从而走上违法犯罪道路。

（四）色情内容

在网络上，一些人利用网络无国界、控制少的特点，把黄色信息弥漫在世界的各个角落，以致有泛滥成灾的危险。1995 年，美国卡耐基·梅隆大学发表的题为《信息高速公路的色情市场》的调查报告指出，在过去的 18 个月里，网络上出现了 917 万次色情图片、小说和影片，向美国的多个州和相邻的 40 多个国家和地区进行扩散，在整个黄色信息的扩展中浏览的大部分人群为青少年。网络中每天有 2 万多张的黄色图片进入，呈现的非学术信息中有 47%与色情有关。在整个与网络色情内容有关的信息中经常出现性骚扰，对广大青年女性的身心健康造成了巨大损伤。可见，淫秽色情信息通过网络对青少年造成了很多的精神污染，严重毒害了青少年的身心健康，有人称之为“电子海洛因”。

（五）聊天中的粗俗内容

网络聊天在很大程度上是匿名交流，这为一些不善于社交、性格内向的人提供了一种袒露个人隐私和宣泄情感的方式。据相关调查结果显示，语音聊天已经成为吸引未成年人上网的又一重要因素。走进网吧，经常会看见这样的场景：一个人戴着耳机、对着话筒泰然自若地叫骂，说着不堪入耳的脏话。

网络不良信息的传播途径是双向的，大众的主体地位得到体现，他们可以主动去获取自己所需要的信息。自制力较弱的青少年往往出于好奇心或一时冲动，也刻意去寻找一些不良信息，从各种角度来看，网络中不良信息的传播对自制力较弱的青少年产生了巨大的负面影响。

二、常见的网络犯罪行为

（一）网上诈骗

网上诈骗是指通过伪造信用卡、制作假票据、篡改电脑程序等手段来欺骗和诈取财物的犯罪行为。由于互联网本身的虚拟性和隐蔽性直接导致大学生道德和法制观念的弱化，从而形成诈骗犯罪心理。网络诈骗这种高科技事件对我们这些刚刚步入大学殿堂的青少年来说，极有可能成为被害者。有些诈骗人员还会在互联网上建立一个假网站，或者发送电子邮件，假借有奖促销活动的名义要求用户通过邮件发送账号和密码，或是到指定的假网站上输入银行账号和密码，以此“钓鱼”。大家要学会用“黑色的眼睛发现社会的黑

暗”，永远记住“天上不会掉馅饼”。

（二）传播网络病毒

计算机病毒就像一味毒药，随时会侵害网络机体的健康。有少数大学生利用他们娴熟的技术，在网上制造和传播网络病毒，蓄意破坏他人网络终端系统的资源和信息。计算机病毒具有扩散面广、种类翻新迅速、传播速度快、破坏性强、清除难度大以及针对性强等特点，对网络安全和网络运行秩序等构成了严重的威胁，造成了重大破坏。著名的 CHI 病毒就是台湾大学生陈盈毫的玩笑之举。1994 年，他在无意中把自制的 CHI 病毒输入国际互联网，造成全球 60 多万台电脑失灵。至今，CHI 病毒每年 4 月 26 日还会在全球各地计算机中发作一次，造成的经济损失难以估量。

（三）黑客骚扰破坏

黑客就像一个幽灵，令网络终端的用户防不胜防。互联网中频频出现的极具破坏力的黑客主体是青少年。特别是极少数电脑知识十分丰富的大学生，他们非法入侵政府、企业、学校或个人的电脑系统，偷阅、篡改或窃取他人机密数据资料，尤其是破坏上网企业的信息资料，窃取科技、经济情报，使企业遭受巨大的经济损失。据报道，青少年电脑黑客侵入美国五角大楼的计算机网络每年达 16 万次，使美国的国家安全面临巨大的灾难性破坏。黑客行为不仅对网络信息和网络安全构成了巨大的威胁，而且严重扰乱了网络社会的正常秩序，从而给其他网络行动者以及整个网络社会造成了难以弥补的物质、精神和心理损失，已成为网络空间中一个严重的社会问题。

（四）侵犯他人隐私

被称为“个人生活权利”的个人隐私权是受法律保护的一项天赋权利。保护隐私是对人性自由和尊严的尊重，是一项基本的社会伦理要求，也是人类文明进步的一个标志。然而，一些大学生破译、窃取、盗用他人的网络账号和密码，窥视、利用他人的电子邮件、远程登录文件传输的内容；肆意地对他人的个人资料进行多方传播，揭人隐私，损害他人的身心健康；对个人信息进行任意歪曲。这些行为已经严重损害到他人的合法权利。

（五）恶意攻击他人

对他人进行人身攻击是一种极不道德的行为，不符合大学生思想道德的要求，这其实是一个很简单的道理。然而，部分大学生为发泄个人私愤，借助网络的隐蔽性，在网上发表对高校管理不满的言论，恶意散布种种虚假信息和流言蜚语。侮辱、谩骂、诽谤他人，毁人形象，对学校领导、教师和同学进行人身攻击。这些行为多是由于他们缺少一种客观分析的理智和能力，以个人的喜好和意志作为判断是非的标准，是一种不负责任的行为。

（六）建立色情网站或匿名的个人色情网页

建立色情网站或匿名的个人色情网页主要包括以下几项：

（1）设立贴图网站，供不特定第三人张贴色情、淫秽图片，在网站上提供链接至其他色情网站，赚取广告费。

（2）提供超链接色情网站。一些网站专门收集国内外色情网站网址，加

以整理分类再提供给网上不特定人士链接至相关色情网站首页，以观赏淫秽图片。

三、网络给大学生带来的危害

（一）妨碍社会交际能力的培养

网络交友是在虚拟情景下进行的，并非面对面交往，这种人机方式的交往影响了大学生正常的交往方式，极易产生人际关系的冷漠，产生新的人际障碍，从而阻碍他们的心理健康发展。

一方面，网络交友主要通过文字来进行交流，而交际口才得不到锻炼，羞怯心理得不到纠正，交际行为得不到规范；另一方面，由于网络的虚拟性，交往双方真实的内心世界很难辨别，易受到蒙骗，结果心灵更加封闭，久而久之，导致他们只愿意在网络上寻求虚拟的人生，而消极地对待现实世界。这对于那些原来就有人际交往障碍但又渴望别人关心、理解的大学生更为不利。

（二）影响大学生性心理的健康

情欲是人类与生俱来的天性，由于这一话题的敏感性以及人伦道德的约束，人们在现实社会很少公开谈论。但是网络的盛行打破了传统的信息发布渠道，一些色情网站以挑逗人们的性心理，刺激网民的感官为能事，其淫秽的画面对处于性萌动期的中学生的吸引力和腐蚀性极大，不少人由此走向心理崩溃的边缘。据调查数据显示，70%的上网大学生访问过色情网站，因此网络对大学生性心理的健康会产生很大的影响。

（三）引发崇尚暴力的心理倾向及网络游戏成瘾

新颖刺激的网络游戏，对大学生具有强烈的吸引力和难以抗拒的诱惑力，很多大学生无节制地痴迷于游戏之中而不能自拔（即网络游戏成瘾）。而大量网络暴力游戏的存在，致使一些涉世不深的大学生的情感和行为大大强化，形成暴力崇拜，导致他们在生活中也通过暴力解决一切问题，用暴力达到自己的目的。

（四）造成失范心理，形成网络散漫症

网络采用的是分散结构体系，具有不可控制性。美国麻省理工大学的尼葛洛庞蒂教授这样描绘：“这种分散式体系结构令因特网能像今天这样三头六臂。无论是通过法律还是炸弹，政府都没有办法控制这个网络。”网络消除了“把关人”，是一个不需要护照、没有边防检查站、出入境畅通的“数字化王国”。

人们在其中摆脱了传统社会的管理和控制，有一种特别自由的感觉和为所欲为的冲动，可以在网上喋喋不休、不负责任地散布虚假无聊信息，进行网上谩骂与人身攻击等。在网上，主体匿名匿形，身份虚幻，网中信息全球性交流与共享，人们可以不再受物理时空的限制自由交往，它们之间不同的思想观念、价值取向、宗教信仰、风俗习惯和生活方式进行着直接的冲突。有时合法与违法，罪与非罪很难判断，大学生很容易形成脱离社会规范的失

范心理，用散漫的思想来指导现实生活，缺乏组织纪律性，生活随意，进而导致社会责任感削弱和自由意识泛滥，因此不利于大学生成才。

课堂笔记

第三节　应对网络危机

许多网络用户对网络安全可能抱着无所谓的态度，认为最多不过是被黑客盗用账号。他们往往会认为网络安全只是针对那些大中型企事业单位的，而且黑客与自己无冤无仇，为何要攻击自己呢？其实，在一无法纪，二无制度的虚拟网络世界中，现实生活中所有的阴险和卑鄙都表现得一览无余。在信息时代，几乎每个人都面临着安全威胁，那些平时不注意安全的人，往往在受到攻击，付出惨重的代价后才后悔不已。因此，大学生要掌握一些应对网络危机的方法，维护计算机的安全，以防止病毒和黑客给自己造成财产损失。

一、网络交友危机的应对

互联网的出现拓宽了人们的交往空间，也因此改变了某些人的交友方式。但是，一些人在虚无缥缈的网上世界结识“朋友”或“知己”，在未曾谋面，根本不了解对方的情况下便敞开心扉，无所不谈，将自己的隐私（家庭住址、家人情况等）毫不隐瞒地告诉网友，甚至邀请见面或到家做客。事实上，在网络的另一端，有时链接的是友情，有时却可能链接着危险。因此，网上交友陷阱多，要慎之又慎。上网与他人交往时一定要有戒备之心，切莫轻信他人。

（1）充分认识网络世界存在的虚拟性和险恶性，对网络恋情多一分清醒，少一分沉醉，时刻保持高度的警惕，不要轻易信任他人。除非与对方已经有很长时间的了解而且建立起了一定的信任，否则轻易不要与对方约会。有时候直觉会欺骗一个人，尽量多沟通，尽量拖延约会时间是对自己最好的保护。

（2）保持平常心，提醒自己正在做什么。可以通过社区迅速找到与自己适合的好友，并迅速成为朋友。但是在进一步加深关系之前，应回顾一下自己的交友过程，并反思自己想要得到什么。不要强迫自己做使自己或他人不愉快的事情，不要过早过快地投入自己的感情。尤其是在约会前，一定要慎重考虑。

（3）不要在个人资料和通信过程中泄露任何真实的私人信息。需要刻意保护的信息有真实姓名、住宅电话、手机号码、办公电话、家庭住址、公司名称，或者任何可以让他人直接找到的任何信息。如果有些人不停地索要私人通信方式，或者主动提供 QQ 信息或邮件。此时一定要保持冷静，慎重对待，并做出理性选择。

（4）选择公共场所约会，并告知他人。如果与好友的关系发展到了一个可以足够信任对方，且可以约会的程度，须在约会前确定一个首要原则，选择公共场所约会并告知他人。

（5）约会时要察言观色。因为人不可能依靠网络了解一个人的真实背景

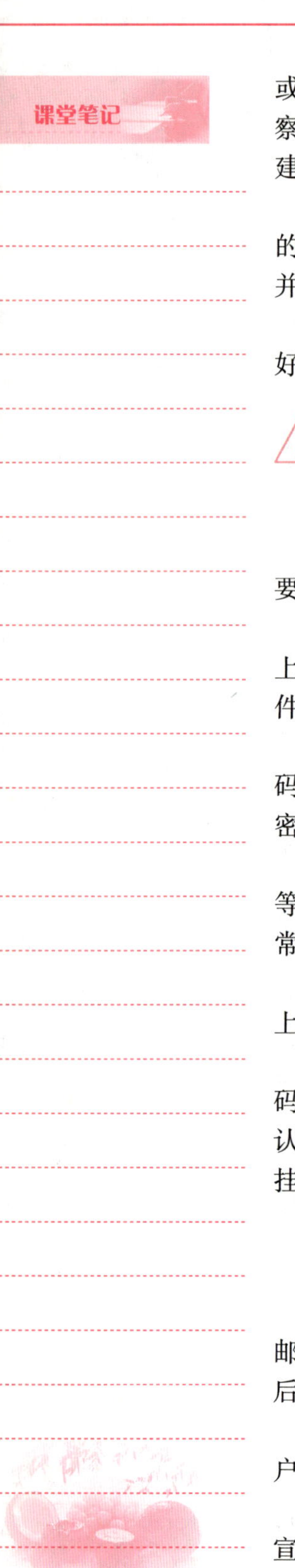

或真正性格，所以约会时察言观色是加深对对方感性认知的好时机。随时观察对方的任何特征，如吹牛、叹气、挥舞手脚、过激举动、眼神、表情等，建立正确客观的第一印象对今后双方关系的发展大有裨益。

（6）控制首次约会的时间，并且一定要坚持自己回家。掌握好首次约会的时间是非常明智的，即使企盼这次约会已经很长时间，而且做了精心准备，并且约会非常美满，也要记得要早点离开。

（7）约会时的其他注意事项。保护好手机，不要让对方知道号码，看管好身份证，不要说出自己的电话号码、真实住址、工作单位等信息。

二、网上欺诈危机的应对

（一）假冒网上银行网站

网上电子金融（网上银行、网上证券）、电子商务用户在进行网上交易时要注意做到以下几点：

（1）一定要核对网址，验证是否与真实的网址一致。建议直接在浏览器上输入银行网址，而不是单击搜索引擎的搜索结果或其他不明网站和不明邮件中的链接。

（2）要选妥和保管好密码，不要选诸如身份证号码、出生日期、电话号码等作为密码，建议用字母、数字混合密码，尽量避免在不同系统使用同一密码。

（3）要做好交易记录，对网上银行、网上证券等平台办理的转账和支付等业务做好记录，定期查看“历史交易明细”和打印业务对账单，如发现异常交易或差错，立即与有关单位联系。

（4）建议不要使用大众版，要管理好个人数字证书，避免在公用计算机上使用网上变易系统。

（5）要对异常动态提高警惕，如不小心在陌生的网址上输入了账户和密码，并遇到类似“系统维护”之类提示时，应立即拨打有关客服热线进行确认。万一资料被盗，应立即修改相关交易密码或进行银行卡、证券交易卡挂失。

（二）电子邮件欺诈

如果收到有如下特点的邮件要提高警惕，不要轻易打开和听信。

（1）伪造发件人信息，如发件人是某个银行域名的邮件地址。一般此类邮件的内容有一个图片，鼠标指针放在上面好像是链接到正规网站，但单击后实际上会指向一个不熟悉的域名或 IP 地址。

（2）问候语或开场白往往模仿被假冒单位的口吻和语气，如“亲爱的用户”，联系信息表面上看似乎是单位的，但多数为犯罪分子假冒的。

（3）邮件内容多为传递紧迫的信息，如以账户状态将影响到正常使用或宣称正在通过网站更新账号资料信息等。或是索取个人信息，要求用户提供密码、账号等信息。还有一类邮件是以超低价或海关查没品等为诱饵诱骗消费者的。大学生在遇到这类电子邮件时，一定要提高警惕，以防上当。

（三）虚假电子商务信息

掌握以下诈骗信息的特点，不要上当。

（1）虚假购物。拍卖网站看似都比较正规，有公司名称、地址、联系电话、联系人、电子邮箱等，有的还留有互联网信息服务备案编号和信用资质等，但面对这样的网站一定要查证后再进行购物交易。

（2）交易方式单一。消费者只能通过银行汇款的方式购买，且收款人均为个人，而非公司，订货方法一律采用先付款后发货的方式。

（3）骗取消费者款项的手法如出一辙。当消费者汇出第一笔款后，骗子会以各种理由要求汇款人再汇余款、风险金、押金或税款之类的费用，否则不会发货，也不退款，一些消费者迫于第一笔款已汇出，抱着侥幸心理继续汇款。

（4）在进行网络交易前，要对交易网站和交易方的资质进行全面了解。

（5）一定要查看电子商务网站是否已经部署了 ssL 证书，就是浏览器下方是否有安全锁，否则在线输入的机密信息极有可能，也非常容易被非法窃取。

（四）其他做法

（1）将银行网站地址添加到浏览器的收藏夹中，不要采用超级链接的方式间接访问银行网站，并要小心识别虚假网站。在登录网站后，还应仔细检查浏览器右下角状态栏上的挂锁图标对应的证书信息。

（2）如果不小心向不明人员或网站提供了网上银行密码，要立即登录网上银行修改密码，或到柜面进行密码重置，并且选择不易猜测的密码，以免被“有心人”猜中。还可以将网上银行登录密码和支付密码设置为不同的密码，并通过多重验证以保证资金安全。

（3）验证预留信息。这是有些银行为帮助客户有效识别银行网站、防范不法分子利用假银行网站进行网上诈骗的一项服务。使用时可以在银行预先记录一段文字，即“预留信息”，登录个人网上银行、在购物网站上进行支付或在线签订委托缴费协议时，网页上会自动显示预留信息，以便验证银行网站的真伪。如果网页上没有显示预留验证信息或显示的信息与客户的预留信息不符，应立即停止交易。

（4）应清楚地知道每一位与自己共用计算机的人，并严格限制任何未经授权的人士使用自己的计算机。因为在公用计算机上使用网上银行，可能会使账号和网上银行密码落入他人之手，从而使网上账户被盗用。

（5）遇有财产损失，应及时报警。

三、网络成瘾危机的应对

网络成瘾，又称网络成瘾综合征（Internet Addiction Disorder，简称 IAD），临床上是指由于患者对互联网络过度依赖而导致的一种心理异常症状以及伴随的一种生理性不适。

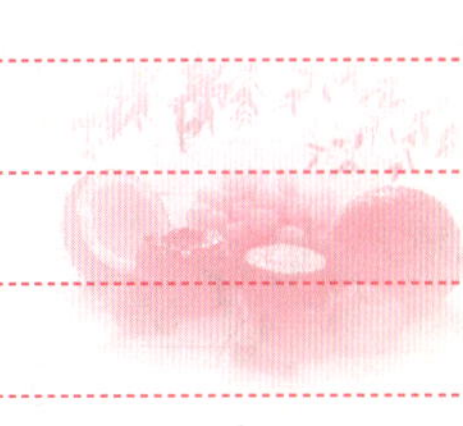

（一）网络成瘾的自我判断

按照《网络成瘾诊断标准》，网络成瘾分为网络游戏成瘾、网络色情成

课堂笔记

瘾、网络关系成瘾、网络信息成瘾和网络交易成瘾五类。

（1）对网络的使用有强烈的渴求或冲动感。每天早晨起床后情绪低落，没有食欲，浑身疲乏无力，一旦进入网络便精神抖擞，异常兴奋。晚上上网经常有上通宵的欲望。

（2）减少或停止上网时会出现周身不适、烦躁、易激动、注意力不集中、睡眠障碍等戒断反应。上述戒断反应可通过使用其他类似的电子媒介，如电视、掌上游戏机等来缓解。

（3）下述六条内至少符合一条：

①为达到满足感而不断增加使用网络的时间和投入的程度；

②使用网络的开始、结束及持续时间难以控制，经多次努力后均未成功；

③固执使用网络而不顾其明显的危害性后果，即使知道网络使用的危害仍难以停止；

④因使用网络而减少或放弃了其他的兴趣、娱乐或社交活动；

⑤将使用网络作为一种逃避问题或缓解不良情绪的途径；

⑥网络成瘾的病程标准为平均每日连续上网达到或超过 6 个小时，且符合症状标准已达到或超过 3 个月。

（二）网络成瘾的预防

1. 学会正确使用网络的技能

学会正确使用网络的技能。例如，学习时间管理技术，制作上网时间提示卡片或用闹钟定时，按照规定的时间及时下网；将网络的危害列在卡片上，放在显示器旁边，以随时提醒自己；制订学习及娱乐的计划，按照重要性进行排序，由家人或老师监督完成。如果自己不能控制上网的时间，可以采取求助家长提醒或给电脑设置密码的方式。

2. 各级部门加强健康上网的宣传

唤起全社会对网络成瘾的关注，让大家共同来应对这个问题。可通过举办展览和公开讲座、设计宣传单、张贴健康生活小贴士等方法，以便青少年及其家长了解网络成瘾的症状，做出简单的自我评估，获取处理网瘾的方法，并鼓励有需求的青少年寻求辅导人员的协助。同时也可以在校园或社区张贴一些关于健康上网的宣传小标语，让人们能够时时保持警惕。

3. 加强校园文化建设，落实“寓教于乐”的教育理念

把娱乐贯穿学习过程的始终，在素质教育的前提下，重新设计教学内容和教学方式，让求知过程洋溢着乐趣、充满着悬念。学校应开设各种兴趣小组，鼓励学生发展多方面的兴趣，多参加校园团体和社会活动。例如开展歌舞、绘画、演讲、球类、游泳、棋类等各种文艺、体育活动，开办夏令营（冬令营）、陶艺班或心理成长团体等，使学生的课余生活充满活力、多姿多彩，好奇心都得到满足，潜能都得到发挥，避免脱离现实生活，到虚拟世界中寻求满足。让学生有一些主动性，有一些选择权，在自己感兴趣的领域得到更多的发展。打破单一的评价体系，“不拘一格降人才”，使所有的学生都充满自信与成就感，以便将来更好地适应社会。

4. 加强对网络经营的规范管理

2002 年我国颁布了《互联网上网服务营业场所管理条例》，明确规定了

对网吧等场所的管理规则。各地工商、公安、文化等部门应加强合作，对网吧进行综合治理，控制网吧总量，完善网吧布局规划，坚决关闭无证无照的非法网吧，对违反《互联网上网服务营业场所管理条例》的网吧一定要进行严肃追究。加强对网络游戏制作、运营的监管，开发具有中国文化特色、内容健康、情节生动的电子游戏产品，以取代那些充满暴力和色情内容的游戏。

5. 促进预防网络成瘾专业化服务机构的建设

（1）完善学校心理咨询中心建设，加强学生的心理健康教育，创办专业的网络成瘾治疗机构。

（2）加强心理咨询专业人员的培训，使他们切实掌握开展心理健康工作所具备的知识和能力。学校和社区应及时对青少年的心理健康状况进行筛查，如果发现有青少年沉迷于网络的倾向，须及时到专业机构进行咨询或治疗。

（3）积极开展基础性、实证性、多学科的研究。随着人们对网络成瘾问题的关注，很多家长和教师迫切希望得到专业化的指导。目前，国内尚缺少网络成瘾治疗方法的实证研究，应积极开展基础性、实证性、多学科参与的网络成瘾的科学研究，为有效地咨询和治疗提供依据。

总之，需要个体、家庭、学校及社会共同努力，学会健康上网，预防网络成瘾。

（三）网络成瘾的应对

1. 辩证对待网络，防止网络崇拜

唯物辩证法告诉我们，任何事物都包含着对立统一两个方面，网络是一柄锋利的双刃剑，它在给人类带来无限便利的同时，也不可避免地带来了一些负面效应。回顾一下漫长的人类历史中所产生的每一新生事物或先进技术，在推动社会发展的同时，也为人类埋下种种祸根。得失之间，祸福相倚，这是亘古不变的真理！

明白了这一点，我们对计算机、因特网，就不会产生盲目崇拜，而会冷静地思考，明智地使用，就会有意识地预防包括“网络综合征”在内的网络负面效应的产生。

2. “心瘾”还须“心药”医

要想戒除“网络综合征”并得以康复，最终要靠患者自身的努力。

（1）自我提醒。将上网的好处和坏处分别列在一张对称的纸上，按程度轻重排好顺序，每天做思想斗争10~15次，每次4~10min，尤其是在瘾发时。也可以将好处和坏处分别贴在显眼的地方，如电脑上、卧室里、门上。每天多时段内默念或大声提醒自己上网的坏处，战胜自己关于上网合理的观念。

（2）自我暗示。如果有了沉迷网络的念头要反复自我暗示，如“不行，现在应该学习（工作），等周末再说”，“我一定能行”，“我一定能戒除”。每当抵制住了诱惑，认真学习（工作），度过了充实的一天后，就进行自我鼓励，如“今天我又赢得了一次胜利，继续坚持，加油”。这样不断强化，形成良性刺激，加强自己的意志，使上网的欲望得到抑制。语言暗示既可通过自言自语，也可将提示语写在日记本上，或贴在墙壁上、床头上，以便经常看到、想到，鞭策自己专心去做。

（3）厌恶疗法。在左手腕戴上粗的橡皮筋，当自己有上网念头时立即用

课堂笔记

右手拉弹橡皮筋，橡皮筋回弹便会产生疼痛感，转移并压制上网的念头。拉弹的同时，还要提醒自己，网瘾有危害。

（4）想象满灌。想象自己上网成瘾后的种种极端后果，如对不起自己的父母、亲人等；想象自己长时间上网后萎靡不振的颓废样子，使自己厌恶“现实自我”的形象，并用“理想自我”激励自己。

（5）转移注意。在其他活动中寻找快乐，比如听一些优美抒情的音乐，去运动场跑步、打球，参加些上网以外的业余活动。

（6）规范生活。打破紊乱的生活节奏，重新规范每天的作息时间，无特殊情况下不打破规律，并在最易出现上网行为的时间段安排不同的活动，用更多更有意义的事充实自己的生活，感受生活的乐趣和意义。

（7）系统脱敏。与家人或好朋友制订总体计划，委托其监督实施，在两个月内逐步减少上网时间，最终达到偶尔上网或不上网的结果。如原来每天沉迷网络 12 小时以上，则逐渐减为第一周 10 小时，第二周 8 小时，第三周 6 小时，第四周 4 小时。若能按计划执行则由家人、朋友或是自我给予奖励，做不到时则给予惩罚。

（8）放松训练。在运用系统脱敏法的过程中，为应对戒网瘾中出现的紧张、焦虑、不安、气愤等不良情绪，采用肌肉放松法、想象放松法、深呼吸放松法以稳定情绪、振作精神。

3. 正视自己，转换角色

假如原本有心理或精神疾病，或者是出于宣泄而网络成瘾的话，要做到以下几点：

（1）向心理医生咨询，接受必要的治疗。也可以服用抗抑郁药，或结合精神疗法进行综合治疗。

（2）不要试图逃避问题。正确看待自己的孤独与烦恼，不要在网上消愁，因为网上消愁愁更愁。努力找出问题的根源，积极想办法解决，要比网上消愁的效果更好。

四、计算机安全保护

（一）杀（防）毒软件不可少

病毒的发作给全球计算机系统造成巨大损失，令人们谈“毒”色变。上网的人当中，很少有谁没遭遇网络病毒。对于一般用户而言，首先要做的就是为电脑安装一套正版的杀毒软件。

现在不少人对防病毒有个误区，就是对待电脑病毒关键是“杀”，其实对待电脑病毒应当是以“防”为主。目前绝大多数的杀毒软件都在扮演“事后诸葛亮”的角色，即电脑被病毒感染后杀毒软件才“忙不迭地”去发现、分析和治疗。这种被动防御的消极模式远不能彻底地解决计算机的安全问题。杀毒软件应立足拒病毒于计算机门外。因此，应当安装杀毒软件的实时监控程序，定期升级杀毒软件（如果安装的是网络版，在安装时可先将其设定为自动升级），给操作系统打补丁、升级引擎和病毒定义码，由于新病毒层出不穷，现在各杀毒软件厂商的病毒库更新十分频繁，应当设置每天定时更新杀

毒实时监控程序的病毒库，以保证能够抵御最新出现的病毒的攻击。

每周要对电脑进行一次全面的杀毒、扫描工作，以便发现并清除隐藏在系统中的病毒。当电脑不慎感染上病毒时，应该立即将杀毒软件升级到最新版本，然后对整个硬盘进行扫描操作，清除一切可以查杀的病毒。如果病毒无法清除，或者杀毒软件不能做到对病毒体进行清晰地辨认，那么应该将病毒提交给杀毒软件公司，杀毒软件公司一般会在短期内给予用户满意的答复。而面对网络攻击之时，我们的第一反应应该是拔掉网络连接端口，或按下杀毒软件上的断开网络连接钮。

（二）个人防火墙不可替代

如果有条件，安装个人防火墙（Fire Wall）以抵御黑客的袭击。所谓防火墙，是一种将内部网和公众访问网（Internet）分开的方法，实际上是一种隔离技术。防火墙是在两个网络通信时执行的一种访问控制尺度，它能允许“同意”的人和数据进入个人网络，同时将“不同意”的人和数据拒之门外，最大限度地阻止网络中的黑客来访，防止他们更改、拷贝、毁坏重要信息。防火墙安装和投入使用后，并非万事大吉，要想充分发挥它的安全防护作用，必须对它进行跟踪和维护，要与商家保持密切的联系，时刻注视商家的动态。因为商家一旦发现其产品存在安全漏洞，就会尽快发布补救（Patch）产品，此时应尽快确认真伪（防止特洛伊木马等病毒），并对防火墙进行更新。在理想情况下，一个好的防火墙应该能提前解决各种安全问题，目前这还是个遥远的梦想。现在各家杀毒软件的厂商都会提供个人版防火墙软件，防病毒软件中都含有个人防火墙，可用同一张光盘运行个人防火墙安装，注意防火墙在安装后一定要根据需求进行详细配置。合理设置防火墙后应能防范大部分的蠕虫入侵。

（三）分类设置密码并采用混合密码

在不同的场合使用不同的密码。网上需要设置密码的地方很多，如网上银行、上网账户、E-mail、聊天室以及一些网站的会员等。应尽可能使用不同的密码，以免因一个密码泄露导致所有资料外泄。对于重要的密码（如网上银行的密码）一定要单独设置，并且不要与其他密码相同。

设置密码时要尽量避免使用有意义的英文单词、姓名缩写以及生日、电话号码等容易泄露的字符作为密码，最好采用字符与数字混合的密码。

不要贪图方便在拨号连接的时候选择“保存密码”选项（如果使用E-mail客户端软件Outlook Express、Foxmail、The bat等）如ISP信箱中的电子邮件，在设置账户属性时尽量不要使用“记忆密码”的功能。虽然密码在机器中是以加密方式存储的，但是这样的加密往往并不保险，一些初级的黑客即可轻易地破译密码。

定期修改自己的上网密码，至少一个月更改一次，这样可以确保即使原密码泄露，也能将损失减小到最少。

（四）不下载来路不明的软件及程序

不下载来路不明的软件及程序。几乎所有上网的人都在网上下载过共享软件（尤其是可执行文件），在带来方便和快乐的同时，也会悄悄地把一些病

课堂笔记

毒带到机器中。因此，应选择信誉较好的网站下载软件，将下载的软件及程序集中放在非引导分区的某个目录，在使用前最好用杀毒软件查杀病毒。也可以安装一个实时监控病毒的软件，随时监控网上传递的信息。

不要打开来历不明的电子邮件及其附件，以免遭受病毒邮件的侵害。在互联网上有许多种病毒流行，有些病毒就是通过电子邮件来传播的，这些病毒邮件通常都会以带有噱头的标题来吸引用户打开其附件，如果抵挡不住诱惑而下载或运行了它的附件，就会受到感染，因此，对于来历不明的邮件应当将其拒之门外。

（五）只在必要时共享文件夹

不要以为在内部网上共享的文件是安全的，其实在共享文件的同时就会有软件漏洞呈现在互联网的不速之客面前，公众可以自由地访问这些文件，并很有可能被恶意利用和攻击。因此，共享文件应该设置密码，一旦不需要共享时立即关闭。

一般情况下不要设置文件夹共享，以免成为居心叵测的人侵入计算机的跳板。如果确实需要共享文件夹，一定要将文件夹设为只读。通常共享设定“访问类型”不要选择“完全”选项，否则，只要能访问这一共享文件夹的人员都可以将所有内容进行修改或者删除。

Windows 98/ME 的共享默认是“只读”的，其他机器不能写入；Windows 2000 的共享默认是“可写”的，其他机器可以删除和写入文件，对用户安全构成威胁。切勿将整个硬盘设定为共享。若某个访问者将系统文件删除，会导致计算机系统全面崩溃，无法启动。

（六）不要随意浏览黑客网站、色情网站

目前许多病毒、木马和间谍软件都来自黑客网站和色情网站，如果浏览这些网站，而个人电脑恰巧又没有缜密的防范措施，那么电脑十有八九会中毒。

（七）定期备份重要数据

数据备份的重要性毋庸讳言，无论防范措施多么严密，也无法完全防止“道高一尺，魔高一丈”的情况出现。如果遭到致命的攻击，操作系统和应用软件可以重装，而重要的数据就只能依靠备份了。因此，无论采取了多么严密的防范措施，也不要忘记随时备份重要数据，做到有备无患。

（八）应对黑客攻击

（1）数据加密。加密的目的是保护信息内系统的数据、文件、口令和信息等，同时也可以提高网上传输数据的可靠性，这样即使黑客截获网上传递的信息包，也无法得到正确的信息。

（2）身份认证。通过密码或特征信息等来确认用户身份的真实性，只有确认了的用户才给予相应的访问权限。

（3）入侵检测。目的是提供实时的入侵检测及采取相应的防护手段。如记录证据用于跟踪和恢复、断开网络链接等。

（4）建立完善的访问控制策略。系统应当设置访问权限、目录安全等级控制、网络端口和节点的安全控制、防火墙的安全控制等，通过各种安全机

制的相互配合，最大限度地保护系统免受黑客的攻击。

课堂笔记

温馨提示

网络约会交友谨防四类人

1. 游戏感情者

这类人专门借助网络约会交友的虚拟性藏匿混迹在各类交友网站，性别亦男亦女，不与网友见面，通常只在约会交友中欺骗感情，并不涉及钱财及其他。

应对招式：多作饱经风霜、凄苦踌躇态，约会的时候见招拆招。

2. 骗财型

在约会聊天的过程中不断打探穿衣品牌、月收入或消费金额、家庭经济情况等，一旦确认对方家境富足或个人收入不俗，便提出约会见面的要求，进而通过抢夺、诈骗等手段来榨取钱财。

应对招式：约会交友过程中装穷是必胜招，说完打着交友幌子的骗子多数会掉头就跑。

3. 骗色型

多发生为男性欺骗女性，通常采用三种方式：一是自称超级帅哥或我很丑但很温柔；二是伪装成浪漫、温柔、体贴型；三是自称富家子弟。利用这些伪装诱骗一些不谙世事或贪慕虚荣的年轻女性，甚至未成年女性。

应对招式：提高感情防范意识，即便是谈得投机，相约见面时也一定要告诉家人自己的去向，最好能在好友的陪同下在热闹的公共场合见面。处于不同的城市，女性一定要挑选自己所在的城市，在亲人或好友的陪同下与其约会见面。

4. 骗财骗色型

综合利用前两种手法，在约会交友的过程中欺骗缺乏自我防范意识的网友。更有甚者借此对被骗网友实施恶性抢劫等犯罪行为。

应对招式：结合前述两招即可。

总之，首先要有防范的意识，不能没有戒备地在网上约会，特别是不能有占便宜的心理；其次，一旦与网友在见面中被骗，要立即拨打110报警，为受害人保全相关证据，有利于案件的侦破。在上网的时候，不要沉迷于不轨网友的甜言蜜语之中而不能自拔。

知识小卫士

八招教你远离网络欺诈

由于逛商场不仅要耐得住喧闹，还要应付体力的挑战。在现代社会中，越来越多的消费者开始选择网上购物，网店数不胜数，商品不仅齐全，而且价钱也相对便宜，但在享受网上购物乐趣的同时，频繁发生的网络欺诈案例让不少人感到担忧。

课堂笔记

为了帮助消费者避免这些风险，全球领先的信息技术服务公司——电子资讯系统公司（EDS）的安全与隐私专家提出了以下建议：

1. 确认交易对象

消费者应该选择信誉良好、有保障的商家，对于不熟悉的卖家，务必检查网站上的联系信息是否真实。

2. 选择安全购物网站

安全网站会采取加密技术传输用户发出的信用卡号码类信息，从而有效地保护用户的重要信息。这类网站网址通常以 https 开头，“S” 表明它是更加安全的。买家可以在互联网浏览器下方寻找是否有一个闭合的挂锁图标，如没有表示该网站可能存在安全隐患。即使在安全的网站上购物，除完成交易手续外，消费者也不要发送其他涉及财务的数据。

3. 警惕来自貌似熟悉公司的钓鱼邮件

警惕要求用户提供个人信息的电子邮件，因为正规企业不会主动要求用户透露个人信息。消费者应在浏览器中直接输入正确网址，不要单击邮件中的链接，以免进入假冒网站。

4. 检查卖家的隐私权与安全政策

正规卖家会在其网站张贴隐私权与安全政策或声明，注明收集哪些数据，如何使用或分享这些数据。如果不希望个人信息被其他公司分享，用户可以要求保密，如没有此选项，可以考虑远离该网站。

5. 注意国际安全与隐私权标准的不同

消费者应及时打印购物时的条款、条件、保障、商品说明、公司信息以及来往确认的邮件（最好注明日期）作为购买凭证，并及时检查购买的商品，发现问题时尽快联系卖家。

6. 不用个人信息作为密码

注册账户、密码时，消费者要确保密码应由 8 位以上数字或符号构成，不要使用身份证号码、生日、电话号码等，也不要写在纸上，以免被他人看到或是捡到，盗用自己的账号。

7. 主动预防

消费者应该购买并定期升级带有探测间谍软件功能的防毒与防火墙软件，并及时安装操作系统的重大安全补丁，还要坚持每周完全扫描一次系统并删除发现的病毒、广告软件或间谍软件，保证自己用来网上购物的计算机的安全。

8. 定期检查信用报告与信用卡账单

消费者应该定期检查信用报告与消费记录，确保金额正确、信用卡号码未被他人盗用。

一旦发现数额不对，要立刻报警。

课堂笔记

第九章　消防安全：解除安全的隐忧

案例思考

2020年1月14日6时13分许，上海市徐汇区中山西路2271号上海商学院宿舍楼602堂发生火灾，4名女生从6楼跳下当场身亡。有媒体报道称，4女生跳楼是因大火将走道和阳台封闭。目击者说，起火后该宿舍内的4名女生手扒着阳台栏杆，身体悬空在外大约1min左右，一直大声呼救，由于体力不支最终坠楼。

事故原因为寝室里使用“热得快”引发电器故障并将周围可燃物引燃所致。

第一节　认识校园火灾

在人类社会发展历史中，火给人类带来了温暖、光明，也给人类社会的发展带来了能源和动力。但是失去控制的火会由造福人类变为危害人类，人类的生命财产和生活空间就要受到无情损害。在大学校园里，火灾是威胁生命安全的重要因素。据有关统计资料表明，大学里火灾比盗窃所造成的经济损失要高出十几倍。在全日制高校中，从未发生过火灾的，难以找到。因此，大学生要认识到火灾的危害性，具有防火意识，以保证自己的生命和财产的安全。

一、火灾及其类型

（一）火灾的概念

因失去控制并对财产和人身造成损害的燃烧现象就叫火灾。火灾分为特大火灾、重大火灾和一般火灾。

（1）特大火灾指具有下列情形之一的火灾：死亡10人以上，重伤20人以上，死亡、重伤20人以上，受灾50户以上，经济损失100万元以上。

（2）重大火灾指具有下列情形之一的火灾：死亡3人以上，重伤10人以上，死亡、重伤10人以上，受灾30户以上，直接济损失30万元以上。

(3) 不具备以上情形的为一般火灾。

(二) 火灾的类型

按起火原因的不同，火灾可分为以下几种类型：

1. 生活火灾

生活用火一般是指人们的炊事用火、取暖用火、照明用火、吸烟、烧荒、燃放烟花爆竹等，由生活用火造成的火灾称为生活火灾。生活用火造成火灾的现象屡见不鲜，原因也多种多样，主要有在房间内违章乱设燃气、燃油、电器火源；火源位置接近可燃物；乱拉电源线路，电线穿梭于可燃物中间；违反规定存放易燃易爆物品；使用大功率照明设备，用纸张、可燃布料做灯罩；乱扔烟头，躺在床上吸烟；在室内燃放烟花爆竹、玩火等。

2. 电器火灾

一些电器设备，大到电视机、电脑、录音机，小到台灯、充电器、电吹风，如果质量不合格或使用不当，很容易引起火灾，另外，在使用燃气、煤气过程中，如果方法不当，或是忘记关掉开关，燃烧时间过长，也会发生火灾。

3. 自然现象火灾

自然现象火灾不常见，这类火灾基本有两种：一是雷电；二是物质的自燃。

(1) 雷电是常见的自然现象，它是大气层运动产生高压静电再放电，放电电压有时达到数万 V，释放能量巨大。当作用于地球表面时，具有相当大的破坏性。它产生的电弧可成为引起火灾的直接火源，摧毁建筑物或窜入其他设备可引起多种多样的火灾。预防雷电火灾就必须合理安排避雷设施。

(2) 自燃是物质自行燃烧的现象。如黄磷、锌粉、铝粉等燃点低的一类物质在自然环境下就可燃烧；钾、钠等碱金属遇水即剧烈燃烧；不干燥的柴草、煤泥、沾油的化纤、棉纱等大量堆积，经生物作用或氧化作用积聚大量热量，使物质达到自燃点而自行燃烧发生火灾。

4. 人为纵火

纵火都带有目的性，一般多发生在晚间夜深人静之时，有较大的危害性。有旨在毁灭证据、逃避罪责或破坏经济建设等多种形式的刑事犯罪分子纵火，还有旨在烧毁他人财产或危害他人生命报私仇的纵火等。这类纵火都是国家严厉打击的犯罪行为。

随着社会的发展，社会财富日益增多，加上各种新设备、新材料的大量应用，用火、用电、用气范围日益扩大，潜在的火灾危险因素越来越多，火灾的危害性也越来越大。火灾已成为各种灾害中发生频繁且毁灭性较大的灾害之一，危及人的生命，造成财产损失，影响正常的工作、生活和学习秩序。

二、校园火灾事故的原因

校园火灾事故的原因，归纳起来有以下几种：

（一）电气设备老化及超负荷运行引起火灾

一些高校的学生宿舍楼使用年限较长，楼内电线老化，加上原设计负载有限，而学校的发展使宿舍人数及电器设备增多，用电量明显增加，用电线路却没能及时更新改造。如果宿舍内有人违章使用电热器具，就会使宿舍的电线超负荷运行，继而发生跳闸停电、烧毁保险丝等情况，甚至造成火灾事故。

（二）乱接乱拉电源线引起火灾

乱接乱拉临时电源线是学生集体宿舍中较为常见的不安全因素之一。所谓乱拉电线，就是不按照安全用电的有关规定，随便拖拉电线，任意增加用电设备，这样做是很危险的。这些电线有的架在床上；有的放在桌边，有些则埋在蚊帐里或被子下的床沿上。接线不规范、接头或线径不符合安全用电要求，极易造成短路、负载或电阻过大等而引起电线发热着火，这也是高校中较常见的火灾现象之一。

（三）使用电热器具不当引起火灾

随着社会经济的发展，大学生的学习、生活条件明显改善，部分大学生开始违章使用大功率电器。尽管学校三令五申要注意用电安全，不得使用大功率电器设备，但是学生中使用电炉、热得快、电热壶、电饭锅、电熨斗等电器的现象仍然普遍存在。有的宿舍冬天用电暖气取暖，用热得快烧水。由于长时间通电（有时外出忘记关电源），或使用、放置不当，致使电器温度升高而点燃附着的可燃物。这类火灾在学生宿舍中较常见。

还应该注意的是：许多学生都买了小型充电器，以方便电池充电，但个别同学充电时，随意将充电器放在宿舍的床铺、枕头或书本上，人即离开了，结果因充电时间过长，引起充电器过热，造成短路，产生火花，引燃床上用品，造成火灾。

（四）计算机等高科技设备引发火灾

随着科技与教育事业的发展，现在大学生宿舍中计算机的使用越来越普遍，这一方面提高了学生运用现代化科技产品的能力，另一方面也为学生宿舍的消防安全带来了潜在的隐患。

（五）照明灯具太靠近可燃物而引起火灾

学生宿舍一般都安装有明亮的日光灯，基本上能满足学习和生活的需要，但仍有相当一部分学生喜欢安装床头灯。个别人对白炽灯泡（特别是较大功率的灯泡）表面温度很高的事实认识不足，用纸做灯罩，有的将灯泡靠近衣服或蚊帐，更有甚者用灯泡取暖，将灯泡放在被子里，这种因错误使用白炽灯而引起火灾的事故也时有发生。

（六）点蜡烛、蚊香引起火灾

停电或晚上统一熄灯的学生宿舍，会有个别学生图方便而点上蜡烛，如

课堂笔记

果不小心碰倒或看书睡着了，让明火碰上可燃物，后果不堪设想。蚊香有很强的燃烧力，点燃后没有火焰，但能持续燃烧，燃烧着的蚊香一旦碰到可燃物也会引起燃烧，从而造成火灾。

（七）因吸烟而引起火灾

全国每年因吸烟引起的火灾，占每年全国火灾总数的10%左右。虽然烟头的火源很小，但是“星星之火，可以燎原”。烟头的表面温度达300℃（中心温度可达800℃），碰到可燃物极易起火。一些人乱扔未熄灭的烟头，一些人喜欢躺在床上吸烟，一些人会把仍燃烧着的香烟放在一边而去干别的事情，这样极易引起火灾。

（八）学生在实验过程中因操作不慎而引起火灾

大学生，特别是理工、农林、医科类大学生，在实验室进行实验是必不可少的，如果操作不慎也极易发生火灾。因此，凡是有化学实验室的高校，要制定严格的化学药品管理制度和化学实验室用电、消防管理制度。化学实验室的管理人员要经过培训后持证上岗，实验人员要注意防火安全，一切操作都要严格按照安全操作规程来进行。

三、校园火灾的特点

（一）火灾事故突发，起火原因复杂

学校内部单位点多面广，设备、物资存储较为分散，生产、生活火源多，用电量大，可燃物和易燃物种类繁多，工作人员的管理水平不一……造成起火有人为的原因，也有自然的作用，任何环节的疏忽，都有可能造成火灾。从时间上看，学校内火灾大都发生在节假日、工余时间和晚间；从发生的部位上看，多发生在实验室、仓库、图书馆、学生宿舍及其他人员往来频繁的公共场所等存在隐患的部位，或生产、后勤部门及其出租场所，这些部位一旦发生火灾，往往具有突发性。

（二）火灾容易造成巨大的财产损失

高校教学、科研、实验仪器设备多，动植物标本、中外文图书资料多，一旦发生火灾，损失惨重。精密、贵重的仪器设备，往往是国家筹集资金购置的，发生火灾后，很难立即补充，既有较大的有形资产损失，直接影响教学、科研与实验的正常进行，又有无形资产损失。珍贵的标本、图书资料是一个学校深厚文化积淀的重要标志，须经过几十年、上百年的积累和保存，因火灾造成损失，则不可复得。因而，这类火灾损失极为惨重，影响极大。

（三）高层建筑增多，给火灾预防和扑救工作带来巨大困难

高校因扩招、大办各类成人高等教育，以及高校之间教学、科研的竞争，使各个学校的建设规模都在不同程度上迅速扩大。校园的发展较快，校内高层建筑增多，形成了火灾难防、难救、人员难于疏散的新特点，有的高层建

筑还存在消防设备滞后、消防投资不足等弊端，这些都给消防安全管理工作带来了一定难度。

（四）人员集中，疏散困难，火灾往往造成人员伤亡，社会影响极大

高校人口密度大，集中居住的宿舍公寓多，宿舍公寓内违章生活用电、用火较多，吸烟现象普遍。因用电、用火不慎而发生火灾后，火势得不到控制会很快蔓延，在人员密度大、影响顺利疏散逃生的情况下，难免会造成人身伤亡。高校是社会稳定的晴雨表，是各类信息的集散地，一旦发生火灾，会迅速传遍社会，特别是出现人身伤亡，会造成极为严重的社会影响。

第二节　掌握消防常识

消防安全是社会稳定和经济建设的重要组成部分，掌握消防知识是高校师生员工预防火灾，保证生命财产安全的一项重要内容。

一、预防火灾的基本原则

（一）增强消防安全意识，形成消防监督

只有提高了防火安全意识，才会时刻留意身边的火患，控切火源；才会把预防火灾放在首位，时刻保持高度警惕；才会主动学习消防知识，掌握防范措施，控制火灾事故的发生。有关部门要从规划、设计、检查、队伍、装备等方面进行全方位的严格管理，形成有效的消防监督体制。

（二）遵守学校消防制度

为了保障同学们的安全，学校制定有关消防安全管理规定，诸如不得私拉乱接电源，未经批准不得随意增加用电设备，禁止使用“电炉”　“热得快”；禁止在教学楼、实验楼、宿舍楼、图书馆等公共场所吸烟；禁止在宿舍使用蜡烛等，大学生要严格遵守学校的相关规定。

（三）消除火源

可燃物和易燃物在生产和生活中是客观存在的，难以完全控制，但着火源是可以控制的，消除火源是预防火灾发生的关键措施。可采取下述办法：

（1）严禁烟火。在公共场所、易燃易爆部位以及其他防火重点部位应禁止烟火。

（2）消除静电。在化学危险物品的生产、运输、贮存过程中都必须采取有效措施，消除静电所造成的危害。

（3）安装防爆电气。在易燃易爆粉尘或化学危险物品生产和贮存部位安装防爆电气，以免电火花的产生引起火灾。

（4）接地避雷。仪器设备应安装接地，将漏电引入地下。重要的建筑物

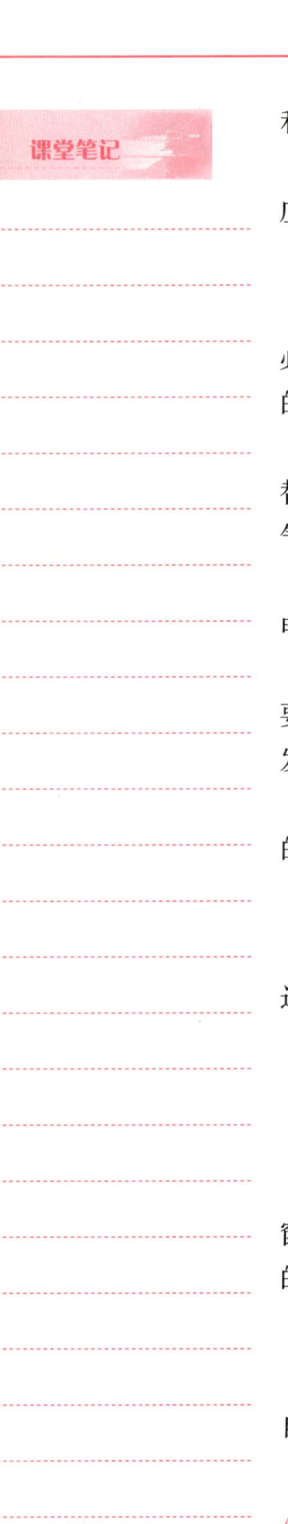

和高层建筑均应安装避雷设施，以避免雷击引起的火灾。

(5) 实行严格的动火制度。在防火重点部位和易燃易爆部位，须动火时，应由有关部门批准，同时要落实安全措施，做好现场监护，配备灭火器材等。

(四) 控制可燃物

在工农业生产和日常生活中，到处可见可燃物的存在，而这些可燃物又必不可少。尽量地控制可燃物的存在，合理地贮存可燃物就能有效防止火灾的发生。主要有以下四方面的措施：

(1) 用难燃烧材料和不燃烧材料代替可燃烧材料。如用水泥、石膏板代替木材、纤维板建造房屋等。降低可燃物（可燃气体、蒸气或粉尘等）在空气中的浓度。

(2) 按性质分类存放。对能相互发生反应的可燃物予以隔离，如不要把电石和水放在一起。

(3) 控制温度。对于易挥发或蒸发出可燃气体的物品，在生产和贮存时，要严格控制温度，一般采用隔热材料隔热或用水降温等，减少可燃物质的挥发和蒸发。

(4) 确保设备的完好。防止因设备的缺损、破裂而引起可燃气体或液体的跑、冒、滴、漏等现象。

(五) 隔绝空气

(1) 对在真空条件下生产的设备和充满介质的容器要加以保护。如贮存过可燃气体的容器在动火前用氮气吹扫，以清除容器中的空气或可燃气体。

(2) 隔绝空气贮存，如将钠、钾等存放在煤油中；黄磷存放于水中等。

(六) 防止形成新的燃烧条件，阻止火灾的蔓延

(1) 安装阻火装置。常见的有水封、防火帽和单向阀等。

(2) 进行防火分隔。如建筑物之间留有防火间距，建筑物内设有防火门窗、防火卷帘，车间和仓库设置防火墙等。一旦发生火灾，使之不能形成新的燃烧条件，从而阻止火灾的蔓延。

(七) 利用现代设施对火灾进行监测

在重要的建筑物如图书馆、计算机中心、教学楼中，安装火灾报警器和自动灭火系统，以便尽快提供火灾信息，有效地控制火灾的发生。

二、认识消防标志和消防器材

(一) 消防安全标志

我国消防安全标志（见图 9-1）用以表达特定的安全信息，标志由几何图形、图形符号和安全色（一般用红、黄、绿色）组成。悬挂消防安全标志是为了能够引起人们对不安全因素的注意，预防事故的发生。

课堂笔记

图 9-1　消防安全标志

（二）消防器材

消防器材的种类有：灭火器（各类推车式、手提式、悬挂式灭火器）、消火栓（室内消火栓、室外消火栓）、消防泵、防火门、防火卷帘、防火建筑材料、火灾报警设备、消防接口、抢险救援器材、消防员装备、防火装置、消防应急照明灯、消防安全标志、消火栓箱、灭火器箱等。这里只介绍灭火器

课堂笔记

（见图 9-2）、消火栓与消防灯（见图 9-3）等。

（三）灭火器上的字母含义

国家标准规定，灭火器型号应以汉语拼音大写字母和阿拉伯数字组成。如 MF2，MFL8 等。其中第一个字母 M 代表灭火器，第一个字母代表灭火剂类型（F 为干粉灭火剂、T 为二氧化碳灭火剂、Y 为卤代烷灭火剂、P 为泡沫灭火剂），第三个字母及以后的字母也有其含义（L 为 ABC 干粉灭火剂、SQ 为清水灭火剂、QP 为轻水泡沫灭火剂、T 为推车式、Z 为贮压式），后面的阿拉伯数字代表灭火剂的重量或容积，一般单位为 kg 或 L，例如 MFL8 的含意是 8kg 的 ABC 干粉灭火器；MFZ4 的含意是 4kg 的贮压式 BC 干粉灭火器。

图 9-2　灭火器

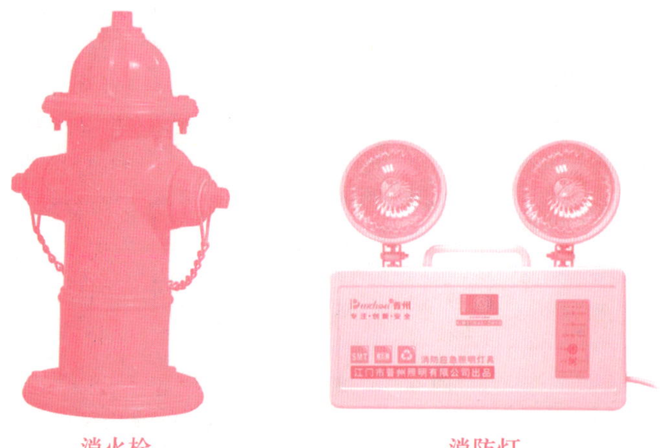

消火栓　　消防灯

图 9-3 消火栓及消防灯

三、常见灭火器的种类及其使用方法

按照燃烧物质的性质，火灾可分为A，B，C，D，E五类（也称国际统一分类法）：A类为固体物质火灾，即由木材、纸张、棉、布、毛等含碳固体物质引起的火灾；B类为可燃液体火灾，即由汽油、石油、煤油、柴油、甲醇、乙醚、丙酮等引起的火灾；C类为可燃气体火灾，即由天然气、煤气、甲烷、丙烷、乙炔、氢气等引起的火灾；D类为可燃金属火灾，即由钠、钾、镁、锂、铝镁合金及进水物质引起的火灾；E类为电气火灾，是由电气线路或电气走火、雷电打火引起的火灾。根据不同的火灾种类选择不同的灭火器。

（一）常见灭火器的种类

（1）ABC：干粉灭火器。适用范围广泛且较为经济实用，可扑救ABC类火灾，即可扑救固体火灾、液体火灾、气体火灾和电压低于5000V带电物体火灾。

（2）BC干粉灭火器。适用于扑灭BCE类火灾，即可扑救液体火灾、气体火灾和电气设备的初起火灾。

（3）二氧化碳灭火器。适用扑救A，B，C，E类火灾，即可扑救固体火灾、液体火灾、气体火灾及带电物体、精密仪器火灾。

（4）1211，130I灭火器。适用于扑救除金属类物质火灾之外的所有火灾。尤其适用于扑救精密仪器、计算机、珍贵文物及贵重物资仓库等的初起火灾，灭火效率高。

（5）化学泡沫灭火器。适用于扑救一般B类中的油类火灾，可扑救油制品、油脂等火灾，也可适用于A类火灾。

（6）空气泡沫灭火器。适用范围同化学泡沫灭火器。

（7）沙土、石墨粉灭火器。适用于扑救可燃金属燃烧的火灾。

（二）常见灭火器的使用方法

1. 泡沫灭火器的使用方法

（1）手提式灭火器的使用方法。可手提筒体上部的提环，迅速奔赴火场。这时应注意不得使灭火器过分倾斜，更不可横拿或颠倒，以免两种药剂混合而提前喷出。当距离着火点10m左右时，即可将筒体颠倒过来，一只手紧握提环，另一只手扶住筒体的底圈，将射流对准燃烧物。在扑救可燃液体火灾时，如已呈流淌状燃烧，则将泡沫由远而近喷射，使泡沫全覆盖在燃烧液面上；如在容器内燃烧，应射向容器的内壁，使泡沫沿着内壁流淌，逐步覆盖着火液面。切忌直接对准液面喷射，以免由于射流的冲击，反而将燃烧的液体冲散或冲出容器，扩大燃烧范围。在扑救固体物质火灾时，应将射流对准燃烧最猛烈处。灭火时随着有效喷射距离的缩短，使用者应逐渐向燃烧区靠近，并始终将泡沫喷在燃烧物上，直到扑灭。使用中的灭火器应始终保持倒置状态，否则会中断喷射。

手提式泡沫灭火器应选择干燥、阴凉、通风并取用方便之处存放，不可靠近高温或可能受到曝晒的地方，以防止碳酸分解而失效；冬季要采取防冻措施，以防止冻结；并应经常擦除灰尘、疏通喷嘴，使之保持通畅。

课堂笔记

（2）推车式泡沫灭火器的使用方法。使用时一般由两人操作，先将灭火器迅速推拉到火场，在距离着火点10m左右处停下，由一人施放喷射软管后，双手紧握喷枪并对准燃烧处；另一人则先按逆时针方向转动手轮，将螺杆升到最高位置，使瓶盖开足，然后将筒体向后倾倒，使拉杆触地，并将阀门手柄旋转90度，即可喷射泡沫进行灭火。如阀门装在喷枪处，则由负责操作喷枪者打开阀门。

灭火方法及注意事项与手提式化学泡沫灭火器基本相同，可以参照。由于该种灭火器的喷射距离远，连续喷射时间长，因此可充分发挥其优势，用来扑救较大面积的储槽或油罐车等处的初起火灾。

（3）空气泡沫灭火器的使用方法。使用时可手提或肩扛迅速奔到火场，在距燃烧物6m左右处，拔出保险销，一手握住开启压把，另一手紧握喷枪，用力捏紧开启压把，打开密封或刺穿储气瓶密封片，空气泡沫即可从喷枪口喷出。灭火方法与手提式化学泡沫灭火器相同。但空气泡沫灭火器使用时，应使灭火器始终保持直立状态，切勿颠倒或横卧使用，否则会中断喷射。同时应一直紧握开启压把，不能松手，否则也会中断喷射。

2. 1211灭火器的使用方法

（1）1211手提式灭火器的使用方法。使用时，应将手提灭火器手提或肩扛到火场。在距燃烧物5m左右处，放下灭火器，先拔出保险销，一手握住开启把，另一手握在喷射软管前端的喷嘴处。如灭火器无喷射软管，可一手握住开启压把，另一手扶住灭火器底部的底圈部分。先将喷嘴对准燃烧处，用力握紧开启压把，使灭火器喷射。当被扑救可燃烧液体呈流淌状燃烧时，使用者应对准火焰根部由近而远并左右扫射，向前快速推进，直至火焰全部扑灭。如果可燃液体在容器中燃烧，应对准火焰左右晃动扫射，当火焰被赶出容器时，喷射流跟着火焰扫射，直至把火焰全部扑灭。但应注意不能将射流直接喷射在燃烧液面上，防止灭火剂的冲力将可燃液体冲出容器而扩大火势，造成灭火困难。如果扑救可燃性固体物质的初起火灾时，则将喷流对准燃烧最猛烈处喷射，当火焰被扑灭后，应及时采取措施，不让其复燃。1211灭火器使用时不能颠倒，也不能横卧，否则灭火剂不会喷出。

另外，在室外使用时，应选择在上风方向喷射；在窄小的室内灭火时，灭火后操作者应迅速撤离，因1211灭火剂有一定的毒性，应防止对人体的伤害。

（2）推车式1211灭火器的使用方法。使用时推至距着火点处10m左右停下，一人快速放开喷射软管，紧握喷枪，对准燃烧处；另一人则快速打开灭火器阀门。灭火方法与手提式1211灭火器相同。

3. 1301灭火器的使用方法

1301灭火器的使用方法和适用范围与1211灭火器相同。但由于1301灭火剂喷出成雾状，在室外有风状态下使用时，其灭火能力没有1211灭火器高，因此更应在上风方向喷射。

4. 酸碱灭火器的使用方法

使用时应手提筒体上部提环，迅速奔到着火地点。决不能将灭火器扛在背上，也不能过分倾斜，以防两种药液混合而提前喷射。在距离燃烧物6m左

右，即可将灭火器颠倒过来，并摇晃几次，使两种药液加快混合。一只手握住提环，另一只手抓住筒体下的底圈将喷出的射流对准燃烧最猛烈处喷射。同时，随着喷射距离的缩减，使用人应向燃烧处推进。

5. 二氧化碳灭火器的使用方法

灭火时只要将灭火器提到或扛到火场，在距燃烧物 5m 左右处，放下灭火器拔出保险销，一手握住喇叭筒根部的手柄，另一只手紧握启闭阀的压把。对没有喷射软管的二氧化碳灭火器，应把喇叭筒往上扳 70°~90°。使用时，不能直接用手抓住喇叭筒外壁或金属连线管，防止手被冻伤。灭火时，当可燃液体呈流淌状燃烧时，使用者应将二氧化碳灭火剂的射流由近而远向火焰喷射，如果可燃液体在容器内燃烧时，使用者应将喇叭筒提起，从容器的一侧上部向燃烧的容器中喷射，但不能将二氧化碳射流直接冲击可燃液面，以防止将可燃液体冲出容器而扩大火势，造成灭火困难。

推车式二氧化碳灭火器一般由两人操作，使用时两人一起将灭火器推或拉到燃烧处，在离燃烧物 10m 处停下，一人快速取下喇叭筒并展开喷射软管后，握住喇叭筒根部的手柄，另一人快速按逆时针方向旋动手轮，并开到最大位置。灭火方法与手提式的方法一样。

使用二氧化碳灭火器时应注意，在室外使用时选择在上风方向喷射。在室内窄小空间使用的，灭火后操作者应迅速离开，以防窒息。

6. 干粉灭火器的使用方法

（1）手提式干粉灭火器的使用方法。灭火时，可手提或肩扛灭火器快速奔赴火场，在距燃烧物 5m 左右处，放下灭火器。如在室外，应选择在上风方向喷射。使用的干粉灭火器若是外挂式储压式的，操作者应一手紧握喷枪、另一手提起储气瓶上的开启提环。如果储气瓶的开启是手轮式的，则向逆时针方向旋开，并旋到最高位置，随即提起灭火器。当干粉喷出后，迅速对准火焰的根部扫射。使用的干粉灭火器若是内置式储气瓶或者是储压式的，操作者应先将开启把上的保险销拔下，然后握住喷射软管前端喷嘴部，另一只手将开启压把压下，打开灭火器进行灭火。有喷射软管的灭火器或储压式灭火器在使用时，应始终压下压把，不能放开，否则会中断喷射。

干粉灭火器扑救可燃、易燃液体火灾时，应对准火焰要害部扫射，如果被扑救的液体火灾呈流淌燃烧时，应对准火焰根部由近而远，并左右扫射，直至把火焰全部扑灭。如果可燃液体在容器内燃烧，使用者应对准火焰根部左右晃动扫射，使喷射出的干粉流覆盖整个容器开口表面。当火焰被赶出容器时，使用者仍应继续喷射，直至将火焰全部扑灭。在扑救容器内可燃液体火灾时，应注意不能将喷嘴直接对准液面喷射，防止喷流的冲击力使可燃液体溅出而扩大火势，造成灭火困难。如果当可燃液体在金属容器中燃烧时间过长，容器的壁温已高于扑救可燃液体的自燃点，此时极易造成灭火后再次复燃的现象，若与泡沫类灭火器联用，则灭火效果更佳。

使用磷酸铵盐干粉灭火器扑救固体可燃物火灾时，应对准燃烧最猛烈处喷射，并上下、左右扫射。如条件许可，使用者可提着灭火器沿着燃烧物的四周边走边喷，使干粉灭火剂均匀地喷在燃烧物的表面，直至将火焰全部扑灭。

(2) 推车式干粉灭火器的使用方法。推车式干粉灭火器的使用方法与手提式干粉灭火器的使用相同。

第三节　自救与逃生

人的生命是最为宝贵的，火场上必须采取一切措施保护人员的生命安全。身处火场，保全生命是人的本能，但如果逃生无术，往往使人身临绝境，造成伤亡。因此，要以防范为第一要务。在火灾中保全生命，除与消防人员设法营救有关，还与设法自救等因素有关，但主要还是与受害者的自救和互救能力，以及是否懂得逃生知识等因素有关。因此，我们每个大学生都应该懂得一定的灭火知识，掌握一定的逃生和互救技巧，在火灾发生时，能够及时扑灭小火，火大时能够沉着冷静，选择有利的时机、路线和方法逃出危险区域，避免造成严重后果。

一、火灾的扑救

火灾的危害是不可预计的，但及时的扑救，能够把火灾所引起的损失减少到最低限度。大学生应掌握火灾扑救的基本常识，一旦发生火灾，能够采取正确的灭火方法和有效的措施，力争将火灾扑灭在初起阶段。

（一）火灾的过程

火灾过程一般可以分为初起、发展、猛烈、下降和熄灭五个阶段。而扑救火灾要特别注意火灾的初起、发展和猛烈阶段。

1. 初起阶段

一般固体可燃物质着火燃烧后，在15min内的燃烧面积不大，燃烧速度不快，火焰不高，辐射热不强，烟和气体流动慢。如房屋建筑的火灾，初起阶段往往局限于室内，火势蔓延范围不大，还没有突破外壳。火灾处于初起阶段，是扑救的最好时机，只要发现及时，用很少的人力和消防器材及工具就能把火扑灭。据统计，以往被扑灭的火灾中有70%以上是由在场人员扑灭的。

2. 发展阶段

初起火灾没有及时发现或扑灭，随着燃烧时间的延长，温度上升，周围的可燃物质或建筑构件被迅速加热，气体对流增强，燃烧速度加快，燃烧面积迅速扩大，形成了燃烧的发展阶段。其特征是：烟火已经蹿出门、窗和屋顶，局部建筑构件被烧穿，建筑物内部充满烟雾，火势突破了外壳，温度可达700℃以上。从灭火的角度看，这是关键性阶段。在燃烧发展阶段内，必须投入相当的力量，采取正确的措施来控制火势的发展，以便进一步灭火。

3. 猛烈阶段

如果火灾在发展阶段没有得到控制，燃烧时间将继续延长，燃烧速度不断加快，燃烧面积迅速扩大，燃烧温度急剧上升，气体对流达到最快速度，辐射热最强，就会使建筑构件的承重能力急剧下降。处于猛烈阶段的火灾情况是很复杂的，许多可燃液体和气体火灾的发展阶段与猛烈阶段没有明显的区别，必须由专职消防队伍组织较强的灭火力量，经过较长时间，才能控制火势，扑灭大火。

根据火灾发展的阶段性特点，在灭火中，必须抓紧时机，力争将火灾扑灭在初起阶段。同时要认真研究火灾发展阶段和猛烈阶段的扑救措施，正确运用灭火方法，以有效地控制火势，尽快地扑灭大火。火灾发展到发展阶段和猛烈阶段时，主要应由专职消防人员扑救，其他人员要听从指挥，注意灭火安全，减少损失。

（二）灭火的常见方法

长期的观察与实践让人们认识到了燃烧必须同时具备三个条件，即可燃物、空气与达到着火点，当其中某一条件不具备时，火就熄灭了。人们由此归纳出以下几种基本的灭火方法：

1. 冷却灭火法

将灭火剂直接喷洒在可燃物上，使可燃物的温度降低到燃点以下，从而使燃烧终止。用水扑救火灾，其原理就是冷却灭火。

2. 窒息灭火法

采取适当措施，阻止空气进入燃烧区，或用惰性气体稀释空气中的氧含量，使可燃烧物质因缺乏助燃物而终止燃烧。

3. 抑制灭火法

将化学灭火剂喷入燃烧区参与燃烧反应，中止连锁反应面使燃烧反应终止。如将干粉和卤代烷灭火剂喷入燃烧区，使燃烧终止。

4. 隔离灭火法

将燃烧物与附近可燃物质隔离或者疏散开，从而使燃烧终止。这种方法适用于扑救多种固体、液体和气体火灾。

以上方法各有所长，灭火时应根据具体的情况，遵循迅速有效、经济损失小的原则，根据燃烧物质的性质、燃烧特点、火场情况以及灭火器材的情况进行选择。

（三）火灾发生时的处理

（1）任何单位和个人在发现火灾后都应该及时、准确地报火警，使消防队和周围群众能够迅速赶来灭火。

（2）电气设备发生火灾，必须切断电源。

（3）易燃易爆危险场所发生火灾，必须尽快采取防爆措施，停止对受火灾威胁的容器、设备的物料输送、加温，应打开冷却系统进行冷却，有手动放空泄压装置的应开阀放空泄压。

（4）火灾可能危及其他物资安全时，必须组织人员对物资进行紧急抢救。

（5）如有人被大火围困。要坚持救人第一的原则，采取各项措施，利用各种条件进行人员的疏散和抢救工作。

（6）消防队到达火场后，起火单位和在场人员应及时向消防队负责人介绍已查明的火场情况，如燃烧的物质、有无人员被围困、灭火中要注意的事项等。同时在火场的扑救人员都应在消防队指挥员的统一领导下，紧密配合，

课堂笔记

协同作战，共同扑火救灾。

(7) 任何单位和团体将火扑灭后，都必须保护好火灾现场，未经消防部门许可，不得自行处理火场，以便调查火灾原因与损失情况。

二、火灾自救与逃生的十二条原则

(一) 熟悉环境，暗记出口

当处于陌生的环境时，为了自身安全，务必留心疏散通道、安全出口及楼梯方位等，注意灭火器、消火栓、报警器的位置，以便关键时刻能尽快逃离现场或将初起火灾及时扑灭，并在被困时能够及时报警求援。只有养成这样的习惯才能有备无患。

(二) 通道出口，畅通无阻

楼梯、通道、安全出口等是火灾发生时最重要的逃生之路，应保证畅通无阻，切不可堆放杂物或设闸上锁，以便紧急时能安全迅速地通过。

(三) 扑灭小火，惠及他人

当发生火灾时，如果发现火势并不大，且尚未对人身造成很大威胁时，当周围有足够的消防器材，如灭火器、消防栓等，应奋力将小火控制、扑灭。千万不要惊慌失措地乱叫乱窜，置小火于不顾而酿成大灾。

(四) 不入险地，不贪财物

身处险境，应尽快撤离，不要因害羞或顾及贵重物品，而把逃生时间浪费在寻找、搬离贵重物品上。已经逃离险境的人员，切莫重返险地。

(五) 保持镇静，辨明方向

突遇火灾，面对浓烟和烈火，首先要令自己保持镇静，迅速判断危险地点和安全地点，决定逃生的办法，尽快撤离险地。千万不要盲目地服从人流和相互拥挤、乱冲乱窜。撤离时要注意，朝明亮处或外面的空旷地方跑，要尽量往楼层下面跑。若通道已被烟火封阻，则应背向烟火方向离开，通过阳台、气窗、天台等往室外逃生。

(六) 善用通道，莫入电梯

按规范标准设计建造的建筑物，都会有两条以上逃生楼梯、通道或安全出口。发生火灾时，要根据情况选择进入相对较为安全的楼梯通道。除可以利用楼梯外，还可以利用建筑物的阳台、窗台、屋顶等攀爬到周围的安全地点。沿着落水管、避雷线等建筑结构中的凸出物滑下楼脱险。

注意莫入电梯。在高层建筑中，电梯的供电系统在火灾时随时会断电或因热的作用而变形，使人被困在电梯内，同时由于电梯井犹如贯通的烟囱般直通各楼层，有毒的烟雾直接威胁被困人员的生命。

(七) 缓降逃生，滑绳自救

高层、多层公共建筑内一般都设有高空缓降器或救生绳，人员可以通过这些设施安全地离开危险的楼层。如果没有这些专门设施，在安全通道又已被堵，救援人员不能及时赶到的情况下，可以迅速利用身边的绳索或床单、

课堂笔记

窗帘、衣服等自制简易救生绳，并用水打湿，再从窗台或阳台沿绳缓滑到下面楼层或地面安全逃生。

（八）简易防护，以防窒息

逃生时经过充满烟雾的路线，要防止烟雾中毒、窒息。为了防止火场浓烟呛人，可采用毛巾、口罩蒙口鼻，匍匐撤离的办法。烟气较空气轻而飘于上部，贴近地面撤离是避免烟气吸入、滤去毒气的最佳方法。穿过烟火封锁区，应佩戴防毒面具、头盔、阻燃隔热服等护具，如果没有这些护具，可向头部、身上浇冷水或用湿毛巾、湿棉被、湿毯子等将头、身裹好，再冲出去。

（九）身上有火，切莫奔跑

火场上的人如果发现身上着了火，千万不可惊跑或用手拍打。当身上衣服着火时，应赶紧设法脱掉衣服或就地打滚，压灭火苗；也可及时跳进水中或让人向身上浇水、喷灭火剂。

（十）寻找避难场所，等待救援

假如用手摸房门已感到烫手，此时一旦开门，火焰与浓烟势必迎面扑来。逃生通道被切断且短时间内无人救援。这时候，可采取寻找避难场所、固守待援的办法。首先应关紧迎火的门窗，打开背火的门窗，用湿毛巾、湿布塞堵门缝或用水浸湿棉被蒙上门窗，然后不停用水淋湿房间，防止烟火渗入，固守在房内，直到救援人员到达。

（十一）缓晃轻抛，寻求援助

被烟火围困暂时无法逃离的人员，应尽量待在阳台、窗口等易于被人发现和能避免烟火近身的地方。在白天，可以向窗外晃动鲜艳衣物，或外抛轻型晃眼的东西。在晚上，可以用手电筒不停地在窗口闪动或者敲击东西，及时发出有效的求救信号，引起救援者的注意。切记：充分暴露自己，才能争取有效时间，拯救自己。

（十二）跳楼有术

跳楼逃生，也是一个逃生办法，但应该注意的是：只有消防队员准备好救生气垫，并指挥跳楼时或楼层不高（一般4层以下）非跳楼即烧死的情况下，才采取跳楼的方法。跳楼也要讲技巧，跳楼时应尽量往救生气垫中部跳，或选择有水池、软雨篷、草地等方向跳；如有可能，要尽量抱些棉被、沙发垫等松软物品或打开大雨伞跳下，以减缓冲击力。如果徒手跳楼，一定要扒窗台或阳台使身体自然下垂跳下，以尽量降低垂直距离，落地前要双手抱紧头部身体弯曲卷成一团，以减少伤害。

三、火灾逃生的常见误区

当前火灾逃生中，人们最可能产生以下五种错误行为，应该及时认识并纠正。

（一）向光亮处逃生

在紧急危险情况下，人们习惯性地会向着有光、明亮的方向逃生。而在火灾发生时。光亮之地正是火魔肆无忌惮地逞威之处，因此要远离光亮处。

课堂笔记

（二）盲目地跟着别人逃生

当人的生命突然面临危险状态时，极易因惊慌失措而失去正常的判断思维能力，第一反应就是盲目跟着别人逃生。常见的盲目追随行为有跳窗、跳楼，逃（躲）进厕所、浴室、门角等。克服盲目追随的方法是平时要多了解与掌握一定的消防自救与逃生知识，避免事到临头没有主见。

（三）从进来的原路逃生

这是人们最常见的火灾逃生行为。因为大多数建筑物内部的道路出口一般不为人们所熟悉，一旦发生火灾时，人们总是习惯沿着进来的出入口和楼道进行逃生，当发现此路被封死时，已失去最佳逃生时间。因此，当进入一幢新的大楼或宾馆时，一定要对周围的环境和出入口进行必要的了解，以防万一。

（四）从高往低处逃生

特别是高层建筑一旦失火，人们总是习惯性地认为只有尽快逃到一层，跑出室外，才有生的希望。殊不知，盲目朝楼下逃生，可能自投火海。因此，在发生火灾时，有条件者可登上房顶或在房间内采取有效的防烟、防火措施，等待救援。

（五）冒险跳楼逃生

火灾时，当选择的逃生路线被大火封死，火势愈来愈大、烟雾愈来愈浓时，人们就很容易失去理智。此时，不要跳楼、跳窗等，而应另谋生路，万万不可盲目采取冒险行为。

总之，大学生在火灾发生时，一定要保持冷静，力所能及地扑灭小火，一旦火势加大，要及时报警和与学校联系，利用相关的自救知识，迅速逃生，保证自己的生命安全。

温馨提示

电器防火小知识

1. 电热取暖器防火注意事项

（1）避免可燃物与电暖器的辐射面靠得太近。

（2）使用时要考虑电气线路的承受能力，不要用导线规格过小的临时接线板作为远红外电暖器的供电线路。

（3）使用时若发生保险丝熔断，切不可用粗铜丝代替。

（4）保证插座、开关接触良好。

2. 电饭锅防火注意事项

（1）用电饭锅做汤、烧水结束时，不要忘记及时切断电源。

（2）电热盘和内锅表面不可粘有饭粒等杂物，以保证两者紧密接触。

（3）避免碰撞内锅，内锅若变形严重，要立即更换，使用时内锅要放得正，放下来后回转一下以保证与电热盘接触紧密。

（4）不要用普通铝锅代替内锅，电饭锅的外壳、电热盘和开关等切忌用水清洗。

（5）不要违章拉接电源线为电饭锅供电，线路中若有接触松动，容易引起火灾。

3. 电气照明防火注意事项

（1）有的灯具与可燃物、可燃结构之间的距离不应小于50cm，如白炽灯、高压汞灯，有的则应大于50cm，如卤钨灯。

（2）严禁使用纸、布或其他可燃物遮挡灯具。

（3）灯泡距地面高度一般不应低于2m，且灯泡的正下方不宜堆放可燃物品。

（4）室外或某些特殊场所的照明灯具应有防溅功能，防止水滴溅射到高温的灯泡表面，使灯泡炸裂。

（5）灯具的防护罩必须完好无损，必要时要及时更换。

4. 空调器防火注意事项

（1）尽量使窗帘避开空调器，或使用阻燃型织品制作的窗帘。

（2）用电热型空调器制热，关机时牢记切断电热部分的电源。

（3）不要短时间内连续切断，接通空调器的电源。当停电或拔掉电源插头后，一定要将选择开关置于“关”的位置，待接通电源后，重新按启动步骤操作。

（4）一般家用空调器的耗电功率为1~3kW，其电源线路的安装和连接必须符合额定电流不低于5~15A的要求，并配备单独的过载保护装置。

5. 电冰箱防火注意事项

（1）启用新买来的电冰箱时，一定要清理掉电冰箱的包装材料。

（2）保证电冰箱后部干燥通风，切勿在电冰箱后面塞入可燃物。

（3）防止电冰箱的电源线与压缩机、冷凝器相接触。

（4）不要在电冰箱内储存乙醚等低沸点化学危险品。

（5）电源线插头与插座间的连接要紧密，接地线的安装要符合要求，切勿将接地线接在煤气管道上。

（6）不要用水冲洗电冰箱，防止温控电气开关进水受潮。

（7）电冰箱工作时，不要连续地切断和接通电源，电冰箱断电后，至少要过5分钟方可重新启动。

6. 电视机防火注意事项

（1）连续收看时间不宜过长。时间越长，电视机的工作温度越高。一般连续收看4~5小时后应关机一段时间，待机内热量散发后再继续收看。

（2）选择适当的放置位置，保证良好的通风，防止液体进入电视机，不要使电视机受潮。

（3）室外天线或共用天线的避雷器要有良好的接地，雷雨天尽量不要使用室外天线。

（4）看完电视后勿忘切断电源。

7. 电热毯防火注意事项

（1）使用权威机构认证的合格产品，严禁使用假冒伪劣产品。

（2）使用前应仔细阅读说明书，特别要注意电压，千万不要把36V或

课堂笔记

24V的低电压电热毯接在220V的电压线路上。

(3) 电热毯第一次使用或长期搁置后再使用，应在有人监视的情况下先通电1小时左右，检查是否安全。

(4) 折叠电热毯时不要总是按固定折痕折叠，不要在沙发上，席梦思上和钢丝床上使用直线型电热毯。

(5) 避免电热毯直接与人体接触，不能在电热毯上只铺一层床单，以防人体揉搓，使电热线堆集打褶，导致局部过热或电热线损坏，发生触电或火灾事故。

(6) 电热毯脏了，只能用刷子刷洗，不能用手揉搓，以防电热线被折断。

(7) 使用电热毯时要注意防潮，特别要注意小孩和病人尿床。

(8) 电热毯不用时一定要切断电源。

(9) 更换保险丝时，要选用与电热毯功率匹配的规格。

8. 电熨斗、电吹风防火注意事项

(1) 通电使用电熨斗时操作人员不要轻易离开。

(2) 使用普通型电熨斗时切勿长时间通电，以防电熨斗过热，烫坏衣服引起燃烧。

(3) 电熨斗供电线路导线的截面不能太小，绝对不能与其他家用电器合用一个插座，也不要与其他功率大的家用电器如电饭锅，洗衣机等同时使用，以防线路过载引起火灾。

(4) 不要随意乱放刚断电的电熨斗，要待它完全冷却后再收存起来。

(5) 不要使电熨斗的电源插口受潮，保证插头与插座紧密接触。

(6) 使用通电的电吹风时，人不能离开，更不能把通电的电吹风随便搁置在台凳、沙发、床垫等可燃物上。

(7) 要养成使用完毕即将电源线从电源插座上拔下的习惯，特别是遇到临时停电或电吹风出现故障时，更应如此。

(8) 把通电的电热丝列入明火管理范围，严禁在禁火场所尤其是在易燃、易爆火灾危险场所使用电吹风。

知识小卫士

酒精着火怎么办

有这样一个情景：实验室里，工作人员用酒精加热做实验，不小心将酒精灯打倒着火，有人迅速取挂在墙上的泡沫火器向火苗射去，可奇怪的是泡沫射了一地，火并没有扑灭。而此时有人端了一盒细沙子撒向火，火立刻就被扑灭了。

看着眼前的情况，或许有人困惑不解，普通泡沫灭火器为什么扑不灭酒精着火呢？要回答这个问题，应该首先知道灭火剂是怎样灭火的。原来，泡沫喷射出来之后，就像棉絮一样浮在易燃物或可燃液体的表面，形成一层稳定的泡沫层，阻止氧气进入，火就被扑灭了。可是酒精本身是一种破乳剂，只要与泡沫一接触，酒精就会破坏喷出来的泡沫，结果在酒精的表面就不能隔绝氧气的泡沫层，也就不能达到灭火的目的。因此，酒精着火只有用抗溶性泡沫或用细沙来灭火。此外，还可以用湿麻袋、湿棉被等来扑灭。

要防范酒精类的火灾，还应该特别注意不要使它们接近火源、热源和电源。如果酒精存量很多，就应该用非燃烧材料遮盖，且要留出适当距离，严加看管，严禁烟火。在家庭中，使用酒精不要靠近炉灶、暖气。另外，酒柜上面放电视机也是不适宜的。

课堂笔记

电脑着火怎么办

如果电脑着火，即使关闭主机，甚至拔下插头，机内的元件仍然会很热，会迸发出烈焰并产生毒气，荧光屏、显像管也可能爆炸，因此电脑着火要采取以下措施：

(1) 电脑开始冒烟或起火时，马上拔掉插头或关掉总开关，然后用湿地毯或棉被等盖住电脑，这样做既能阻止烟火蔓延，也可挡住荧光屏的玻璃碎片。

(2) 切勿向失火电脑泼水，即使已关掉的电脑也会因为温度突然下降使炽热的显像管爆裂。此外，电脑内仍有剩余电流，泼水可能引起触电。

(3) 切勿揭起覆盖物观看。灭火时，为防止显像管爆炸伤人，只能从电脑侧面或后面接近电脑。

课堂笔记

第十章 打工与就业安全：进入社会必读

案例思考

案例1 大学生实践活动被骗案例

暑假开始了，不少希望做家教的留校大学生纷纷把目光投向家教中介。一家叫“昆明市盘龙区方鑫信息咨询服务部”的中介公司，聘请学生在校园内写“招聘家教海报”。在收取了大学生的信息费和注册费后，该中介公司人去楼空。来自省内各大学的上百名被骗学生向警方报了案。据调查，仅在云水楼交钱的学生就有86人，所交费用从20~160元不等。这些学生来自云南多所高校；据初步统计，被骗的学生有500~600人。

案例2 谨防就业陷阱

2020届某高校毕业生小赵，在一次人才招聘会上将自己的简历投给了外地的一家房地产会司。会司一位副总经理与他交谈后表示对他很满意，希望当场签下合同，并许诺公司安排住宿，月薪3000元以上。公司出具了一份早已打印好的合同，小赵草草浏览了合同的内容，觉得合同格式很规范，双方的权利、义务似乎规定得也很清楚，就毫不犹豫地签约了。

小赵的职位是销售员，进了公司他才知道，这个职位实行的是上不封顶下不保底、与销售业绩直接挂钩的工资制度。销售部十几位销售员中只有一位业绩突出的销售员曾拿到过3000元的月工资，而且当初许诺的住房实际上只是一间住着8个人、不足30m^2的破旧仓库。当小赵愤愤不平地找到与他签约的副总经理理论时，对方却阴沉着脸说：“那是口头说的，并没有写进合同，再说，你如果好好干，月工资肯定不低于3000元，至于住房，不就是条件差点吗?”

小赵找出当初签订的合同，条款中只写着“工资待遇高”，住宿方面则是“由公司提供住处”，而且规定聘用期为3年，应聘方如果毁约，须按毁约时间交纳每年5000元的违约金，小赵这才知道自己已经骑虎难下。

第一节 保证打工的安全

大学生在校期间参加社会实践活动，一方面可以通过打工等社会实践赚取一些酬劳，增强大学生的独立意识；另一方面还可以为将来步入社会积累

课堂笔记

一些工作经验。但大学生社会阅历不足，自身安全意识淡薄等原因，保证大学生打工的安全已经成为大学生安全教育课程中不容忽视的问题。

一、大学生打工的现状

（一）大学生打工的基本情况

（1）大学生打工的观念转变。由于社会经济发展，人们的收入增加，大部分学生打工已经不仅为赚取零花钱，更多的是为了积累一些实践经验。当前大学生面临着毕业后的择业问题，由于就业压力大，很多学生选择利用课余时间进行社会实践活动，为融入社会做准备。

（2）多数大学生有过打工经历。据调查，绝大多数的大学生都利用课余时间做兼职工作，星期六、星期天是大学生社会实践活动的黄金时间。另外，学生都有寒暑假，假期实践时间相对较长，并且学业相对轻松，因此，假期成为大学生外出打工的“旺季”。

（3）大学生兼职工作具有局限性。由于受工作的时间、类型、渠道等问题的限制，大学生兼职工作具有极大的局限性。大学生寻找工作一般是通过中介公司、校园小广告和同学、朋友的介绍，求职渠道狭窄。在选择工作时，一些技术专业要求较低，时间安排较灵活的工作成为大学生的首选。

（4）很大一部分学生在打工过程中遇到自身权益被损害的问题。由于大学生没有社会实践经验，而且绝大部分求职心切，一些不法之徒乘虚而入。据调查，近四成的大学生在打工过程中自身权益受到伤害。

（5）大学生打工的安全意识薄弱。虽然越来越多的学生逐渐意识到自我保护的重要性，但从整体情况上看，大学生打工的安全意识仍不强。大学生在校园里接受的教育与社会实践工作有很多不适应的地方，大多数学生外出打工时，能考虑到自身安全的问题，但由于缺乏一些必要的防范知识，还是比较容易上当受骗。

（二）常见的大学生兼职工作

1. 家教

家教是大部分学生选择兼职工作的首选，从学生择业的角度来说，可以用到自己所学的知识，锻炼自己的能力；从家教工作的特点来说，工作相对轻松，工作环境相对安全、稳定，且劳动报酬稳定。

2. 促销

大部分企业是在周末和假日进行产品促销，工作时间集中，不与学习时间冲突。一般企业招聘学生都是做临时或短期促销工作，大学生在促销工作中可以锻炼与人沟通的能力，还可以结交很多朋友。

3. 服务生

服务生的工作也是很受学生欢迎的兼职工作。这类工作对学生所学专业没什么限制，一般也不需要什么工作经验，学生可以根据自己的时间随意安排。服务生的工作可以锻炼学生提高综合能力，如待人接物、社交礼仪、反应能力、记忆能力等。

课堂笔记

4. 网络兼职

由于计算机和网络的发展，使网络兼职成为一种新型的兼职模式。学生可以通过网络进行网页文字采编、设计、制作网页等，还有的学生在网上开店铺，当然这也是自主创业的一种模式。这类工作的方式和地点灵活，不受时空限制，而且学生可以根据自己的兴趣，发挥专业优势。

5. 自主创业

当前我国大学生就业形势严峻，国家鼓励大学生创业，自主创业已成为备受在校大学生青睐的一种兼职模式。自主创业就意味着很多问题学生要自主决策，这样可以锻炼学生的管理、决策等各方面的能力。

（三）家长对大学生打工的态度

调查显示，绝大部分的家长认为，大学是学生生涯中一个特殊阶段，是学生从学校走向社会的一个过渡期，在此期间，学生不仅要掌握所学的专业知识，还要锻炼为人处世等方面的能力，以便很好地适应以后的社会工作。因此，大部分家长支持自己的孩子在课余时间参与一些社会实践活动。因为大学课程安排没有中学凑紧，课业压力也轻松许多，家长们认为学生外出打工一方面可以充实课余时间，另一方面能接触到社会，帮助学生学会用自己的视角来透视社会；同时，还可以锻炼学生自己处理问题的能力，多参加社会实践活动可以帮助他们克服困难，他们取得劳动成果的过程就是自我价值实现的过程。

另外，也有一部分家长不同意自己的孩子在大学期间外出打工。他们认为学生生涯的主要任务就是学习，在外打工必然会挤掉很多学习时间，专业知识不扎实，将来就不能在社会上立足。还有部分家长，他们的家庭环境相对优越，认为孩子外出打工辛苦，不想孩子受苦。

二、大学生打工的常见问题及注意事项

（一）常见的兼职陷阱

（1）用人单位收取押金。一些用人单位招聘大学生做兼职工作，然后以各种借口向学生收取押金或保障金，并承诺在工作结束后退还。等学生交了押金后，这些单位又以职位暂满或工作未安排妥当为借口，要学生等消息，然后便没了踪影，学生所交的押金和保障金也就打了水漂。

（2）非法中介。由于学生找工作的渠道过窄，一些学生又求职心切，非法中介机构趁机进行不法行为，骗取中介费。非法中介机构的中介费用非常高，收取中介费后又不能及时地为学生找到合适的工作，一拖再拖，直到不了了之。还有一些不法中介，不断变换办公地点，专门骗取中介费。很多学生在交了中介费以后，中介机构却消失得无影无踪，学生根本不知道详细的联系方式，使有关部门的追查工作无法展开。

（3）娱乐场所的高薪诱惑。高薪是吸引学生求职的一个重要手段，一些娱乐场所利用高薪吸引求职的学生，做一些代客泊车、侍者的工作。这些场所一旦进入，很多学生便会难以自拔，误入歧途。

（4）女生家教。许多不法分子，以找家教为借口，单独约女大学生见面。

课堂笔记

有的女学生在对方约见时，不加考虑便去赴约，自身安全意识薄弱，使自己身处险境。

（二）大学生外出打工的注意事项

大学生虽然知识水平较高，但是在校园的保护下，大多学生脱离社会实践，思想单纯，在复杂的社会现实面前容易上当受骗。在一项调查中显示，大部分打工的学生都会遇到拖欠、克扣工资等现象。大学生同农民工一样，在打工市场上属于弱势群体。当前，大学生打工的队伍不断壮大，维护打工大学生的合法权益也越来越受到重视。为增强大学生打工的安全防范意识，保障学生的切身利益，要注意以下事项：

1. 确认用人单位的合法性

在找到一份自己满意的工作时，一定要保持理智的认识，在正式工作之前一定要确认用人单位是否具备法人资格、工商管理部门颁发的营业执照、拥有固定的营业场所等问题，以确定用人单位的合法性。如果该单位既无固定的营业场所也没有合法的执照等，无论多么中意的工作，也不要应邀就职。大学生运用法律维护自身安全的意识不强，在找工作的时候，如果用人单位没有固定的工作场所，会引起大部分学生的怀疑，但是对于该单位是否具备法人资格、具有工商管理部门颁发的营业执照等问题容易疏忽。在这里提醒出外打工的大学生，一定要确保所要工作的单位是合法的用人单位。

2. 不要轻易交纳任何形式的押金

无论用人单位以任何借口收取押金或保证金，一定要谨慎对待。一般用人单位在与劳动者订立劳动合同时，不会收任何形式的定金、保证金或抵押金。如果不小心缴纳了一定数额的押金，尔后被用人单位克扣，不予返还，则造成了经济损失。如果不得不签，就应在签订劳动协议时，把押金的性质、数额、返还时间等内容详细地写进去，用法律的手段，维护自身的利益，有了劳动协议的保障，用人单位就不能随意克扣押金，大学生的合法权益得以维护。

3. 小心使用相关证件

当用工单位要求学生以本人的身份证、学生证等相关证件做抵押时，一定要拒绝。一旦证件流失到不法分子手中，成为非法活动的工具，不但对自身的安全不利，还给社会造成了损失。另外，证件的复印件也要谨慎使用，在使用复印件时最好在复印件上写明使用目的，如果可以的话，尽量在使用完毕后收回。

4. 签订劳务协议

因为大学生没有与用人单位签订合法的劳动协议，有些用工单位在工作结束时找各种理由克扣学生工资，大学生的合法权益没有得到保障。大学生要学会维护自身权益，在工作之前要与用工单位签订劳动协议，协议书一定要明确大学生工作的权利、责任和义务，如工资额度、发放时间、安全等关系到学生切身利益的内容一定要在协议中详细说明。以便发生纠纷时，有据可依。

5. 谨防黑中介骗取钱财

有一些非法的中介机构，抓住大学生没有社会经验又求职心切的心理，趁机收取高额的中介费。收了费用以后不履行合同，不能及时地为大学生找

课堂笔记

到工作。因此，大学生在通过中介机构找工作时，一定要明确该中介机构是否有劳动部门颁发的《职业介绍许可证》，或者在网上进行查询，了解其经营范围、经营情况是否与执照相符等问题。通过中介找工作，一定要请资质高、信誉好，并有一定知名度的正规中介机构帮忙联系。一方面这些单位内部管理制度规范，可以保护大学生的利益；另一方面良好的群众监督和社会监督也从侧面保障了大学生打工的安全。

6. 不要掉进传销的陷阱

传销是一种扰乱经济秩序，牟取非法利益的行为。近年来，大学生误入传销骗局的事件时有发生。一些单位以销售人员的名义招聘大学生上岗工作，很多学生被传销美丽的陷阱所迷惑，不能及时清醒，愈陷愈深，有些则在高回扣的诱惑下，不惜欺骗自己的同学、亲戚和朋友，害人害己。大学生在通过同学或朋友的介绍找工作时，一定要小心谨慎，以防自己在不知不觉中陷入传销陷阱，使自己的身心受到伤害。

7. 不到娱乐场所工作

相对而言，在娱乐场所工作的薪资较高，比如服务员、代客泊车等，薪水不菲。一些大学生对自己十分有信心，认为自己可以抵制各种诱惑，只赚取劳动所得，但是一旦进入，就深陷其中，不能自拔。另外，娱乐场所环境复杂，鱼龙混杂，常常有各种不法分子出没，到这里工作，人身安全没有保障。因此，大学生尽量不要到酒吧、歌舞厅等娱乐场所工作。

8. 远离高危工作

由于大学生缺乏工作经验，或者受所学专业限制，有些大学生为赚钱，从事一些高危工作。比如到建筑工地工作、进行机械零件加工等，这些工作危险系数高、劳动强度大，容易发生意外。并且一些学生身单力薄，再加上没有经验，容易受到伤害。因此，在选择工作时，尽量远离此类工作。

9. 女生尽量不单独出行、赴约

尽管社会不断发展，女人的地位不断提高。但身体条件的限制和社会分工的差异性，决定了女生还属于弱势群体。一些女生自我保护和防范意识比较差，在对方以家教或面试等借口约见时，没有经过考虑就单独赴约，给自身的安全带来极大的威胁。因此，女生尽量不要单独外出赴约。最好不要在夜间工作，如果可能的话，可以和同学结伴外出工作。

三、大学生打工安全的方法和技巧

近年来，我国一直在提倡教育改革，为了适应高等教育改革的需要，加强学生素质教育，增强大学生的社会实践能力，《中华人民共和国教育法》明确规定了大学生可利用课余时间，通过自己的能力、专业特长为他人或单位提供服务。但是现实社会错综复杂，在校大学生出外打工还需要个适应期，除了要注意上述所说的问题，现在将把一些方法和技巧介绍给大家。

（一）避免轻信，保持警觉

有些不法分子利用大学生涉世未深、对自己和社会了解不足，诈骗大学生的钱财，对大学生打工的安全造成威胁。有些不法分子以高薪诱惑，年薪上百万元的职位让大学生放弃了警觉心，抱着试试看的心态，结果得不偿失。大学生急于找工作的心理，给一些利欲熏心的人找到了假借招聘骗取钱财的机会。他们以报名费、服装费、培训费、证件费等各种名义收取钱财，但并不安排实际工作，而是等骗取到一定的钱财后销声匿迹。大学生在找兼职工作时，一定要认真选择。只要仔细研究，就能看清招聘中的各种“猫腻”。大学生要对自己的职业生涯发展有清楚的构想，找到最合适自己的职位。

（二）确定用人单位正规合法，从事合法的兼职工作

大学生可以通过多种途径了解用人单位。观察公司的外部环境和人员情况，如用人单位办公所在地的环境、单位工作人员的基本素质等，对于这些摆在眼前的东西不要视而不见，这些能传达公司的基本情况，还可以通过打听了解单位运营以及发展的概况。所谓“听”要有听的技巧，不能听片面之词，要“耳听八方”。比如上网找资料，发帖询问等，对于一些无法通过网站资源追踪的小公司，则可以与前台、保安等工作人员聊天，得到不少关于公司的信息。通过多途径再三确认用人单位的实际情况，确保其正规性、合法性，避免自己不知不觉中从事了不合法的工作，以免自身安全受到伤害。

（三）从正当的渠道获取信息

可靠的信息渠道是大学生维护打工安全的重要保障。很多大学生被骗就是因为轻信了不合理的信息，所以要掌握从正当的渠道获取信息的一些方法和技巧。首先，从正规的中介机构获取招聘信息是很多大学生的选择，但前提是这家中介机构一定要正规，不要找一些规模小、不合法的中介机构。其次，要积极利用人脉关系，通过父母、亲戚或者老师来获得兼职工作。另外，可以很好地利用网络信息，从正规的招聘网站上获取招聘信息。目前，通过网上投简历获得工作机会是毕业大学生找工作的主要途径，而在校期间找兼职工作的大学生还没有很充分地利用网络资源。但是由于网络信息多而杂，很多问题根本不能追踪，因此，大学生在选择招聘网站和工作时要加倍小心。

（四）工作期间做好自身安全的防护工作

获得一份合适的工作并不意味着就很好地维护了大学生打工的安全，在工作期间，大学生应提高安全意识，做好自身安全的防护工作。大学生要严格遵守国家的相关规定和工作单位的规定，严防火灾、偷盗、交通事故的发生，以保证自己的生命、财产安全不受威胁和侵害。具体的安全防护工作如：积极主动地学习劳动安全的基本常识，有不懂的地方可以向专家、管理人员请教，努力提高专业工作技能，从根本上保障工作过程中的人身安全；在往返学校与实习地点的路上，要注意保管好自己的钱物，贵重物品一定要看管好，不要随意放置，同时要学会观察周围人员的情况，途中不要长时间睡觉；外出办事时尽量走人员较多的道路，单独外出时要提高警觉。遵守交通规则，避免交通事故等。

四、维护大学生打工安全的措施

1. 重视学生打工的安全教育，提高学生掌握相关知识的能力

维护学生的安全，是学校不可推卸的责任和使命。对于大学生打工的安

课堂笔记

全学校也应给予足够的重视，合理安排相关专业课程，不断创新教学方法，让学生更好地掌握相关专业知识。根据学校的实际情况，尽可能地给学生们创造实际体验的机会，如果条件允许，要适当地鼓励学生亲身经历，并且给予相关的指导。通过理论联系实际。学生在课堂上学到的知识才能更扎实，在实践应用的时候才能更有效果。

2. 定期举办相关讲座，加强对学生兼职工作的指导

在关于大学生外出打工的问题上，学校要在思想上给学生一个正确的引导。大学生做兼职不应该只为了钱，要很好地指引学生怎样树立一个正确的打工观念，预防学生因盲目地找寻工作机会而误入歧途。另外，学校应该为学生外出打工提供一些服务，例如专门提供一些打工信息，组织相关的招聘会等，学校应对用人单位进行考察、审核，这样不但便于学生找到合适的工作，还可以很好地维护学生的安全，保护学生在工作中的合法权益。

第二节　认清就业的陷阱

随着我国高校毕业生的逐年增加，大学生的就业问题已成为社会关注的焦点。受就业形势的影响，有些不法分子抓住了大学生急于就业的心理，利用各种手段对大学生的人身和财产进行侵犯。对此，大学生应该提高自我防范意识，认清就业中常见的陷阱，避免上当受骗。

一、大学生就业安全的现状

随着我国经济的发展和社会的不断进步。越来越重视提高国民的素质，因此，也就越来越重视教育。在短短的几年时间，高等教育从精英教育走向了大众化教育。近几年高校扩大招生规模，高校毕业生的人数呈跳跃性增长的态势，大学生的就业问题面临着严峻的形势。目前，我国正处于社会的转型期，还处于经济建设的摸索期。大学生就业的劳动力市场还不够健全、规范。就目前形势看，高校对毕业生就业指导的力度不够。学生毕业后面临生存的压力，很多学生求职心切，在求职过程中疏忽了自身安全，给了一些不法分子乘虚而入的机会。上述原因，导致大学生在就业过程中存在着许多安全隐患。

当前，各类人才招聘成了毕业大学生所青睐的求职渠道，各高校在毕业生即将离校的时候，也举办了不同规模的招聘会，学校对招聘单位的审核，无疑对大学生就业安全起到了保障作用。然而，还有很多毕业生通过人才市场来获得就业的机会。目前，人才市场上出现了不少“假招聘”，甚至有些“招聘陷阱”，这些不法分子有的利用大学生求职心切，自身专业技术不过关，亟须入职培训收取高额的培训费。还有一些招聘单位以招聘为名，推广企业形象。更有甚者，有些单位受中介之“托”，只招不聘，收取中介的回扣。这些问题导致大学生在投递简历、资料，缴纳不菲的入场费、培训费后，就业问题还是得不到解决。当前大学生就业形势日益严峻，利用“假招聘”骗取大学生钱财的现象也越来越普遍，成为一个需要引起我们重视的社会问题，

政府有关部门、学校以及毕业生需要提高警惕，认清各种形式的就业陷阱，抵制违法行为，维护大学生就业安全。

对于刚刚走出校园，步入社会的大学生来说，在求职的时候最容易遭遇就业陷阱。就业陷阱指用人单位以招聘就业为名义，非法牟利的活动。就业陷阱可谓五花八门，如以试用的名义廉价谋取毕业生的劳动力的试用期陷阱，收取押金、培训费等各种不合理的费用，承诺高薪的工资陷阱，考试无偿占有网页设计、广告设计方案的智力陷阱等。但是无论哪种就业陷阱，只要我们仔细分析就会发现它们都有一个共同点，就是那些所谓的用人单位，根本不是为企业招聘人才为目的，只是利用毕业生求职心切，经验不足的弱点，来榨取学生的钱财和劳动力。当前很大一部分大学生在择业时会遭遇到就业陷阱。

二、大学生择业时面临的安全问题和常见的就业陷阱及防范

（一）人身安全问题

1. 误入传销，自由受限

传销是一种非法牟利的不法行为，一些传销组织为获得利益，抓住大学生急于求职的心理，诱骗大学生加入其中。这些不法的传销组织通常把企业包装成一个实业公司，招聘毕业生工作，在面试时承诺“待遇高，工作轻松，发展前景好”，一旦大学生上当受骗后，就通过各种形式的培训，对大学生进行“洗脑”，甚至限制大学生的人身自由。

当前，非法传销活动猖獗，并且向高校渗透发展。这些非法传销组织具有很强的欺诈性和隐蔽性，不仅危害了青年的成长，而且不利于社会的稳定发展。由于就业压力大、社会经验不足、力求工作理想化、心智发育不成熟等弱点，使大学毕业生逐渐成为传销组织拉拢加盟的对象，面对传销组织强烈的思想攻势和环境熏陶，一些大学生成为传销理念的支持者和行动的实践者，不仅自己误入歧途，还拉拢亲戚、朋友进入其中。

非法传销组织紧紧抓住大学生的心理特点，以“就业、创业、招聘”为名诱骗大学生从事传销活动，传销组织不仅骗取钱财，还控制大学生的思想。部分学生上当受骗后，被传销组织非法控制，失去人身自由。有的大学生不能清醒地认识传销组织的危害，深陷其中，无法自拔。因此，非法传销给大学生的生命安全带来严重的威胁。

2. 警惕以雇用为名，图谋实施性侵害的陷阱

近年来，大学生就业面临着严峻的形势，对于部分专业的女大学生来说，就业更是困难重重。随着社会经济的发展，社会环境也日益复杂，很多不法分子利用女大学生涉世未深的弱点，以工作轻松，待遇优厚等条件诱骗女大学生从事非法活动，这些单位在选用女大学生时大都挑选年轻貌美的，女大学生在谋求就业岗位稍有不慎，就有可能被骗财骗色，甚至付出生命的代价。

女大学生遭受性侵犯的案例层出不穷，要在全社会范围内引起足够的重视。这类陷阱主要是抓住女大学生盲目、不成熟的心理，一些不法单位经常以招聘“形象代表”“公关模特”“礼仪小姐”等名义进行招聘，在薪资待遇

课堂笔记

上一般都标有“待遇从优”等字眼，有的女大学生思想单纯，以为可以凭借自己的良好形象和气质从事正常的工作，获得比较丰厚的酬劳，其实这些招聘背后往往都是一个个令人不齿的交易。

女大学生应聘工作时，尽量做到以下几点：

（1）面试着装应尽量职业化，力求大方得体，不要穿过于暴露的衣服。

（2）面试时老板过分亲热或者请吃饭，一定要提高警惕。

（3）尽量不要跟着别人去人少的地方，更要远离一些鱼龙混杂的娱乐场所，在公众场合女生最好不要喝酒。

（4）不要轻易和刚接触的人过于熟络，更不能轻易答应别人送自己回家，如果需要晚回家，最好和朋友搭伴，或者走人多的地方。

（二）财产安全

1. 入职时被骗取各种费用

这类骗局在大学毕业生求职过程中出现最为普遍，且骗术屡屡得逞。一些招聘单位伪造证照和劳动合同进行虚假招聘，向应聘的毕业生收取各类保证金、体检费、上岗费、培训费，获得毕业生缴纳的费用后，就音信全无。

2. 用人单位以各种借口恶意克扣薪酬

因为试用期辞退应聘者不用担负任何法律责任，一些用人单位招聘毕业生上岗工作，在试用期即将结束时，便找出各种理由辞退一批毕业生，再招新人进入公司，周而复始，利用试用期骗取廉价劳动力，来降低企业运营成本。

3. 警惕非法中介的陷阱

当前，很多非法中介，打着为毕业生解决工作问题的招牌，骗取大学生的押金、保证金。大学生选择工作单位时，最好直接与用人单位接触，面对面地交流。如果可能，尽量避免中介介入，尤其是那些规模小、没有资质、甚至无正式执照的“劳务介绍所”，更不要将自己的有效身份证件，如身份证等，随便交给这些所谓的中介，还要警惕，不能随便在他们提供的文件上签字。这类中介往往在当求职者交纳一定数目的中介费后，列出一系列原因，以用人单位不要人、不雇用应届毕业生等借口，不给大学生解决就业问题。实际上这些不法中介只是借用招聘公司来吸引求职者，这些单位一般都不需要招聘新人，甚至有的单位根本不存在。

大学生在求职时一定要弄清中介是否合法，一般要做到以下几点：

（1）看清对方营业执照，并上网进行查询。验证职业介绍许可证和营业执照是否齐全，是否持证持照经营，看清收费项目和标准，了解是否明码标价等。除了具有中介许可证之外，一般会将营业执照悬挂在大厅等较显眼位置。求职的大学生一定要看清对方营业执照，并了解其经营范围是否与其所称的相符。

（2）一般情况下招聘单位是不应该收任何形式的钱财。早在 1995 年，国家就明确要求用人单位不得以任何名义向应聘者收取报名费、抵押金、保证金等费用。如果确实要收，求职者一定要问清理由，并将这些费用的性质、收取时间、归还时间等都详细地写进协议中。另外，绝对不押任何有效证件。

（3）寻找法律帮助。《中华人民共和国刑法》第二百六十六条规定：诈骗公私财物，数额较大的，处三年以下有期徒刑、拘役或者管制，并处或者单处罚金；数额巨大或者有其他严重情节的，处三年以上十年以下有期徒刑，并处罚金；数额特别巨大或者有其他特别严重情节的，处十年以上有期徒刑或者无期徒刑，并处罚金或者没收财产。本法另有规定的，依照规定。

《中华人民共和国民法通则》第八十九条第三款规定：当事人一方在法律规定的范围内可以向对方给付定金。债务人履行债务后，定金应当抵作价款或者收回。给付定金的一方不履行债务的，无权要求返还定金；接受定金的一方不履行债务的，应当双倍返还定金。

4. 警惕皮包公司的陷阱

大学生求职时常常遇到这种情况，就是未向某公司投送过简历，却被通知去面试。安全意识较高的大学生一般会先上网查询该公司是否合法。这类公司大多都是非法的、不正当的。当接到面试通知，上网查看，就会发现同一个电话、地址可能注册了好几个公司，而且涉及的领域各不相同。遇到这种情况，一定要提高警惕，以免给自己带来损失。

对于警惕这类陷阱，有以下几点建议：

（1）通过年检鉴别皮包公司。求职的毕业生如果接到一些自己并不了解或者并未投放简历的公司的面试通知，应该事先向工商管理等相关部门查询、核实该公司的真实情况。

（2）大学生还可以带上身份证，亲自到当地工商管理部门查询用人单位的年检情况，确定该单位的真实情况后，再做选择。

（三）信息安全

近年来，社会上一些不法分子利用招聘获取学生个人信息，然后联系家长，编造学生遇到交通事故、生病住院等谎话，向毕业生家长、同学骗取钱财。随着科技和网络的发展，这种骗术进一步发展为盗用手机号、QQ 号等进行诈骗活动。所以，我们一定要警惕网上招聘陷阱。

当前网上的诱人广告是琳琅满目，如“鼠标一点，就可黄金百万”，等等。难道天上真的可以掉馅饼，可以不劳而获吗？其实这些一般都是陷阱。当前，国内有许多网站由于技术能力的限制无法一一辨别每条信息的真伪。有的信息可随意填写，一个人有时可以同时注册多个网站，发布各种信息。有一些网站，在广告上吹嘘自己的网站拥有十几万个高薪职位可供查询，可实际上这些信息经过一段时间以后，绝大多数已成为无效的信息垃圾。此外，还有一些不法分子打着招聘的旗号来骗取钱财，通过网上付款等形式获得收益后就消失得无影无踪了。

提防此类陷阱的几点建议：

（1）获取招聘信息的渠道一定要正确，必须是在正规的媒体或是网站发布的。

（2）不要相信短信、QQ 等不明信息。

（3）要学会理性地认识和分析网上的相关信息。

（4）收到面试通知时，一定要仔细核查该公司的真实情况。

课堂笔记

（四）劳动合同方面的安全

1. 有的单位不签订劳动合同

当前就业形势严峻，找到一份合适的工作不容易，一些毕业生因害怕失去工作机会而不敢提及合同的问题。还有的毕业生要求签订合同，但用人单位以各种借口进行推脱，久而久之，签合同的问题就不了了之。还有的毕业生将《高校毕业生就业协议》与《劳动合同》分不清楚，以为二者意义相同，因此有了《就业协议书》就没有要求单位签订《劳动合同》。

2. 有的单位签订的合同有失公平

一方面，由于就业形势比较严峻，求职者众多，因此毕业生在择业过程中处于被动地位；另一方面，由于缺乏实践经验和法律常识，在签订合同时，很多用人单位都提出了一些不合理的条款，如违约金、服务期等。

3. 警惕劳动合同中的隐形陷阱

对于求职者来说，签订劳动合同是就业必须认清的问题。毕业生找到工作后，一定要签订劳动合同，不要相信用人单位的花言巧语。让劳动合同留下空白，这样不利于日后维护自己的合法利益。《中华人民共和国劳动法》（以下简称《劳动法》）明确指出，不管就业期限长短，雇佣双方都应主动要求签订劳动合同。也就是说，就业一定要签订劳动合同。由于工作性质、内容的不同，劳动合同的具体细则也不尽相同，然而有关合同期限、工作内容、劳动报酬、福利待遇、合同双方的权利及责任等基本内容，一般的劳动合同里都要体现。

毕业生在与用人单位签订劳动合同时应注意以下问题：

（1）签订的劳动合同应当合法。

（2）要仔细查阅《劳动法》对试用期的明确规定。

（3）工作内容中的劳动条件在所签订的合同里应详细写明。

（4）对毕业生来说，要掌握一些必要的、相关的知识，如法律常识等。

（5）在入职工作后，要及时地与用人单位签订劳动合同。

（6）法律依据：《中华人民共和国劳动法》第十九条劳动合同应当以书面形式订立，并具备以下条款：

①劳动合同期限；

②工作内容；

③劳动保护和劳动条件；

④劳动报酬；

⑤劳动纪律；

⑥劳动合同终止的条件；

⑦违反劳动合同的责任。

劳动合同除前款规定的必备条款外，当事人可以协商约定其他内容。

三、大学毕业生就业的安全防范

大学毕业生求职心切且涉世未深，在求职过程中，一定要特别注意人身、财产、交通等安全问题，不要为了找工作失去警惕，要注意并学会识别和防

课堂笔记

范求职陷阱。大学毕业生就业的安全防范，主要应做到以下几方面：

（一）多方面、多角度、多渠道了解用人单位的情况

了解用人单位的情况，要完全确认该单位是否正规，业务是否合法，包括是否拥有合法的营业执照和经营许可证，是否有投诉或不良记录等。一般高校举办招聘会，学校就业办公室都会认真核实招聘的单位情况，毕业生可以放心应聘。但是对于通过中介或网上投简历获得面试机会的单位，就要仔细地了解情况。了解一个单位情况主要采取以下方法：

（1）上网查看该单位登载的营业项目、报上刊登的项目与面试现场所见到的是否一致。

（2）登录有关管理部门的网站查看，或向亲戚朋友打听，确认该单位是否被列入企业黑名单之中。

（3）打114查询。正规的、有一定规模的单位都会在114查询功能中查到相关业务电话、办公地址等，对于一些只留个人移动电话而不留办公固定电话的单位，求职者要高度警惕。

（二）选择正确的求职途径，辨清各种招聘信息

（1）通过正规途径获得招聘信息。有的毕业生通过一些非正规渠道获得的招聘信息已经过时或失实，这耗费了毕业生的许多财力、人力和时间。同时，这些非正规渠道的招聘信息，欺骗成分也会相当大。因此，大学生在求职过程中一定要对信息的真实性与有效性进行核实。现在有很多不法分子利用毕业生期望高职高薪的心理，打出诱人的薪水和福利待遇来欺骗毕业生，而且这些招聘信息大多发布在一些非法网站、路边野广告上等，为了保障自身的就业安全，大学生应尽量通过一些正规的渠道获取招聘信息，正规的网站和中介机构等对用人单位信息都会进行审核。

（2）通过正规的、合法的中介找工作。如果是通过职业介绍中心等中介机构找工作，一定要弄清其是否合法。合法职介机构应持有职业介绍许可证、营业执照、税务登记证、收费许可证等，合法经营资格及政府的严格管理，对大学生就业安全起到了保护作用。

（3）尽量通过合法网站获取招聘信息。随着社会经济和网络技术的发展，网上求职成为一个发展趋向。由于网上的信息多而杂，不容易辨别信息的真假，因此，毕业生网上求职时，要搜寻正规合法的网站，而且要保护好个人资料的安全，防止因个人信息泄露给行骗者以可乘之机，避免给自己带来麻烦和损失。

（三）警惕被卷入任何形式的传销活动

由于目前非法传销活动形式多样，且有向校园渗透的趋势，因此大学生在求职时，一定要特意提防各种形式的传销活动。毕业生一旦不慎卷入传销活动中，一定要加强自我保护意识，想方设法脱离非法组织的控制，向公安部门报警，寻求法律保护。

（四）填写应聘资料时要留有余地，以维护信息安全

（1）在求职简历上不要填写过于详尽的资料。

（2）在应聘工作时，不要交证件、证书的原件，只交复印件，并且注明

课堂笔记

"仅供应聘使用"。

(3) 个人的联系方式最好只留移动电话号码和电子邮件地址，固定电话号码可留学校就业工作老师或辅导员的办公电话，尽量不要提供家庭的详细住址和电话号码。

(五) 在签订劳动合同时要谨慎

毕业生要熟悉《中华人民共和国劳动法》，掌握一些必要的法律知识，用来维护自己基本的工作权利、休息权利及其他权利。目前，一般用人单位都会为员工购买社会养老保险、医疗保险、失业保险、住房公积金、工伤保险金。大学生在签订劳动合同时，一定要认真、审慎，使自己的合法权益得到有效保障。

温馨提示

大学生警惕陷传销陷阱

2020 年 6 月 9 日，海南海口市龙昆北派出所捣毁一传销窝点。该窝点的 13 名传销人员均为在校大学生。

2021 年 4 月 61 日，湖北和重庆警方联合行动，捣毁了重庆市渝北区的"欧丽曼"传销组织，解救了陕西、河北、湖北、云南等省数百名在校大学生及毕业生。

2021 年 11 月，南京市工商局召开新闻会，通报了一起不法传销分子利用大学生成立非法传销组织，进行传销活动的特大传销案。此案涉及 33 所高校、834 名大学生，骇人听闻。

传销的五大骗术

骗术一：传销的利润来源不是靠零售产品而是靠下线入会的费用

传销组织中等级严格，共分为会员、培训员、推广员，代理员和代理商 5 个等级。根据每个人的业绩，由低到高逐级晋升，发展 1 名下线就可成为会员，按入门费的 15%提取报酬；发展 3~9 人可成为培训员，按入门费的 20%提成；发展 10~64 人可成为推广员，发展 65~391 人为代理员，按入门费的 42%提成；发展 392 人以上的为代理商，可按其所收取入门费的 52%提成。

骗术二：暴力与精神双重控制

传销实际上是有组织的犯罪活动。传销组织采取暴力和精神双重控制，使参加者很难脱离它。不少人被"洗脑"后，深陷其中，不能自拔，对传销和变相传销理念深信不疑。除此之外，传销组织还逼迫参加者发展下线，继续诱骗亲属朋友、同学等加入。由于传销人员发展对象多为亲属、朋友、同学、同乡、战友，其不择手段的欺诈方法，导致人们之间的信任度严重下降，引发亲友反目，甚至家破人亡。

骗术三：没有商品的"销售"

非法传销活动已发展到无商品销售阶段，就是俗称的"拉人头"销售。这些传销以骗来多少人为依据进行计酬和提成，所谓的商品只是作为一个媒介，并没有到消费者的手里。

骗术四：利用互联网进行传销和变相传销

成都市工商局和公安局成功破获了美国互联网基金的一个传销组织。其组织自称通过在全世界发行、融资，建立一个覆盖世界各城市（包括街道、乡镇）的庞大商品配送体系。其具体做法是：通过他人介绍，使用介绍人的注册名称和密码，登录网站认购一定的基金，认购后即成为基金的销售会员，三年内可获得一定金额的回报；如果继续介绍他人加入，不断推销基金，还能不断得到报酬。

骗术五：以介绍工作为由骗学生加入传销组织

传销组织以招工为由，利用年轻人积极向上，渴望成功的心态，掩盖非法传销的事实，加之传销组织采取限制人身自由等手段，导致一些在校学生迷失于传销中难以自拔。还有一些参加传销的学生对传销组织者宣称的“一夜暴富”观念产生兴趣，或被传销头目提出的“平等”“关爱”等虚拟的东西所迷惑。

知识小卫士

网络求职防身术

第一关：求职渠道

尽量选择正规网站，如专业的招聘网站、教育部门门户网站、高等学校的毕业生就业网、企业网站和大型综合网站的人才频道或行业网站进行浏览、注册，其信息可信度相对较高。

正规的人才网站会对个人简历中的重要信息，如联系方式、电子邮箱、家庭住址等做一定程度的保密处理，只有向网站提供合法资质证明的招聘单位才能看到，但非正规的网站很难保证信息安全。

第二关：简历填写

招聘机构需要毕业生填写网上简历，会选择在本公司网站上刊登信息和链接，或通过知名人才招聘网站，一般不会委托不知名的网站和第三机构进行，如果遇到以知名企业的名义招聘，却要求求职者在非以上类型的网站填写个人信息的情况，大学生应通过招聘企业网站或致电进行核实。

(1) 按照网上提供的简历模板将详细情况填写在相应的位置，不要为增加被检索概率等原因将重要的个人信息留在不该填写的位置。

(2) 填写简历时，不要忽略个人简历的公开程度，尽量不要使自己的个人简历处于无条件公开的状态，以免被滥用。

(3) 不要在网上填写银行账号或留下家庭详细地址、固定电话等重要信息。

(4) 应确保放在招聘网站的个人简历可以随时在线修改和删除。

(5) 填写内容确认后要认真设定密码，不要忽略注册和修改密码。

(6) 不要随意将自己的生活照片发到网站上，如有必要，可提交证件照。

第三关：信息鉴别

有些公司采用多种招聘方式，在网站、报纸、人才市场同时进行招聘，一般这类公司招聘的规模大，比较可信。

课堂笔记

虚假招聘信息一般有以下特点：招聘单位联系地址不详细或根本不留，联系电话为移动电话，没有固定电话，寻找托词拒绝出示相关资质证明。如大学生网上求职时遇到以上情况，要慎之又慎。

如果招聘机构招聘要求宽松，工资待遇超常，要求高薪试用，或有其他附加条款必须提高警惕，要核实信息的真伪。

学会筛除垃圾信息，以免延误求职时机。注意广告刊登次数。同一单位在短时间内连续刊登相同的招聘广告，说明该企业招聘的人数多且急，求职的可能性较大。若一个单位数周后再次刊登同样的广告，说明该单位待遇不很好，很难招到人或招到人后留不住人，应三思而行。

第四关：电话通知

对待陌生的面试通知电话和其他陌生询问电话，尤其是自己未投递过简历的公司，不要透露过多的个人信息。对于通知面试的电话，一定要对公司的地址及面试地址进行核实，以辨别是否是“皮包公司”。毕业生不要轻易相信电话里的承诺。

第五关：面试防御

如果网上的单位将面试地点选在宾馆等临时租借来的场地，尽量避免单独前去面试。

如果要求到外地或很偏远的地方面试，在对招聘单位没有详细了解的情况下，不要贸然行动。

第六关：网上协议

填写网上简历等信息时，不要忽略免责条款，并注意条款内容是否有明显侵害个人利益之处。

不要仅根据网上协议就仓促决定与用人单位的双向选择，应基于更具法律效力的书面合同和协议。

不要仅根据网上招聘要求便签订网上协议，同意提交创意，设计等智力作品，以免不法分子使用模糊条款免责，盗用智力作品。

课堂笔记

第十一章　自然灾害：不可松懈的警钟

案例思考

汶川特大地震，发生于北京时间2008年5月12日（星期一）14时28分04秒，震中位于四川省阿坝藏族羌族自治州汶川县映秀镇与漩口镇交界处。根据中国地震局的数据，此次地震的面波震级达8.0Ms、矩震级达8.3Mw（根据美国地质调查局的数据，矩震级为7.9Mw），地震烈度达到9度。地震波及大半个中国及亚洲多个国家和地区，北至辽宁，东至上海，南至香港、澳门地区和泰国、越南，西至巴基斯坦均有震感。汶川特大地震严重破坏地区超过10万km^2，其中，极重灾区共10个县（市），较重灾区共41个县（市），一般灾区共186个县（市）。截至2008年9月18日12时，汶川特大地震共造成69 227人死亡，374 643人受伤，17 923人失踪，是新中国成立以来破坏力最大的地震，也是唐山大地震后伤亡最严重的一次地震。经国务院批准，自2009年起，每年5月12日为全国“防灾减灾日”。

第一节　了解自然灾害

自然灾害是人类依赖的自然界中所发生的异常现象，自然灾害对人类社会所造成的危害往往是触目惊心的。它们之中既有地震、洪水、海啸、火山爆发、泥石流、台风等突发性灾害；也有地面沉陷、土地沙漠化、干旱、海岸线变化等在较长时间中才能逐渐显现的渐变性灾害；还有臭氧层变化、水体污染、水土流失、酸雨等人类导致的环境灾害。近10年来，自然灾害每年给我国造成的经济损失都在1000亿元以上，常年受灾人口达2亿多人次，我国已成为世界上灾害频发、受灾面广、灾害损失严重的国家之一。因此，大学生了解一些防备自然灾害的常识是十分必要的。厄尔尼诺现象自2014年5月爆发以来，已经持续20多月，导致我国乃至全球多地出现极端天气，诱发多种自然灾害，造成非常严重的人员伤亡和财产损失。

一、自然灾害的特点

世界范围内重大的突发性自然灾害包括：旱灾、洪涝、台风、风暴潮、冻害、雹灾、海啸、地震、火山、滑坡、泥石流、森林火灾、农林病虫害等。

课堂笔记

我国的自然灾害种类繁多。地震、台风、暴雨、洪水、内涝、高温、雷电、大雾、灰霾、泥石流、山体滑坡、海啸、道路结冰、龙卷风、冰雹、暴风雪、崩塌、地面塌陷、沙尘暴等，每年都要在全国和局部地区发生，造成大范围的损害或局部地区的毁灭性打击。

自然灾害形成的过程有长有短，有缓有急。有些自然灾害，当致灾因素的变化超过一定强度时，就会在几天、几小时甚至几分、几秒钟内表现为灾害行为。例如火山爆发，地震、洪水、飓风、风暴潮、冰雹、雪灾、暴雨等，这类灾害称为突发性自然灾害。旱灾、农作物和森林的病、虫、草害等，虽然一般要在几个月的时间内成灾，但灾害的形成和结束却比较快速、明显，所以也把它们列入突发性自然灾害。另外，还有一些自然灾害是在致灾因素长期发展的情况下，逐渐显现成灾的，如土地沙漠化、水土流失、环境恶化等，这类灾害通常要经过几年或更长时间的发展，则称之为缓发性自然灾害。

许多自然灾害，特别是等级高、强度大的自然灾害发生以后，常常诱发出一连串的其他灾害，这种现象叫灾害链。灾害链中最早发生的起作用的灾害称为原生灾害，而由原生灾害所诱导出来的灾害则称为次生灾害。自然灾害发生之后，破坏了人类生存的和谐条件，由此还可以衍生出一系列其他灾害，这些灾害泛称为衍生灾害。如大旱之后，地表与浅部淡水极度匮乏，迫使人们饮用深层含氟量较高的地下水，从而导致了氟病，这些都称为衍生灾害。

二、常见的地质灾害

（一）地震

地震是地下岩石发生破裂并释放弹性波传到地表所引起的振动。它是经常发生的有规律的自然现象，是地壳运动的一种特殊形式。地震发生时间短，具有突发性，破坏力大，会给人类生命财产造成严重损失。除了直接造成房倒屋塌和山崩、地裂、砂土液化、喷砂冒水外，还会引起火灾、爆炸、毒气蔓延、水灾、滑坡、泥石流、瘟疫等次生灾害。据有关部门统计，地震灾害造成的伤亡人数占自然灾害伤亡人数的一半以上。我国是世界上陆地国家地震灾害最为严重的国家之一，发生地震的次数约占全球的33%。

（二）滑坡

滑坡是指斜坡上的土体或者岩体，受河流冲刷、地下水活动、地震及人工切坡等因素影响，在重力作用下，沿着一定的软弱面或者软弱带，整体地或者分散地顺坡向下滑动的自然现象。俗称“走山”“垮山”“地滑”“土溜”等。

产生滑坡的主要条件：一是地质条件与地貌条件。岩土类型、地质构造条件、地形地貌条件、地下水活动等水文地质。二是内外引力和人为作用的影响。地壳运动的地区和人类工程活动的频繁地区是滑坡多发区。

外界因素和作用，可以使产生滑坡的基本条件发生变化，从而诱发滑坡。主要的诱发因素有地震、降雨、融雪、地表水的冲刷、浸泡；不合理的人类工程活动，如开挖坡脚、堆载、爆破、水库蓄（泄）水、矿山开采等，还有

课堂笔记

如海啸、风暴潮、冻融等作用也可诱发滑坡。

（三）泥石流

泥石流是指在山区或者其他沟谷深壑，地形险峻的地区，因为暴雨暴雪或其他自然灾害引发的携带有大量泥沙以及石块的特殊洪流。泥石流具有突然性以及流速快、流量大、物质容量大和破坏力强等特点。发生泥石流常常会冲毁公路铁路等交通设施甚至村镇等，造成巨大损失。

（四）崩塌与雪崩

陡峭斜坡上的岩土体在重力作用下突然脱离母体崩落、滚动，最后堆积在坡脚或沟谷的地质现象，称为崩塌。引发崩塌的原因与滑坡类似，其中有大雨、暴雨和长时间连续降雨、地表水的冲刷等自然因素，也有开挖坡脚，造成陡峭面而发生崩塌的人为因素。崩塌的影响范围和规模比滑坡要小，但崩塌是急剧的、短促的、猛烈的，同样有很大的破坏作用。

雪崩是一种自然现象，大量积雪从山坡上突然崩落下来，就叫雪崩。雪崩可分为干雪崩、湿雪崩，也可以叫作粉雪崩和块雪崩，它们的形成和发生有不同的地貌和气候条件有关。雪崩是一种所有雪山都会有的地表冰雪迁移过程，它们不停地从山体高处借重力作用顺山坡向山下崩塌，崩塌时速度可以达 20~30m/s。体积可以是几百立方少至几千立方米，甚至更多。雪崩在有人居住或滑雪场等地方是一种严重的灾害，常会造成房屋倒塌和人员伤亡。

三、常见的气象灾害

（一）雷电

雷电是伴有闪电和雷鸣的一种雄伟壮观而又有点令人生畏的放电现象。雷电一般产生于对流发展旺盛的积雨云中，因此常伴有强烈的阵风和暴雨，有时还伴有冰雹和龙卷风。积雨云顶部一般较高，可达 20km，云的上部常有冰晶。冰晶的凇附，水滴的破碎以及空气对流等过程，使云中产生电荷。在放电过程中，闪电的平均电流是 3 万 A，最大电流可达 30 万 A。雷电会击中人员、建筑物或各种设备，常会造成人员伤亡和经济损失。

（二）洪水

洪水是由暴雨、急骤融冰化雪、风暴潮等自然因素引起的江河湖海水量迅速增加或水位迅猛上涨的水流现象。江河定期的涨水现象称为汛，汛期是指江河连续涨水的时期。我国处于低纬度季风区，易受台风的强烈影响，暴雨洪水频繁发生。

（三）冰雪天气与暴雨天气

冰雪天气包括大幅度降温、暴风雪、寒流等低温冰雪天气，主要危害是封锁道路、积雪覆盖草场、冻伤冻死人畜、摧毁水电暖气设施等，给人们的生活造成极大的威胁。我国属季风大陆性气候，冬、春季时天气、气候诸要素变化率大，导致各种冰雪灾害每年都有可能发生。

我国气象上规定，24 小时降水量为 50mm 或以上的强降雨称为“暴雨”。特大暴雨是一种灾害性天气，往往造成洪涝灾害和严重的水土流失，导致工

课堂笔记

程失事、堤防溃决和农作物被淹等重大的经济损失。特别是对于一些地势低洼、地形闭塞的地区，雨水不能迅速宣泄，造成农田积水和土壤水分过度饱和，会形成更多的地质灾害。2016 年，我国多地因暴雨启动“看海”模式，给我国造成严重的人员伤亡和财产损失。

（四）高温天气

气象学上，气温在 35℃以上时可称为高温天气，如果连续几天的最高气温都超过 35℃时，即称作高温热浪天气。高温天气对人体健康的主要影响是产生中暑以及诱发心、脑血管疾病，导致死亡。

据 1951~2009 年的资料统计，在我国省级以上城市中（除拉萨外）出现高温天气的，以重庆的次数最多，达 1853 天，西宁最少，只有 3 天。我国的新疆盆地也是高温的频发地，像吐鲁番多次出现全月（六七八月）所有天都为高温的情况。

（五）沙尘暴天气

沙尘暴是沙暴和尘暴两者兼有的总称，是指强风把地面大量沙尘物质吹起卷入空中，使空气特别浑浊，水平能见度小于 1km 的严重风沙天气现象。其中沙暴是指大风把大量砂粒吹入近地层所形成的挟沙风暴，尘暴是指大风把大量尘埃及其他细粒物质卷入高空所形成的风暴。沙尘暴的危害方式，大体可归纳为四种：沙埋、风蚀、大风袭击和污染大气环境。

（六）大风天气

平均风力达 6 级（即风速 10.8m/s 以上）或以瞬时风力达 8 级或以上（风速大于 17.8m/s），以及对生活、生产产生严重影响的风都可称为大风。大风除有时会造成少量人员伤亡、失踪外，主要破坏房屋、车辆、船舶、树木、农作物以及通信设施、电力设施等。大风又可分为暴风、飓风和龙卷风。

1. 暴风

暴风是指大而急的风，高出地面 10m，平均风速为 28.5~32.6m/s。暴风往往与雨相伴，每次发生的时间较为短促。

2. 飓风

飓风是指发生在大西洋西部的热带空气旋涡，是一种极强烈的风暴，相当于西太平洋上的台风。高出地面 10m，平均风速大于 32.7m/s。

3. 龙卷风

龙卷风是风力极强而范围不大的旋风，是自积雨云中下伸的漏斗状云体。形状像一个大漏斗，轴线一般垂直于地面，在发展的后期因上下层风速相差较大可呈倾斜状或弯曲状。其下部直径最小的只有几米，一般为数百米，最大可达千米以上；上部直径一般为数千米，最大可达 10km。龙卷风的尺度很小，中心气压很低，造成很大的水平气压梯度，从而导致强烈的风速，往往达到每秒 100 多 m，破坏力非常大。在陆地上，能把大树连根拔起来，毁坏各种建筑物和农作物，甚至把人、畜一并卷起；在海洋上，可以把海水吸到空中，形成水柱。这种风少见，范围小，但造成的灾情却很严重。

课堂笔记

四、常见的海洋灾害

（一）风暴潮

来自高纬地带的冷空气与来自海上的热带气旋通过交互影响，使沿海大风与巨浪接连发生，因此形成风暴潮。西太平洋是生产风暴潮最多的地区。

（二）海冰

海冰是有害水冻结而成的，也包括流入海洋的河冰和冰山等。海冰是极地海域和某些高纬度区域里突出的海洋灾害之一。我国冬季易于结冰的有渤海、黄海北部和辽东半岛沿海海域，以及山东半岛部分海湾。

（三）海啸

海啸主要是太平洋沿岸国家遭受的由于猛烈的地震所引起的海洋灾害。

海啸形成的条件：引起海啸的海底地震震源较浅，一般要小于20~50km，震级一般在里氏震级的6.5以上；必须有海底的大面积垂直运动，发生海底地震的海区要有一定的水深，尤其是横跨大洋的大海啸，一般水深都在1 000m以上。

海啸在滨海区域的表现形式是海水陡涨，骤然形成向岸行进的“水墙”，并伴随着隆隆巨响，瞬时侵入滨海陆地，吞没良田和城镇、村庄，然后海水又骤然退去，或先退后涨，有时反复多次，对人类造成生命财产的巨大损失。

（四）赤潮

赤潮是因海水中一些微小的浮游植物、原生动物或细菌，在一定的环境条件下突发性的增殖，引起一定范围内在一段时间中的海水变色现象。

赤潮会引起海洋异变，局部中断海洋食物链，威胁海洋生物的生存。有些赤潮生物的体外排泄或死亡后分解的黏液，覆盖其他海洋动物滤食和呼吸，从而使其窒息死亡。赤潮生物所含毒素被海洋动物摄食后造成鱼、虾、贝类等中毒死亡。有的还会使脊椎动物和人类在食用后中毒死亡。

第二节　防范地质自然灾害

我国是一个自然灾害频发的国家，因此，了解相关自然灾害的防范措施与自救方法，有利于大学生在遇到突发的自然灾害时保证自己的人身安全。

一、地震危机的应对

一旦发生地震，千万不要惊慌，要保持镇静，不要拥挤乱跑。应根据所在位置采取适宜的避震措施，并投入地震救护工作中去，以减少相应的损失。

（一）在户外遇到地震

（1）地震时若在户外，千万不能冒着大地的震动进屋去抢救亲人，要克制感情避免更大伤亡，首先保存自己，才能在地震过后及时抢救亲人、朋友。

（2）山区傍山而建的建筑物内的居民、村民，要迅速撤离到安全地带，

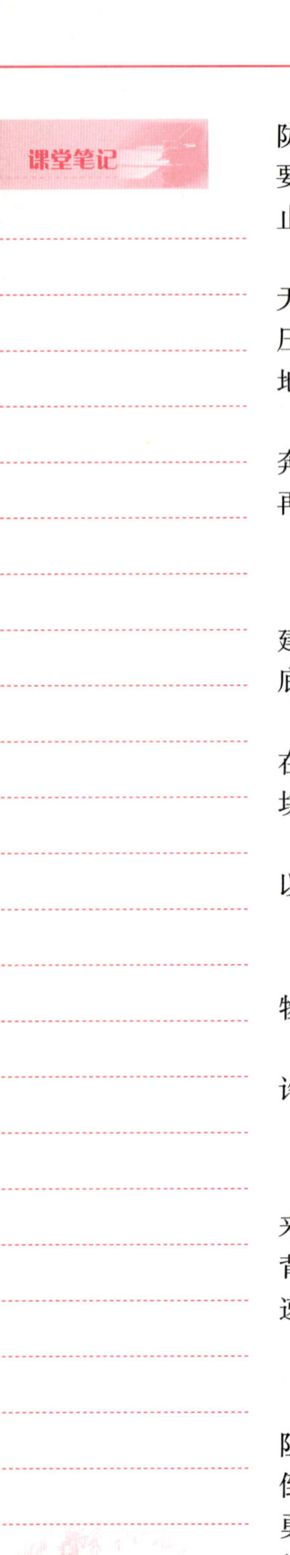

防止山体滑坡、坍塌和泥石流等地震引起的灾害危险。如果在山坡，千万不要跟着滚石往山下跑，而应躲在山坡上隆岗的背后，同时还要远离陡崖，防止滑坡、泥石流对人的威胁。

（3）如果在街上行走时地震，最好将携带的皮包或柔软的物品顶在头上，无物品时也可用手护在头上，尽可能做好自我防御的准备。应该迅速离开变压器、电线杆等危险设施、设备和围墙、狭窄巷道等，跑向比较开阔的空旷地带。

（4）地震时如果处在有毒气体的化工厂厂区，要朝污染源的上风处迎风奔跑，如果伤员是氯气中毒，这时不要进行人工呼吸，待移动到安全地带，再行紧急抢救。

（二）在屋内遇到地震

（1）地震突发时，若在家中，切不可贸然外逃，特别是居住在高层楼房，建筑物密集公寓区等。应立即在居所选择较理想的地方躲避，如床下、桌子底下。单元楼内，可选择开间小的卫生间、厨房、储藏室及墙角。

（2）农村地震时可逃出户外，来不及时，最好也在室内避震，比如可躲在桌下、床下或其他理想的地方，依靠它们的支撑，挡住砸下的水泥块和砖块等；要注意远离窗户。外逃时，最好头顶被子、枕头或安全帽。

（3）地震突然发生后，必须抓住时机拉断电源、关闭煤气、熄灭炉火，以防火灾和煤气泄漏等次生灾害。

（4）夜间地震时，要尽快向安全地带转移。

（5）地震过后，房内人员应有组织、有秩序地迅速撤离已遭破坏的建筑物。高层住户向下转移时，千万不能跳楼，也不能乘电梯。

（6）为防止地震时门框变形打不开门，在防震期间，如家居安全条件允许，最好不要关门。

（三）在行驶的汽车、电车、火车内遇到地震

在行驶中遇到地震应抓牢扶手，以免摔伤、碰伤，同时要注意行李掉下来伤人。作为面朝行李方向的人，可用胳膊靠在前排椅子上护住头和面部；背向行李方向的人可用胳膊护住后脑，并抬膝护腹，紧缩身体。地震后，迅速下车向开阔地转移，正在行驶的车辆应该紧急刹车。

（四）地震后被压埋人员的自救

从防震的角度来讲，各种室内的应急措施都是十分软弱和有限的，不会阻止房屋的破坏和倒塌，因此人员有可能会被压埋在建筑物下。大地震中被倒塌建筑物压埋的人，只要神志清醒，身体没有重大创伤，都要鼓起求生的勇气，要消除恐惧心理，坚定生存信念，妥善保护好自己，积极实施自救，能自我离开险境者，应尽快想办法脱险。

（1）设法将手脚挣脱出来，清除脸上的灰土和压在身上的物件，特别是腹部以上的压物，等待救援。

（2）要尽量用湿毛巾、衣物或其他布料捂住口、鼻和头部，防止灰尘呛闷发生窒息，也可以避免建筑物进一步倒塌造成的伤害。

（3）用周围可以挪动的物品支撑身体上方的重物，避免进一步塌落；扩

大活动空间，保持足够的空气。

(4) 寻找和开辟通道，设法逃离险境，朝着有光线、空气流通或更安全宽敞的方向移动。

(5) 寻找延迟生命的物品。如找到代用品和水，要有计划地节约使用，尽量延长生存时间，等待救援。

(6) 保存体力，不要盲目大声呼救。在周围十分安静，或听到上面（外面）有人活动时，应利用一切办法与外界联系，如用砖、铁管等物敲打墙壁，向外界传递消息，当确定不远处有人时，再呼救。

(7) 几个人同时被压埋时，要互相鼓励，共同计划，团结配合，必要时采取脱险行动。

二、滑坡危机的应对

（一）滑坡的判断

(1) 大滑动之前，在滑坡前缘坡脚处，有堵塞多年的泉水复活现象，或者出现泉水（井水）突然干枯，井（钻孔）水位突变等类似的异常现象。

(2) 在滑坡体中，前部出现横向及纵向放射状裂缝，它反映了滑坡体向前推挤并受到阻碍，已进入临滑状态。

(3) 大滑动之前，滑坡体前缘坡脚处，土体出现上隆（凸起）现象，这是滑坡明显的向前推挤现象。

(4) 大滑动之前，有岩石开裂或被剪切挤压的音响。这种现象反映了深部变形与破裂。动物对此十分敏感，有异常反应。

(5) 临滑之前，滑坡体四周岩（土）体会出现小型崩塌和松弛现象。

(6) 如果在滑坡体有长期位移观测资料，那么大滑动之前，无论是水平位移量或垂直位移量，均会出现加速变化的趋势。这是临滑的明显迹象。

(7) 滑坡后缘的裂缝急剧扩展，并从裂缝中冒出热气或冷风。

(8) 临滑之前，在滑坡体范围内的动物惊恐异常，植物变态。如猪、狗、牛惊恐不宁，不入睡，老鼠乱窜不进洞。树木枯萎或歪斜等。

（二）应对滑坡危机的措施

(1) 静。当你不幸遭遇山体滑坡时，首先要沉着冷静，不要慌乱。慌乱不仅浪费时间，而且极可能做出错误的决定。

(2) 跑。遇到山体滑坡，应迅速撤离到避难场所。遇到山体崩滑时要朝垂直于滚石前进的方向跑，切忌在逃离时朝着滑坡方向跑，更不要不知所措，随滑坡滚动。千万不要将避灾场地选择在滑坡的上坡或下坡。

(3) 躲。跑不出去时应躲在坚实的障碍物下。山体滑坡来势汹汹，如果你无法继续逃离，应迅速抱住身边的树木等固定物体，躲避在结实的障碍物下，或蹲在地坎、地沟里，应注意保护好头部，可利用身边的衣物蒙住头部。

(4) 等。滑坡停止后，不应立刻回家检查情况。因为滑坡会连续发生，贸然回家，可能会遭到第二次滑坡的侵害。只有当滑坡已经过去，并且自己房屋远离滑坡地点，确认完好安全后，方可进入。

课堂笔记

（三）山体滑坡后如何救人

（1）第一时间拨打救援电话，对于尚未滑动的滑坡危险区，一旦发现可疑的滑坡活动时，应立即报告邻近的村、乡、县等有关政府或单位。

（2）做好滑坡地区的排水工作，可根据具体情况砍伐随时可能倾倒的危树和高大树木。

（3）从滑坡体的侧面开始挖掘，先救人，后救物。遇到昏迷者及时给予心肺复苏。

三、泥石流危机的应对

（一）泥石流的判断

（1）当发现河（沟）床中正常流水突然断流或洪水突然暴涨并夹带较多的柴草、树木时，可确认河（沟）上游已形成泥石流。

（2）仔细倾听是否有从深谷或沟内传来的类似火车轰鸣声或闷雷式的声音，即使听到的这种声音极微弱，也应认定泥石流正在形成，此时须迅速离开危险地段。

（3）沟谷深处变得昏暗并伴有轰鸣声或轻微的振动感，则说明沟谷上游已发生泥石流。

（二）应对泥石流的措施

（1）当前 3 日及当日的降雨累计达到 100mm 时，处于危险区的人员应立即撤离。当听到危险区内有轰鸣声、主河洪水上涨或正常流水突然断流时，应立即意识到泥石流即将到来，应果断采取逃生措施。在逃生时，要向沟岸两侧山坡跑，爬得越快越高越安全。不要顺沟方向向上游或下游跑，不要停留在凹坡处。

（2）避开泥石流，应选择较高的基岩台地、低缓山梁上等安全处修建临时避险棚，切忌建在沟床岸边、较低的阶地、台地及坡脚、河道拐弯的下游边缘地带。

（3）泥石流非常危险，一旦陷入其中很难摆脱，万一不幸陷入其中，不要慌张，要大声呼救，并及时向后边的人发出警告，然后将身体后倾轻轻躺在沼泽地里；同时张开双臂，十指张大，平贴在地面上慢慢将陷入泥潭的双脚抽出来，切忌用力过猛过大，避免陷得更深。然后采取仰泳般的姿势向安全地带“游”过去，尽量以轻柔缓慢的动作进行，千万不要惊慌挣扎。

（4）泥石流发生后，沿河（沟）谷的道路也被掩埋破坏得无影无踪，泥沙满沟，行走时要防止跌伤、磕碰，避免发生各种外伤。

四、崩塌与雪崩危机的应对

（一）应对崩塌的措施

（1）夏汛时节，选择去山区峡谷旅游时，一定要事先收听当地的天气预报，不要在大雨后、阴雨连绵的天气进入山区沟谷。

（2）当斜坡底部或疏水孔有大量泥水透出时，显示斜坡内的水分已饱和，斜坡的中段、顶部有裂纹或新形成的梯级状，露出新鲜的泥土，都是山泥倾泻的先兆，应尽快远离这些斜坡。

(3) 当发现有崩塌的前兆时，应立即报告当地政府或有关部门，进行抢护，使危害降至最低程度，同时紧急加固或抢修各类临时防护工程，及时通知其他受威胁的人群，提高警惕，密切注意观察，做好撤离准备。

(4) 不要在凹形陡坡、危岩突出的地方避雨、休息和穿行，更不要攀登危岩。

(5) 当处于崩塌体上，感到地面有变动时，要立即离开，用最快的速度向两侧稳定的地区逃离。如遇山泥倾泻阻路，切勿尝试踏上浮泥前进，应立刻自行后退，另寻安全小路。

(6) 当处于崩塌体中部无法逃离时，找一块坡度较缓的开阔地停留，但不要与房屋、围墙、电线杆等靠得太近。

(7) 如他人被崩塌的山石埋没，应立刻通知有关部门准备适当工具进行救援，并迅速挖掘，争分夺秒救出被压埋者，尽早将伤员的头部露出来，马上清除其口腔、鼻腔内的泥土、沙石，保持呼吸道的通畅。

(8) 在搬运伤员中，为防止肢体活动，不论有无骨折，都要用夹板固定，并将肢体暴露在凉爽的空气中。

(9) 在崩塌道路设置警示牌，防止车辆和行人误入危险区。

(二) 应对雪崩的措施

发生雪崩必须马上远离雪崩的路线。

(1) 判断当时形势。雪崩时人员出于本能，会直朝山下跑，但冰雪也向山下崩落，而且时速达到200km。向下跑很危险，可能被冰雪埋住。向旁边跑较为安全。可以避开雪崩，或者能跑到较高的地方。

(2) 抛弃身上所有笨重物件，如背包、滑雪板、滑雪杖等。带着这些物件，倘若陷在雪中，活动起来会显得更加困难。

(3) 切勿滑雪逃生。不过，如处于雪崩路线的边缘，则可疾驶退出险境。

(4) 如果被雪崩赶上，无法摆脱，切记闭口屏息，以免冰雪涌入咽喉和肺部引致窒息。

(5) 抓紧山坡旁任何稳固的东西，如矗立的岩石之类。即使一时陷入其中，待冰雪泄完，便可脱险了。

(6) 如果被冲下山坡，要尽力爬上雪堆表面，同时以俯泳、仰泳或狗刨法逆流而上，逃向雪流的边缘。

(7) 逆流而上时，也许要用双手挡住石头和冰块，但一定要设法爬上雪堆表面。

第三节　防范气象自然灾害

俗话说：天有不测风云。目前我国对气象自然灾害已经能够进行一定程度上的预报，对此，大学生应该常听天气预报，做好相关的防范措施，掌握一些气象灾害的应对方法，保护自身安全。

课堂笔记

一、雷电危机的应对

（1）在户外遭遇雷电时，要及时躲避，不要在空旷野外停留；在空旷野外无处躲避时，要尽量寻找低洼之处（如土坑等）藏身，或者弯腰低头，抱膝抵胸，双脚合拢，尽量减小身体与地面的接触，远离山顶、孤立大树、高塔、电线杆、广告牌。

（2）雷雨天气在户外不要使用手机，远离电话、供电线路等输电设备。不靠近铁轨、金属长栏杆及外露的水管、煤气罐等金属物体，手中不要拿有金属杆的雨伞、铁器皿、铁锹等金属物品。

（3）如在江、河、湖泊游泳、划船、钓鱼时遇到雷雨天气，要立即停止，不要在开阔的水域和小船上，也不要在凸出的岩石或悬崖下躲避雷电。

（4）如果发现头发竖起或有蚂蚁爬走的感觉时，可能要被雷击，要立即趴在地上，并迅速摘下身上的金属饰品。

（5）在室内时，不应冒险外出。将门窗、电闸、煤气管道、自来水管道关闭；不接打电话，也不上网，不接触金属和带电装置。不要在雷电交加时用淋浴喷头洗澡。

（6）如多人共处室外，相互之间不要挤靠，以防被雷击中后电流互相传导。

（7）遭受到雷击的人可能被烧伤或严重休克，但身上并不带电，可以安全地加以处理和抢救，首先将伤员转移至安全的地方，然后拨打 120 电话求救。

（8）遇到受雷击被烧伤或严重休克的人，应马上让其躺下，扑灭身上的火，若伤者虽失去意识，但仍有呼吸和心跳，应立即送医院治疗。

（9）若伤员停止呼吸，在颈动脉（颈部一侧）处检查脉搏，如果没有脉搏，就立即对伤员进行人工呼吸等心肺复苏抢救，一直坚持到 120 医护人员到场。

二、洪水危机的应对

（1）注意收听收看天气预报。当天气预报连续预报有暴雨或大暴雨时，居住在河谷、低洼地带沿江沿湖地区的人们，就要提高警惕，随时注意水情的变化，及时采取适当的措施。应备足食品、衣物、饮用水、生活日用品和必要的医疗用品，妥善安置家庭贵重物品，也可将不便携带的贵重物品做防水捆扎后埋入地下或放到高处，票款、首饰等小件贵重物品可缝在衣服内随身携带。

（2）注意水位变化，一旦发生险情，要按照预先选择好的路线撤离易被洪水淹没的地区。

（3）如果洪水来势凶猛，已来不及撤离时，可爬上屋顶、墙头或附近的大树上，等候救援。土墙、泥缝砖墙住房，经水一泡随时都有坍塌的危险，只能作为暂时的避难场所，因此，还应寻找别的逃生办法。

（4）如果有可能，可吃些高热量食品，如巧克力、饼干等，喝些热饮料，

以增强体力。避难时，应携带好必备的衣物以御寒，特别要带上必需的饮用水，千万不要喝洪水，以免传染上疾病。

(5) 用手电筒、哨子、旗帜、鲜艳的床单、衣服等工具发出求救信号，以引起营救人员的注意，前来救助。

(6) 可借助木板、木床、箱子等可以在水上漂浮的东西逃生，但须注意，不到万不得已不要用这种办法。

(7) 在野外，山洪暴发时如来不及转移，要就近迅速向山坡、高地、楼房、避洪台等地转移，要设法尽快与当地政府救援部门取得联系，报告自己的位置和险情，积极寻求救援。

(8) 在野外不要沿着泄洪道方向跑，而要向两侧快速躲避；千万不要轻易涉水过河；不要游泳逃生，不要爬到泥坯房的屋顶，更不可攀爬带电的电线杆或铁塔。

(9) 在室内，为防止洪水涌入屋内，首先要堵住大门四周的所有空隙。最好在门槛外侧放上沙袋，沙袋可用麻袋、草袋或布袋、塑料袋，里面塞满沙子、泥土、碎石。如果预料洪水还会上涨，那么底层窗槛外也要堆上沙袋。

(10) 如果洪水不再上涨，应在楼上储备一些食物、饮用水、保暖衣物以及烧开水的用具。洪水到来时，来不及转移的人员，应立即爬上屋顶、楼房高层等高地暂避。

(11) 如洪水继续上涨，暂避的地方已难自保，则要充分利用准备好的救生器材逃生，或者迅速找一些门板、桌椅、木床、大块的泡沫塑料等能漂浮的材料扎成筏逃生。

(12) 如已被卷入洪水中，要尽可能抓住固定的或能漂浮的东西，寻找机会逃生。洪水水位未完全退却之前，不要到易被淹没的地带活动，也不要到淹没地带围观。

(13) 在通过受淹道路和下穿式通道时，要注意观察水情，树立警示牌，防止别人误入深水区或掉进排水口。

(14) 洪水退后，要协助防疫人员做好食品、饮水卫生和疾病防疫工作。不能食用动物尸体，水饮用前要彻底煮沸。

三、冰雪天气与暴雨天气危机的应对

(一) 应对冰雪天气的措施

(1) 随时收听天气预报，提前做好准备工作。储备足够的食品、饮用水、燃料和打火机及手电筒、蜡烛等，以防冰雪破坏供电、供水、煤气管道。

(2) 防寒不好的房屋应及时加固门窗避寒，同时为家畜备好饲料，在窝棚做好保暖工作。

(3) 得知冰雪天气警报后，为老人、孩子、心血管和肺部疾病患者做好防寒保暖准备。不要外出，并通过电话与外界保持经常的联系。

(4) 冰雪天气学生上学不要骑车，以防滑倒跌伤。行车应减速慢行，转弯时避免急转以防侧滑，踩刹车不要过急过死；驾驶人员应佩戴有色眼镜或变色眼镜保护视力。

课堂笔记

(5) 野外徒步行走遭遇暴风雪时，首先要选择干燥背风向阳的地方，如岩石、洞穴、树林或矮树丛等处藏身，接着用灯光、声音和通信工具紧急求救，藏身时绝不能睡着，以防冻伤。

(6) 在冰冷刺骨的地带要多运动，只要环境允许就要不停地活动。雪地水源丰富，一定要烧开才能饮用，否则会引起腹泻。

(7) 在野外随身携带的食品和饮用水用完后，可积极寻觅食物。对寻找的无毒食物和饮用水必须煮熟、煮沸后食用。

(8) 同伴局部冻伤时，应尽快将患者移往温暖的帐篷或山屋中，轻轻脱下伤处的衣物及所有束缚物，如戒指、手表等，可用皮肤对皮肤的传热方式，温暖患处，冻伤的耳鼻或脸，可用温毛巾覆盖，可慢慢地用与体温一样的温水浸泡患部使之升温。如果仅仅是手冻伤，可以把手放在自己的腋下升温，然后用干净纱布包裹患部，并送医院治疗。

(9) 当全身冻伤者出现脉搏、呼吸变慢的情况，要保证呼吸道畅通，并进行人工呼吸和心脏按摩，渐渐使身体恢复温度，然后速去医院。

(10) 冻僵的伤员已无力自救，救助者应立即将其转运至温暖的房间内，搬运时动作要轻柔，避免僵直身体的损伤。然后迅速脱去伤员潮湿的衣服和鞋袜，将伤员放在38℃~42℃的温水中浸浴。如果衣物已冻结在伤员的肢体上，不可强行脱下，以免损伤皮肤，可连同衣物一起浸入温水，待解冻后取下。

(二) 应对暴雨天气的措施

(1) 不要将垃圾、杂物丢入马路边的下水道，以防堵塞，积水成灾。

(2) 家住平房的居民应在雨季来临之前检查房屋，维修房顶。

(3) 预防居民住房发生小内涝，可因地制宜，在家门口放置挡水板、堆置沙袋或堆砌土坎。

(4) 暴雨期间尽量不要外出，必须外出时应尽可能绕过积水严重的地段。

(5) 在山区旅游时，注意防范山洪。上游来水突然混浊、水位上涨较快时，须特别注意。

(6) 室外积水漫入室内时，应立即切断电源，防止积水带电伤人。

(7) 在户外积水中行走时，要注意观察，贴近建筑物行走，防止跌入窨井、地坑等。

(8) 驾驶员遇到路面或立交桥下积水过深时，应尽量绕行，避免强行通过。

四、高温天气危机的应对

(1) 注意收听高温预报，饮食宜清淡。多喝凉开水、冷盐水、白菊花水、绿豆汤等防暑饮品。

(2) 高温时间外出时，应备好太阳镜、遮阳帽、清凉饮料等防暑用品。衣着要宽大舒适，以通风透气性好、吸湿性强的棉织物为宜，少穿化纤品类服装；长时间外出还要准备好十滴水、清凉油、人丹等防暑药物。

(3) 室内要注意保持通风，早晚可在室内适当洒水降温；如在户外工作，可早出晚归，中午多休息。

（4）合理安排作息时间。睡眠时注意不要躺在空调的出风口和电风扇下，以免患上空调病和热伤风，空调温度应控制在与室外温差5℃～10℃之间，室内外温差太大，反而容易中暑、感冒。

（5）出汗后，应用温水冲洗，洗净擦干后，在局部易出痱子的地方适当扑些痱子粉，以保持皮肤干燥。

（6）晒伤皮肤出现肿胀、疼痛时，可用冷水毛巾敷在患处，直至痛感消失。出现水泡，不要挑破，应请医生处理。

（7）一旦发现他人中暑，应尽快将其移到阴凉通风处，用冷水浸湿衣服，裹住身体，并保持潮湿，或者不停地扇风散热并用冷毛巾擦拭患者身体。直到体温下降到38℃以下，可用冷水毛巾敷于头部，饮用冷盐开水，口服十滴水5ml，太阳穴涂清凉油。

（8）如果中暑者意识比较清醒，应保持坐姿休息，头与肩部给予支撑。如果中暑者已失去意识，应平躺。给患者及时补充水分，通常服用口服补液盐，并且越凉越好。应多次少量地喝，不要大口喝，以免呕吐。如果病情严重，须送往医院救治。

（9）对于重症中暑者，应尽快进行物理降温，如在额头上、两腋下和腹股沟等处放置冰袋，以防止脑水肿，同时用冷水、冰水或者75%酒精（白酒亦可）擦全身。如果病情严重应及时就近送往医院治疗。

五、沙尘暴危机的应对

（1）沙尘暴天气应减少外出，必须外出时，最好使用滤尘口罩、防尘眼镜，穿戴防尘手套、鞋袜、衣服。也可用湿毛巾、纱巾等保护眼、口、鼻，以免沙尘暴侵害眼睛和损伤呼吸道。一旦尘沙吹入眼内，不能用脏手揉搓，应尽快用流动的清水或滴几滴眼药水冲洗。

（2）风沙天气外出回家后，可以用清水漱口，清理一下鼻腔，清洗面部，抹上补水护肤品；有条件的应该洗澡，更换衣服，保持身体洁净舒适，减少感染的概率，同时洗手、饮水。

（3）遭遇沙尘暴时，在室内应及时关闭门窗，必要时可用胶条对门窗进行密封，关闭电视、风扇等家用电器。

（4）如果在室外遇到沙尘暴，及时到商店、餐馆等安全处躲避。不要躲在广告牌、土墙、大树等易刮倒的设施旁；在野外，可用衣服蒙住头，以免吸入空气中的沙尘或被大风卷起的东西砸伤，同时蹲下身子，尽可能抓住牢固的物体。

（5）遇见强沙尘暴天气时，不要骑车赶路，应把车停放在安全处，等到狂风过后再行驶。

（6）在沙尘暴退去前，应暂时停止户外活动。

（7）沙尘暴期间，发生慢性咳嗽伴有咳痰或气短、气喘憋闷及胸痛等症状时，应尽快送医院诊治。

（8）尘沙干燥天气易出现唇裂、咽喉干痒、鼻子“冒烟”等情况，应多饮粥类、汤类、茶水、果汁，增加机体水分含量，补充丢失的水分，加快体

课堂笔记

内各种代谢废物的排出。

六、大风天气危机的应对

（1）要弄清楚自己所处的区域是否为大风将要袭击的危险区域。

（2）要了解安全撤离的路径，以及政府提供的避风场所（各级政府要做好预案）。

（3）要准备充足不易腐烂变质的食品和水。

（4）当外边的风变得越来越强时，要远离门窗，并躲在走廊中、空间小的内屋或壁橱中。关闭所有的内房间门，加固外门。

（5）如果在楼中居住，要待在楼的内间，比如洗澡间或壁橱中；如果居住的是多层的楼房，要待在一楼或二楼的大堂内或者是洗澡间内，并且远离门窗，必要时躺在桌子下面或者是坚固的物体下面。

（6）遇到龙卷风时，有地下室的应避开所有的窗户，立刻进入地下室，躲在坚实的桌子或工作台下。千万不要躲在重物附近的地方，以免龙卷风破坏了房屋的结构，造成这些重物倒塌而压伤人。没有地下室的应立即进入一间小的、位于中间的房子，如厕所、壁橱或最底层的内部过道。脸朝下，用手护住头部，蹲伏于地板上。用厚的垫子，如床垫或毯子盖在身上，以防掉落的碎物砸伤身子。

（7）龙卷风来临时，在办公楼内应立即进入楼房中心，处于封闭的、无窗户的区域，要避开窗户。一定不要乘电梯，因为如果一旦停电，将可能被困在电梯内。

（8）在龙卷风期间，切记不可任何原因而停留在活动房屋内。在活动房屋外面远比在活动房屋内有更大的存活机会。如果所在的社区有龙卷风避难所，或者附近有一个坚实的建筑物，应立即进去躲避。

第四节　防范海洋自然灾害

我国拥有漫长的海岸线，海洋在给我们提供丰富资源的同时也带来了一些危害，我们应该掌握相应的一些应对措施，把灾害降到最小。

一、风暴潮危机的应对

按照诱发风暴潮的大气扰动特性，把风暴潮分为由热带气旋所引起的台风风暴潮（或称热带风暴潮，在北美称为飓风风暴潮，在印度洋沿岸称为热带气旋风暴潮）和由温带气旋等温带天气系统所引起的温带风暴潮两大类。我国是世界上两类风暴潮灾害都非常严重的少数国家之一，风暴潮灾害一年四季均可发生，从南到北所有沿岸均无幸免。

应对风暴潮应采取以下措施：

（1）收听天气预报，船只不要出港。

（2）有风暴潮发生时远离海岸线。

课堂笔记

（3）提高对防台风、防风暴潮的认识。加大宣传力度，提高干部群众防台风、防风暴潮的自觉性，对沿海社区进行防台风、防风暴潮培训，拆除违禁养殖物，提高防台风、防风暴潮的整体作战能力。

（4）制订防台、防风暴潮应急预案。根据台风、风暴潮预报警报，迅速部署应急防范措施，及时向各有关部门、渔业生产单位和渔船发布预警信息。养殖生产设施在台风、风暴潮来临前 24 小时完成加固。养殖生产人员及养殖船、筏在台风、风暴潮来临前 12 小时撤离至安全区域。

（5）进行沿海防台、防风暴潮设施建设，提高防护能力。

（6）建立防台、防风暴潮预警机制，确保迅速启动，准备有序，保障有力。

二、海冰危机的应对

（1）注意观测。发现海冰后要向有关部门及时报告。

（2）不要在海冰发生的海面行船。

（3）可向海面倾撒煤灰，利用其吸收日光热量来融化海冰。

（4）可使用炸药，炸出一条航路。

（5）可使用燃料加热来融化海冰。

三、海啸危机的应对

（1）对海洋进行检测，建立海啸的预警机制。

（2）要听从相关部门的指挥，该撤离时要在规定时间内马上离开。

（3）积极履行社会责任，迅速开展灾后抢救、赈灾与灾后重建工作。

温馨提示

台风预警信号

台风预警信号分四级，分别以蓝色、黄色、橙色和红色表示。

（一）台风蓝色预警信号

标准：24h 内可能或者已经受热带气旋影响，沿海或者陆地平均风力达 6 级以上，或者阵风达 8 级以上并可能持续。

防御指南如下：

（1）政府及相关部门按照职责做好防台风准备工作。

（2）停止露天集体活动和高空等户外危险作业。

（3）相关水域水上作业和过往船舶采取积极的应对措施，如回港避风或者绕道航行等。

（4）加固门窗、围板、棚架、广告牌等易被风吹动的搭建物，切断危险的室外电源。

（二）台风黄色预警信号

标准：24h 内可能或者已经受热带气旋影响，沿海或者陆地平均风力达 8 级以上，或者阵风达 10 级以上并可能持续。

课堂笔记

防御指南如下：

(1) 政府及相关部门按照职责做好防台风应急准备工作。

(2) 停止室内外大型集会和高空等户外危险作业。

(3) 相关水域水上作业和过往船舶采取积极的应对措施，加固港口设施，防止船舶走锚、搁浅和碰撞。

(4) 加固或者拆除易被风吹动的搭建物，人员切勿随意外出，确保老人小孩留在家中最安全的地方，危房人员及时转移。

(三) 台风橙色预警信号

标准：12h内可能或者已经受热带气旋影响，沿海或者陆地平均风力达10级以上，或者阵风达12级以上并可能持续。

防御指南如下：

(1) 政府及相关部门按照职责做好防台风抢险应急工作。

(2) 停止室内外大型集会、停课、停业（除特殊行业外）。

(3) 相关水域水上作业和过往船舶应当回港避风，加固港口设施，防止船舶走锚、搁浅和碰撞。

(4) 加固或者拆除易被风吹动的搭建物，人员应当尽可能待在防风安全的地方，当台风中心经过时风力会减小或者静止一段时间。切记强风将会突然吹袭，应当继续留在安全处避风，危房人员及时转移。

(5) 相关地区应当注意防范强降水可能引发的山洪及地质灾害。

(四) 台风红色预警信号

标准：6h内可能或者已经受热带气旋影响，沿海或者陆地平均风力达12级以上，或者阵风达14级以上并可能持续。

防御指南如下：

(1) 政府及相关部门按照职责做好防台风应急和抢险工作。

(2) 停止集会、停课、停业（除特殊行业外）。

(3) 回港避风的船舶要视情况采取积极措施，妥善安排人员留守或者转移到安全地带。

(4) 加固或者拆除易被风吹动的搭建物，人员应当待在防风安全的地方，当台风中心经过时风力会减小或者静止一段时间。切记强风将会突然吹袭，应当继续留在安全处避风，危房人员及时转移。

(5) 相关地区应当注意防范强降水可能引发的山洪及地质灾害。

知识小卫士

危难时刻求救六招

1. 抛物求救

在高楼遇到危难时，可抛掷软物，如枕头、书本、空塑料瓶等，引起下面注意并指示方位。

2. 烟火求救

在野外遇到危难时，白天可燃烧新鲜树枝、青草等植物发出烟雾；晚上可点燃干柴，发出明亮耀眼的火光向周围求救。

3. 摆字求救

用树枝、石块、帐篷、衣物等一切可利用的材料，在空地上堆摆出"SOS"或其他求救字样。每字至少长6m，便于空中搜救人员识别。

4. 光线求救

遇到危难时，可以用手电筒、镜子反射阳光等办法求救。每分钟闪照6次，停顿1分钟后，再重复进行。

5. 声响求救

遇到危难时，除了喊叫求救，还可以吹响哨子、击打脸盆或其他能发声的金属器皿，甚至打碎玻璃等物品向周围发出求救信号。

6. 莫尔斯电码求救

用莫尔斯电码发出SOS求救信号，是国际通用的紧急求救方式。此电码将S表示为"…"，即3个短信号；O表示为"---"，即3个长信号。长信号时间长度约是短信号的3倍。这样，SOS就可以用"三短、三长、三短"的任何信号来表示。可以利用光线，如开关手电筒、矿灯、应急灯、汽车大灯、室内照明灯，甚至遮挡煤油灯等方法发送。也可以利用声音，如哨音、汽笛、汽车鸣号甚至敲击等方法发送。每发送一组SOS，停顿片刻再发送下一组。

课堂笔记

第十二章 急救与保险：意外出现时的保障

案例思考

张宇是一个登山爱好者，暑假里的一次户外探险让他险些丧命，至今仍心有余悸。当时，他爬山时不慎踩到一块松动的石头，滚到了半山腰，左臂受伤动弹不得。他意识到左臂可能骨折，于是急忙用手机报警。在救援人员没有到来之前，张宇用以往学过的急救知识对伤口进行了简单的处理，然后用毛巾将受伤的手臂包扎起来。半个多小时后，救援人员赶来将他送进医院，由于抢救及时，没有造成严重的伤害。

第一节 常见的医药知识

药物作为维护人类健康的特殊物品，在研制、生产、销售、使用的各个环节都受到相应法规的严格控制，参与这些环节的组织机构或者个人都要经过政府主管部门授予相应的权限。对药品的使用者，也就是药品消费者来说，获得和使用某些药品不是任意的。因此，大学生应该具有一定的医药知识，以免错用和滥用药物。

一、药物的分类

按照不同的标准，药物可分为不同的类别。通常，一种是按是否需要医生处方分为处方药和非处方药，另一种是按药物的成分与制作工艺的不同分为中药和西药。

（一）处方药与非处方药

1. 处方药

处方药，简称RX药，是为了保证用药安全，由国家卫生行政部门规定或审定的，须凭医师或其他有处方权的医疗专业人员开具处方才能购买，并在医师、药师或其他医疗专业人员监督或指导下方可使用的药品。处方药大多属于以下几种情况：

（1）上市的新药，对其活性或副作用还要进一步观察。

（2）可产生依赖性的某些药物。例如吗啡类镇痛药及某些催眠安定药物等。

课堂笔记

（3）药物本身毒性较大。例如抗癌药物等。

（4）用于治疗某些疾病所需的特殊药品。如治疗心脑血管疾病的药物，须经医师确诊后开出处方，并在医师指导下使用。此外，处方药只准在专业性医药报刊进行广告宣传，不准在大众传播媒介进行广告宣传。

2. 非处方药

非处方药是指为方便公众用药，在保证用药安全的前提下，经国家卫生行政部门规定或审定后，不需要医师或其他医疗专业人员开具处方即可购买的药品，一般公众凭自我判断，按照药品标签及使用说明就可自行使用。这些药物大都用于多发病、常见病的自行诊治，如感冒、咳嗽、消化不良、头痛、发热等。为了保证健康使用，我国非处方药目录中明确规定药物的使用时间、疗程，并强调指出“如症状未缓解或消失应向医师咨询”。

从严格意义上讲，某种药物被批准为非处方药，只是获得了非处方药的身份，经法规许可放宽其出售和使用的自由度。并不是说这种药品只能作为非处方药使用，也不代表这种药物在任何情况下都无须医师处方便可自由使用。事实上，许多药物既有处方药身份，又有非处方药身份。例如：氢化可的松作为非处方药时只用于治疗皮肤过敏的外用软膏剂，而用于急性炎症、风湿性心肌炎、类风湿关节炎以及支气管哮喘等其他疾病的氢化可的松制剂（如片剂和注射剂）则必须凭医师处方才能出售和使用，而且使用过程需要医药专业人员进行监护。

（二）中药和西药

1. 中药

中药即中医用药，为中国传统中医特有药物。中药按加工工艺分为中药材和中成药。中药主要起源于中国，中药材除了植物药，还有动物药，如蛇胆、熊胆、五步蛇、鹿茸、鹿角等；介壳类，如珍珠、海蛤壳；矿物类，如龙骨、磁石等。少数中药材源于外国，如西洋参。中成药是指由中药材按一定治病原则配方制成，随时可以取用的现成药品，如各种丸剂、散剂、冲剂等。

2. 西药

西药是相对中药而言的，指西医用的药物，一般用化学合成方法制成或从天然产物提制而成，包括阿司匹林、青霉素、止痛片等。西药可分为有机化学药品、无机化学药品和生物制品。

二、药品服用注意事项

（一）中药服用的注意事项

服用中药的禁忌大致可分为以下四种：

1. 中药配制禁忌

某些药物因配方后可产生相反、相恶关系，使彼此药效降低或引起毒副作用，因此禁忌同用。例如硫黄不能与朴硝同用，水银不能与砒霜同用，狼毒不能与密陀僧同用，巴豆不能与牵牛同用，丁香不能与郁金同用，川乌、草乌不能与犀角同用，牙硝不能与三棱同用，官桂不能与石脂同用，人参与

课堂笔记

五灵脂不能同用等。

2. 孕妇用药禁忌

主要为避免动胎、堕胎，因孕后妇女大多数对大寒、大热、峻泻滑利、破血祛瘀及毒性较大的药物耐受性差，因此对相关药物必须忌用。此外，例如炒麦芽、花椒和芒硝等中药，会减少乳汁分泌，孕妇也要注意忌用。

3. 服药期间饮食禁忌

我们常说的忌口，主要为避免服药时的干扰因素，以便提高药效，可分为某一种药物对应的忌口与不同病情条件下用药时的忌口两类。前者如人参忌萝卜、鳖甲忌苋菜、甘草忌鲢鱼、常山忌葱、茯苓忌醋等；后者如慢性病服药须忌生冷，热性病治疗期间忌辛辣、油腻。痈疡疮毒、皮肤疾患忌鱼虾、鹅肉及辛辣刺激之品。再如，伤风感冒或小儿出疹未透时，不宜食用生冷、酸涩、油腻的食物。治疗因气滞而引起的胸闷、腹胀时，不宜食用豆类和白薯，因为这些食物容易引起胀气。其他，诸如水肿病人少食食盐；哮喘、过敏性皮炎病人，少吃“发食”（如鸡、羊、猪头肉、鱼、虾、蟹等）。

4. 中成药服用禁忌

中成药的优点是现成可用、适应急需、存贮方便，能随身携带，省去了煎剂煎煮过程，消除了中药煎剂服用时特有的异味和不良刺激等。但近年来，有关中成药引起的毒性反应及过敏反应也有报道，如朱砂安神丸可引起口腔炎、蛋白尿及严重的药源性肠炎；锡丹久服可致严重铅中毒；羚翘解毒丸或银翘解毒丸可引起严重的过敏性休克等。这些反应虽较少见，一旦发生病情都较严重。因此，有服用某种中成药而发生中毒或过敏反应者，必须牢记以后不可再服同种药。

5. 分清内服外用

内服中成药的常用剂型为丸剂、散剂、颗粒剂、片剂、胶囊剂等，主要适用于脏腑气血异常所导致的各种疾患。内服中成药一般在中药材的毒副作用方面要求比较严格，也有如中药汤剂一样需要忌口，在服用前，最好向医师进行咨询。外用中成药常用的剂型有膏贴剂、搽剂、栓剂、滴剂、滴眼剂、气雾剂等，主要适用于疮疡、外伤、皮肤及五官科的多种疾患。外用中成药相当数量有不同程度的毒性，使用时应慎重，掌握好剂量，以防中毒。

6. 中药汤剂忌过夜服用

中药里含有淀粉、糖类、蛋白质、维生素、挥发油、氨基酸和各种酶、微量元素等多种成分，煎煮时这些成分大部分溶解在汤药汁里。一般服用方法是：趁温热时先服一半，4~6h 后再服一半。如果过夜服用或存放过久，不但药效降低，而且会因空气、温度、时间和细菌污染等因素的影响，使药液中的酶分解减效，细菌繁殖滋生，淀粉、糖类营养等成分发酵水解，以致药液变质，服用后对人体健康不利。

（二）西药服用的禁忌

服用西药除要看准剂量，也要注意忌口，常用药的忌口有以下几种：

（1）服阿司匹林忌酒。酒进入人体后需要被氧化成乙醛，再进一步被氧化成乙酸。阿司匹林妨碍乙醛被氧化成乙酸，造成人体内乙醛蓄积，不仅加重发热和全身疼痛症状，还容易引起肝损伤。而且喝果汁也会加剧阿司匹林

课堂笔记

对胃黏膜的刺激，诱发胃出血。

（2）服钙片忌菠菜。菠菜中有大量草酸钾，进入人体后电解出的草酸根离子会沉淀钙离子，不仅妨碍人体吸收钙，还容易生成草酸钙结石。因此服用钙片的前后 2h 内不要进食菠菜。

（3）服碳酸氢钠、碳酸钙、氢氧化铝、衣霉素、红霉素、磺胺类药物忌食醋。服多酶片、蛋白酶合剂忌饮茶。

（4）服布洛芬（芬必得）忌咖啡。布洛芬（芬必得）是一种止痛药物，但对胃黏膜有较大的刺激性。咖啡中含有的咖啡因及可乐中含有的古柯碱都会刺激胃酸分泌，会加剧布洛芬对胃黏膜的毒副作用，甚至诱发胃出血、胃穿孔。

（5）服止泻药忌牛奶。用止泻药后，不要饮用纯牛奶。因为纯牛奶不仅降低止泻药的药效，其含有乳糖成分还容易加重腹泻症状。酸牛奶有助于消化，无须禁忌。

（6）有吸烟史的人还要特别注意，服药后忌抽烟，服用任何药物后的 30 分钟内都不能吸烟。因为烟碱会加快肝脏降解药物的速度，导致血液中药物浓度的不足，难以充分发挥药效。

三、常备药品

在日常生活中，大学生可以常备以下一些药品：

（一）内服药

（1）感冒类药：感冒清、感冒通、速效伤风胶囊、康泰克、银翘解毒片、板蓝根冲剂等。

（2）解热止痛药：去痛片、扑热息痛、阿司匹林等。

（3）抗生素：复方新诺明、诺氟沙星、乙酰螺旋霉素、黄连素、头孢氨苄胶囊（先锋Ⅳ号）等。

（4）消化不良药：多酶片、复合维生素 B、吗丁啉等。

（5）胃肠解痉药：654-2 片、复方颠茄片等。

（6）镇咳祛痰平喘药：咳必清、必嗽平、咳快好、舒喘灵等。

（7）抗过敏药：扑尔敏、赛庚啶、息斯敏等。

（8）通便药：果导、大黄苏打片、麻仁丸等。

（9）镇静催眠药：安定、苯巴比妥等。

（10）解暑药：人丹、十滴水、藿香正气水等。

（二）外用药

（1）外用止痛药：伤湿止痛膏、关节镇痛膏、麝香追风膏、红花油、活络油等。

（2）外用消炎消毒药：酒精、紫药水、红药水、碘酒、高锰酸钾、创可贴等。

（3）其他类：风油精、清凉油、季德胜蛇药、84 消毒液、消毒药棉、纱布胶布等。

课堂笔记

第二节　常见的急救知识

大学生应该懂得一些常见的急救知识，以便在发生意外的时候可以为他人提供帮助。

一、心脏骤停的急救

心脏停搏意味着死亡的来临。然而因急性所致的心脏停搏在一定条件下是可逆的。对于心脏骤停，常采用心肺复苏法（包括人工呼吸法和胸外心脏按压法）来抢救病人。当发生心脏骤停时，千万不要随意搬动病人。在急救开始的同时，应及时拨打 120 或 999 急救电话。抢救前，施救者首先要确保现场安全，确定病人呼吸、脉搏确实停止，然后再施行救助。

（一）人工呼吸

（1）要保持呼吸道通畅。用最短的时间，将伤员领口、领带、围巾等解开，迅速清除伤员口鼻内的污泥、土块、痰、呕吐物等异物，使呼吸道通畅。呼吸道的通畅是一切人工呼吸能够生效的先决条件。简单有效的方法是气道开放三步法：头后仰、张口、推下颌。

（2）用手的拇指、食指捏紧病人的鼻孔，吸足一口气后，用口唇严密地包住病人的口唇，以中等力量将气吹入病人口内，不要漏气。

（3）当看到病人的胸廓扩张时停止吹气，离开病人的口唇，松开捏紧病人鼻翼的拇指和食指，同时侧转头吸入新鲜空气，再施以二次吹气。每次吹气时间：成人为 2s，儿童为 1~1.5s。

（二）胸外心脏按压法

（1）急救者用一只手的掌根部按在伤员胸骨中下 1/3 段交界处，另一只手压在该手的手背上，双手手指均应向上方翘起，不能平压在胸壁。

（2）双肘关节伸直，利用体重和肩臂力量垂直向下挤压，使胸骨下陷 4cm 左右。

（3）略停顿后在原位放松，但手掌根不能离开心脏定位点。

（4）频率为每分钟 80~100 次。对于心脏骤停的病人，胸外心脏按压法和人工呼吸法应交替进行，比例为 30∶2，即心脏按压 30 次，吹气两次，反复做。

二、溺水的急救

（1）当自己溺水后，首先不能惊慌失措，要大声呼救，并憋住气躺在水面上。顺水漂流，等待救援或漂到岸边。其次，要尽量将头部伸出水面，找寻身边有无木板、竹竿等物。另外，当有人游过来救援时，要与之主动配合，不要紧抱救援者，以防“同归于尽”。

（2）发现别人溺水时应尽快将其救出水面，但施救者若不懂得水中施救或不了解现场水情，不可轻易下水，如果附近有救生圈、竹竿、木板或绳子

课堂笔记

等，应赶快抛给溺水者或携带入水，以便营救。如果水性很好可下水施救。

（3）若溺水者距岸边较近而且在水中挣扎，就要看准目标，两脚前后分开，两手平伸地跳入水中。

（4）若距溺水者较远，就应采取自己最熟悉的入水动作迅速游向目标进行救护。最好从溺水者的身后接近，然后，一手迅速托其腋下，使溺水者头部露出水面。若溺水者仍继续挣扎，可用臂压住他的一臂，而手则抓住他的另一臂，使溺水者不能攀抓，再将其头部托出水面，用反蛙泳（蛙式蹬腿的仰泳）或侧泳托带上岸。

（5）将溺水者救出水面后要平放在地面，迅速撬开其口腔，清除其咽内、鼻内的异物，如淤泥、杂草等，使其呼吸道保持通畅。

（6）及时倒水。可采用以下两种方法：

①肩背倒立倒水法：将溺者双脚提起，使溺者呈倒立状，用手轻拍溺者背部。

②伏膝倒水法：抢救者应左脚跪地将溺者腹部置于抢救者右大腿上，使其头部及上肢下垂，抢救者左手将溺水者脸朝地面使头部稍抬起，右手轻拍溺水者腰背部。溺水者呼吸、心跳停止时，应立即进行人工呼吸和胸外心脏按摩，直至呼吸心跳恢复。

（7）当溺水者呼吸停止或呼吸微弱时，应立即实施人工呼吸法急救，并及时拨打急救电话。

（8）因呼吸、心脏在短期恢复后还有可能再次停止，所以千万不要放弃人工呼吸，应坚持到专业救护人员到来为宜。

（9）注意给溺水者保暖，如果溺水者清醒，应及时让其饮用一些热的饮料。

三、休克的急救

（1）当患者发生休克时，可让患者平卧，下肢应略抬高，以利于静脉血回流。如呼吸困难可将其头部和躯干抬高一点，以利于呼吸。

（2）保持其呼吸道畅通，尤其对处于昏迷状态者。方法是将患者颈部垫高，下颌抬起，使头部最大限度地后仰并偏向一侧，以防呕吐物和分泌物吸入呼吸道。

（3）注意给体温过低的患者保暖，盖上被子、毛毯等。但对伴有高烧的感染性休克病人应给予降温。

（4）进行必要的初步治疗。请医生对创伤骨折所致的休克患者给予止痛，骨折固定。对烦躁不安者可适当注射镇静剂，对心脏性休克患者给予吸氧等。

（5）注意妥善运送。患者发病地点抢救条件是有限的，应在抢救的同时拨打120急救电话，尽快送医院抢救。对休克患者的搬运宜轻，运送途中，应有专人护理，最好在运送途中采取吸氧和静脉输液等急救措施。

四、出血的急救

（一）大量出鼻血时的急救办法

止血方法：轻度鼻出血可用指压法（头前倾，手指紧捏两鼻翼5～10分

课堂笔记

钟）或用干净棉花将鼻腔填塞即可止血。但许多因高血压甚至外伤引起的鼻腔大量出血，必须立即进行现场急救治疗，以防失血性休克发生。

鼻腔大量出血时别紧张，首先要安慰病人，使之情绪稳定，因紧张的情绪会使血压增高加重出血。不要使用头部后仰或让病人赶紧躺下的方法止血。因为头部后仰或躺下后，表面上血不再从鼻孔流出，实际上血液从鼻腔后部经咽喉流入胃内，并未真正起到止血的目的。这样做，一是无法判断出血量，使病人在不知不觉中发生休克的危险情况，延误救治；二是大量的血液进入胃里，可引起恶心、呕吐，不仅会加重鼻出血，也容易被误诊为消化道出血。因此，在现场抢救中病人无失血性休克表现时，应让病人坐下或半躺在床上，头部直立。若出血停止，也不要用手指抠挖鼻孔试图将积血擦净，一旦把血痂碰掉将会再次引发出血，此时应去医院检查出血原因，接受进一步治疗。

（二）其他情况大出血的止血方法

止血前须检查清楚出血情况，根据出血种类而采取不同的止血方法。

（1）毛细血管出血：呈小点状的红色血液，从伤口表面渗出，看不见明显的血管出血。这种出血常能自动停止。通常用碘酒和酒精消毒伤口周围皮肤后，以消毒纱布和棉垫盖在伤口上缠以绷带，即可止血。

（2）静脉出血：暗红色的血液，迅速而持续不断地从伤口流出。止血的方法和毛细血管出血大致相同，但须稍加压力缠敷绷带，不是严重的大静脉出血时，用上述方法一般可达到止血目的。

（3）动脉出血：来势凶猛。颜色鲜红，随心脏搏动而呈喷射状涌出。大动脉出血可以在数分钟内导致患者死亡，须急送医院抢救。

动脉出血的止血方法有以下几种：

①指压止血法。用拇指压住出血的血管上方（近心端），将血管压闭住，中断血流。在不能使用止血带的部位，在身边没有器材或紧急情况下，可暂用指压止血法。

②采用加压包扎法止血。伤口覆盖无菌敷料后，再用纱布、棉花、毛巾、衣服等折叠成相应大小的垫，置于无菌敷料上面，然后用绷带、三角巾等紧紧包扎，以停止出血为度。这种方法适用于小动脉以及静脉或毛细血管的出血，但伤口内有碎骨片时，禁用此法，以免加重损伤。

③采用止血带止血法。四肢较大的动脉出血时，最好用较粗而有弹性的橡皮管进行止血。如没有橡皮管，也可用宽布带以应急需。用止血带时，首先在创口以上的部位用毛巾或绷带缠绕在皮肤上，然后将橡皮管拉长，紧紧缠绕在缠有毛巾或绷带的肢体上，然后打结。止血带不应缠得过松或过紧，以血液不再流出为度。上肢受伤时缠在上臂，下肢受伤时缠在大腿，才会达到止血目的。注意缠止血带的时间，原则上不超过1h，如需较长时间缠止血带，则应每隔半小时松解止血带半分钟左右。在松解止血带的同时，应压住伤口，以免大量出血。

五、咽喉异物的急救

咽喉异物是指吃东西不慎被鱼刺、骨刺、金属物等鲠住咽喉，引起异物感、疼痛、咳嗽、血痰、呼吸困难等，随异物大小、部位的不同而发生不同症状。咽喉异物时切勿企图以吃（食）菜叶、饭团、馒头等食物将异物吞入胃内，更不应用手去乱抠乱捣，这些错误方法易使局部组织损伤，使异物刺得更深，造成食管刺穿。甚至伤及血管引起大出血，甚为危险。

正确方法：令患者张大口，用筷子或金属匙柄轻压舌头，暴露舌根、扁桃体，看清异物后用镊子将异物取出。若异物在喉或食管时，不易取出，危险性大，应让患者保持安静，迅速到附近医院处理。

六、骨折的急救

（一）骨折的分类

人体骨骼因外伤发生完全或不完全的断裂时叫骨折。由于致伤外力的不同，可造成不同类型的骨折，骨折处与外界直接相通的叫开放性骨折，未与外界相通的叫闭合性骨折。根据骨折的程度不同，又可分为完全性骨折，不完全性骨折。依骨折的走向不同，可分为横行骨折、斜行骨折、粉碎性骨折、压缩性骨折等。还可按骨骼的名称分为股骨骨折、尺骨骨折、桡骨骨折等。不同类型的骨折其治疗处理的方法不尽相同。

（二）骨折的主要症状

骨折的类型和部位不同其症状也不完全相同，但骨折的局部症状主要有以下几种：

（1）疼痛：骨折部位疼痛，活动时疼痛加剧，局部有明显的压痛，会有骨摩擦音。

（2）肿胀：由于骨折端小血管的损伤和软组织损伤水肿，故骨折部位会出现肿胀。

（3）畸形：由于骨折端的错位，肢体常发生弯曲、旋转、缩短等畸形，当骨折完全断离时，还会出现假关节样的异常活动。

（4）功能障碍：骨折断后，肢体原有的骨骼杠杆支持功能丧失，如上肢骨折时不能拿、提，下肢骨折时不能行走、站立。

（5）大出血：当骨折端刺破大血管时，伤员往往发生大出血，出现休克。大出血多见于骨盆骨折。

（三）骨折的急救要点

骨折的临时固定，是对伤处加以稳定，使伤员在运送过程中不因搬运、颠簸时断骨刺伤血管、神经，免遭额外损伤，减轻伤员痛苦，其急救要点如下：

（1）止血：要注意伤口和全身状况，如伤口出血，应先止血，后包扎固定。

（2）加垫：为使固定妥帖稳当和防止突出部位的皮肤磨损，在骨突处要用棉花或布块等软物垫好，使夹板等固定材料不直接接触皮肤。

（3）不乱动骨折的部位：为防止骨断端刺伤神经、血管，在固定时不应随意搬动，外露的断骨不能送回伤口内，以免增加污染。现场急救时，搬动伤员伤肢是难免的，为使伤员避免再次受伤的危险，要先将伤员搬到安全地

课堂笔记

方包扎固定，这时可以一人握住伤处上方，另一人握住伤处下端沿着肢体的纵轴线做相反方向的牵引，在伤肢不扭曲的情况下让骨断端分离开，然后边牵引边同方向移动，固定时应先捆绑断处上端，后绑下端，然后再固定断端的上下两个关节。

（4）固定、捆绑的松紧要适度，过松容易滑脱，失去固定作用，过紧会影响血液循环。固定时应外露指（趾）尖，以便观察血流情况，如发现指（趾）尖苍白或青紫时，可能是固定包扎过紧，应放松重新包扎固定。固定完成后应记录固定的时间，并迅速送医院做进一步的诊治。

（四）骨折固定的材料

（1）夹板：用于扶托固定伤肢，其长度、宽度要与伤肢相适应，长度一般要跨伤处上下两个关节。没有夹板时可用健侧肢体、树枝、竹片、厚纸板、报纸卷等代替。

（2）敷料：用于垫衬的如棉花、布块、衣服等；用于包扎捆绑夹板的可用三角巾、绷带、腰带、头巾、绳子等，但不能用铁丝、电线。

七、伤口的绷带包扎方法

包扎的目的是保护伤口、减少污染、固定敷料和帮助止血。无论何种包扎法，均要求先包好后固定，不移动，松紧适度，并尽量注意无菌操作。

用绷带对伤口进行包扎有多种方法，急救人员应根据病人的情况选用下面五种合适的方式进行包扎：

（1）螺旋形包扎法。先环行包扎数圈，然后将绷带渐渐地斜旋上升缠绕，每圈盖过前圈的 1/3~2/3 成螺旋状。

（2）螺旋反折包扎法。先做两圈环行固定，再做螺旋形包扎，待到渐粗处，一手拇指按住绷带上面，另一手将绷带自此点反折向下，此时绷带上缘变成下缘，后圈盖过前圈 1/3~2/3。此法主要用于对粗细不等的四肢（如前臂、小腿或大腿等）受伤包扎。

（3）环形包扎法。绷带卷放在需要包扎位置稍上方，第一圈做稍斜缠绕，第二、三圈做环形缠绕，并将第一圈斜出的绷带角压于环形圈内，然后重复缠绕，最后在绷带尾端撕开打结固定或用别针、胶布将尾部固定。

（4）头顶双绷带包扎法。将两条绷带连在一起，打结处包在头后部，分别经耳上向前于额部中央交叉，然后，第一条绷带经头顶到枕部，第二条绷带反折绕回到枕部，并压住第一条绷带。第一条绷带再从枕部经头顶到额部，第二条则从枕部绕到额部又将第一条压住。如此来回缠绕，形成帽状。

（5）“8”字形包扎法。适用于四肢各关节处的包扎。于关节上下将绷带一圈向上、一圈向下做“8”字形来回缠绕（例如锁骨骨折的包扎）。另外，目前已经有专用的锁骨固定带。可直接应用。包扎前，首先做简单清创，并覆盖无菌纱布，然后再用绷带包扎。

课堂笔记

第三节　常见的保险常识

大学生应该对保险知识有所了解，要积极进行投保，只有这样，才能在意外发生时得到保险公司的帮助。

一、保险的种类

保险的种类在不断发展变化，无论如何变化，在全世界 200 多年的保险发展史中，也不过演变出几种最基本的险种，现在分别介绍如下：

（一）“保障+储蓄”为主要成分的养老金保险

这种保险是将银行储蓄的作用加以改造，增加了保障功能形成的，从形式上看同银行储蓄差不多，但在内容上差异就大了。对个人来讲有了保险保障，这就有了安定性，不受银行利率的影响，万一没有到合同约定期满而发生不幸，被保险人即可得到一笔约定的经济保障，这是银行没有的。这种保险的特点是保费高，保障相对意外险而言就比较低。这类保险的险种名称上一般有“人寿”“年金”之类的词。

（二）“保障+补偿”为主要成分的医疗保险

这种保险提供的保障不是依据定额给付原则，而是补偿原则，是医疗实际开支款的数额，但补偿最高不能超过合同约定金额，因此，它的规则是补偿原则，它的特点是保费适中、保额不低。这类保险的名称必有“健康”“医疗”的字眼。

（三）“保障”为主要成分的人身意外伤害险

这些险种一般没有储蓄功能。如乘坐飞机保险，几元钱或几十元钱的保险费，而保障几万元或几十万元的经济给付，可见这种险种的特点是保费低、保额高。这种保险无论如何包装变化，险种名称中必有“意外险”三个字。

（四）“保障+分红”为主要成分的分红保险和保险投资连带产品

这种保险是将保障和投资结合在一起的险种，它是在优先提供保障的前提下，拿出一部分资金进行投资，而投资多少，决定了分红和投资获利多少，这种险种的特点是保费高、保障程度相对其他人身保险险种而言就比较低。例如投资连带保险产品，投资的因素远远超过保障因素。

二、大学生在校办理的保险种类

保险公司往往针对在校大学生推出的是“学生平安保险”，或以“学生平安保险”为主附加“意外伤害医疗保险”或“住院医疗保险”。其投保范围为在学校注册，身体健康，能正常学习和生活的大学生。

三、意外伤害医疗保险

意外伤害医疗保险指保险公司对被保险人因意外伤害事故导致的死亡或

课堂笔记

残疾，按合同约定给付全部或部分保险金的一种人身保险。

（一）意外伤害的界定

意外伤害指外来的致害物以一定的方式破坏性地接触，致使身体受到伤害的客观事实。由致害物、致害对象和致害事实三个要素组成，缺少其中任何一个要素，都不能构成意外伤害保险所指的“伤害”。保险条款中对“意外伤害”的解释是指外来的、突然的、非本意的使被保险人身体受到剧烈伤害的客观事件。

（二）附加意外伤害保险范围

在保险单有效期内（学生一般是在校期间），被保险人因遭受意外伤害事故，并自事故发生之日起180d内进行治疗的。

（三）意外伤害保险责任期的规定

1. 意外伤害的事件发生在保险期内，并在180d内进行治疗的，且自遭受意外伤害之日起90d内向保险公司提出申请者。保险公司就要承担保险责任给付保险金。

2. 被保险人不论一次或多次发生意外伤害事故，保险公司均按规定分别给付保险金，但累计给付金额以不超过保险金额为限。即在保险期内当发生一次或多次伤害时，保险公司可同时或连续支付保险金，但累计数额不超过保险金额为限。

四、附加住院医疗保险

因意外伤害或疾病住院的，其费用均按住院医疗保险比例报销。

（1）当发生意外伤害或疾病住院时，应尽早报案，申请理赔。

（2）坚持诚实守信原则，如实申报。

（3）提供索赔所需的相关材料。

一般需要提供以下材料：门诊病历、病情诊断证明（意外门诊）、医药费发票、出院证明、住院期间药品清单总明细，转院治疗者还须提供转院证明、理赔申请书。

五、保险范围与责任

（1）被保险人员疾病或意外伤害事故，在住院治疗期间支付的，按照医疗保险管理部门规定的，直接用于治疗的，住院床位费、手术费、药费、化验费、放射费、检查费，保险公司将按比例计算给付（一般按70%支付）。

（2）住院床位费按普通床位的标准给付，确须住特殊病房者，须事先征得保险公司的同意。

（3）被保险人自办理出院之日起90d内，向学校专管老师申请办理理赔手续，保险公司规定，逾期不提出申请者即作为自动放弃权益处理。

六、不予理赔的情况

（1）打架斗殴、酗酒、寻衅滋事以及违法犯罪等行为给被保险人所造成的伤害。

（2）被保险人因故意或诈骗，及酒后驾驶、无照驾驶所造成的后果。

（3）对投保前已有的重大疾病故意隐瞒者。

（4）在非指定或同意的医院支出的医疗费和专科门诊费。

（5）国家规定的自费项目和药品。

（6）因矫形手术或美容支出的各种费用。

（7）先天性疾病或投保前已有残疾的康复和治疗费。

七、就诊医院

（1）参保学生因疾病或意外伤害事故须住院治疗，须到保险公司指定医院就诊。

（2）学生在放假及实习期间，发生疾病或意外伤害须到县级及以上医院治疗（须紧急救治的除外），并通知学校主管人员。

八、注意事项与运用技巧

（1）准确判断所经历的风险属于哪种类型。

（2）明确发生的是意外伤害还是疾病，这将关系到就医方式的选择和费用报销。意外伤害门诊可以报销一部分，而疾病门诊治疗费是不予报销的，只有住院治疗才能报销。因此，在住院前要注意，尽量不要在门诊取药（当然必要的入院前的检查确认费用是必不可少的）。

（3）当发生意外伤害或疾病时要到正规医院治疗，不要在沿街药店自行买药、看伤，以免延误病情，且保险公司不予理赔。

九、退保的办理

（1）申请办理退保的资格人为投保人。如果被保险人申请办理退保，必须取得投保人的书面同意，并由投保人明确退保金的领取人。

（2）投保人申请退保，合同生效与缴费均满两年，保险公司收到退保申请后退还保单现金价值。投保人缴费不满两年的，保险人收取从保险责任开始之日起至解除之日止期间的保险费后，剩余保险费应当退还给投保人。

（3）退保人在办理退保时应当提供以下文件：投保人的退保申请书，被保险人要求退保的，应当提供经投保人书面同意的退保申请书，退保人提供的证明合同成立的保险单及最后一次缴费凭证，投保人的身份证明，投保人或被保险人委托他人代为办理的，应当提供投保人或被保险人的委托书、委托人的身份证。

温馨提示

常见的几种毒伤处理

毒蛇咬伤后的处理

被毒蛇咬伤后一般在局部留有牙痕、疼痛和肿胀，还可见出血及淋巴结

课堂笔记

肿大，其全身性症状因蛇毒性质而不同。急救原则是及早防止毒素扩散和吸收，尽可能地减少局部损害。蛇毒在3~5min即被吸收，故急救越早越好。

(1) 绑扎伤肢。在咬伤肢体近侧约5~10cm处用止血带或橡胶带等绑扎，以阻止静脉血和淋巴液回流，然后用手挤压伤口周围或口吸（口腔黏膜破溃者忌吸），将毒液排出体外。

(2) 冲洗伤口。先用肥皂水和清水清洗周围皮肤，再用生理盐水，1%高锰酸钾或净水反复冲洗伤口。

(3) 局部降温。先将伤肢浸于4~7℃的冷水中3~4h，然后改用冰袋，可减少毒素吸收速度，降低毒素中酶的活力。

(4) 排毒。咬伤在24h以内者，以牙痕为中心切开伤口成“+”或“++”形，使毒液流出，也可用吸奶器或拔火罐吸吮毒液。切口不宜过深，以免损伤血管。若有蛇牙残留宜立即取出。切开或吸吮应及早进行，否则效果不明显。

(5) 药物治疗，常用的解毒抗毒药有上海蛇药、南通蛇药等，还可用半枝莲60g、白花蛇舌草60g，七叶一枝花9g、紫花地丁60g，用水煎后内服外敷。还可用激素及支持疗法。

加强野外作业的防护，掌握毒蛇习性，尽量不要裸露腿足，必要时穿长筒靴，蛇伤即可避免。被毒蛇咬伤后切忌奔跑，宜就地包扎，吸吮，冲洗伤口，并速到医院治疗。

蜂蜇伤后的处理

一般情况下，蜂蜇处只表现为局部红肿疼痛，多无全身症状，数小时后即自行消退，若被蜂群蜇伤时，可出现如头晕、恶心、呕吐等，严重者可出现休克，昏迷或死亡，有时可发生血红蛋白尿，出现急性肾功能衰竭。过敏病人则易出现荨麻疹、水肿、哮喘或过敏性休克。

可用弱碱性溶液如3%氨水，肥皂水等外敷，以中和酸性中毒，也可用红花油、风油精、花露水等外擦局部。黄蜂蜇伤可用弱酸性溶液（如醋）中和，用小针挑出或纱布擦拭，取出蜂刺。局部症状较重者，以火罐拔毒和局部封闭疗法，并用止痛剂。全身症状较重者宜速到医院诊疗。对蜂群蜇伤或伤口已有化脓迹象者宜加用抗生素。

蜈蚣咬伤后的处理

局部表现有急性炎症和痛、痒，有的可见头痛、发热、眩晕、恶心、呕吐，甚至谵语和抽搐及昏迷等全身症状。应立即用弱碱性溶液，如肥皂水、浅石灰水等，洗涤和冷敷，或用等量雄黄、枯矾研末以浓茶或烧酒调匀敷在伤口上，也可用鱼腥草、蒲公英捣烂外敷，有全身症状者宜速到医院治疗。

知识小卫士

一氧化碳中毒

在我国北方地区，居住在平房的人们常采用煤火、炭火、或者土暖气取暖，加上冬季寒冷，居民家中门窗紧闭，很容易导致一氧化碳（俗称煤气）中毒。

（一）一氧化碳的理化特性

一氧化碳是一种无色无味的气体，人们不易察觉。人体血液中的血红蛋白和一氧化碳的结合能力比和氧的结合能力强200多倍，而其分离速度又很慢。所以，人一旦吸入一氧化碳，氧便失去了和血红蛋白结合的机会，使组织细胞无法从血液中获得足够的氧气，进而发生中毒，导致呼吸困难。

（二）一氧化碳中毒的表现

一氧化碳中毒时，病人最初感觉为头疼、头昏、恶心、呕吐、软弱无力，当人意识到中毒了，会挣扎下床开门、开窗，但一般仅有少数人能打开门，大部分人会摔倒在地，很快发生痉挛、昏迷。病人两颊、前胸皮肤及口唇呈樱桃红色，如救治不及时，可很快发生呼吸抑制而死亡。

（三）怎样预防一氧化碳中毒

居民在入冬开始使用煤炉之前，一定要进行彻底检查，保证炉灶和烟筒完好畅通，接口处应密封，防止漏气。北方的冬天寒冷多风，烟筒水平向外排风会使煤气低灌而更加危险，正确的方式应该是把出风口弯成90度角，风口朝向地面。假如大雾天气、无风、气压低，煤气不易向室外排，因此使用煤炉一定要安装向外抽空气的风斗，以保证通风。煤炭要烧尽、煤炉不要闷盖，如果煤燃烧不完全，加上室外气压低，室内的一氧化碳不易排出就会发生危险。

（四）发生一氧化碳中毒怎么办

（1）立即打开门窗，将中毒者移至通风良好、空气新鲜的地方，并注意保暖。

（2）立即向急救中心呼救，使急救人员尽快赶到。

（3）在医务人员到来之前，要让患者保持侧卧，防止呕吐物造成窒息。

（4）松解患者衣扣，保持其呼吸道通畅，清除口、鼻分泌物。

（5）在现场抢救病员时，抢救者个人必须佩戴有效的防护口罩或面具，以防自身遭遇不测。

（五）一氧化碳中毒的误区

误区一：煤气中毒患者受冻会清醒

一位母亲发现儿子和儿媳中了煤气，她迅速将儿子从被窝里拽出放在院子里，并用冷水泼在儿子身上。当她欲将儿媳从被窝里拽出时，救护车已来到，儿子因缺氧加寒冷刺激，呼吸心跳停止，命归黄泉。儿媳则经医院抢救脱离了危险。另有爷孙二人同时中了煤气，村子里的人将两人抬到屋外，未加任何保暖措施。抬出时两人都有呼吸，待救护车来到时爷爷已气断身亡，孙子因严重缺氧导致心脑肾多脏器损伤，两天后死亡。

寒冷刺激不仅会加重缺氧，更能导致末梢循环障碍，诱发休克和死亡。因此，发现煤气中毒后一定要注意保暖，并迅速拨打120呼救。

误区二：认为有臭渣子味就是煤气

一些劣质煤炭燃烧时有股臭味，会引起头疼头晕。而煤气是一氧化碳气体，是无色无味的，是碳不完全燃烧生成的。有些人认为屋里没有臭渣子味儿就不会中煤气，这是完全错误的。

误区三：以为在炉边放盆清水可预防煤气中毒

课堂笔记

科学证实，一氧化碳是不溶于水的，要想预防中毒，关键是门窗不要关得太严或安装风斗，烟囱要保持透气良好。

误区四：煤气中毒患者醒了就没事

有一位煤气中毒患者深度昏迷，大小便失禁。经医院积极抢救，两天后患者神志恢复，要求出院，医生再三挽留都无济于事。后来，这位患者不仅遗留了头疼、头晕的毛病，记忆力严重减退，还出现哭闹无常、注意力不集中等神经精神症状，家属对让患者早出院的事感到后悔莫及。

煤气中毒患者必须经医院的系统治疗后方可出院，有并发症或后遗症者，出院后应口服药物或进行其他对症治疗，重度中毒患者需一两年才能完全治愈。

课堂笔记

第十三章　预防疾病：健康身体的保证

案例思考

张某，河南省新密市工人。2020 年 6 月到郑州振东耐磨材料有限公司上班，先后从事过杂工、破碎、开压力机等有害工作。工作 3 年多后，他被多家医院诊断为尘肺，但企业拒绝为其提供相关资料，在向上级主管部门多次投诉后他得以被鉴定，郑州职业病防治所却为其做出了“肺结核”的诊断。为寻求真相，这位 28 岁的年轻人只好跑到郑州大学一附院，不顾医生劝阻执意“开胸验肺”，以此悲壮之举揭穿了谎言。

第一节　预防流行性疾病

流行性疾病一般具有较强的传染性，因为大学生过着密集的集体生活，社会活动又较多，学校的人员流动性大，所以学校和学生是传染病监控的重点对象。一旦患传染病，将对大学生的生活和学习造成非常大的影响。因此，认识传染病，有效预防传染病是现代大学生文明、进步的体现，既有益于个人又益于社会。

一、流行性疾病预防的总原则

流行性疾病主要包括：流行性感冒、病毒性肝炎、流行性出血性结膜炎、狂犬病、非典型性肺炎、鼠疫、霍乱、高致病性禽流感等。其特征表现为：特有病原体、易传染、具有流行病学特征等。流行性疾病必须同时具备传染源、传播途径和易感人群三个环节，才能流行传染，所以，预防流行性疾病主要针对以上三个环节来采取适当的措施。

（一）锻炼身体，增强抵抗力

学生在校期间要养成良好的锻炼身体习惯，可以通过早操、体育课、课间操、课外活动等进行体育锻炼来增强身体素质，增强抵抗流行性疾病的能力。

（二）注意饮食卫生

养成用流动的水勤洗手洗脸、不用他人毛巾擦手擦脸、不用脏手揉眼睛、不喝生水、不随地吐痰、打喷嚏和咳嗽捂住口鼻等良好习惯。食用田螺、牡

课堂笔记

蛎、螃蟹等水产品时，必须加工至熟透。生吃瓜果蔬菜要洗净，不吃腐败变质或不洁的食物，尽量不去卫生状况不好的美容美发店、游泳池。注意随气温变化而增减衣服，外出时提倡戴口罩，避外感风寒；备用一些常用的消毒剂，如84消毒液、过氧乙酸消毒液等，定期对室内表面进行消毒清洗。

（三）保持室内空气流通

教室、宿舍等每天要开窗通风3次以上，每次至少10~15min。空调设备应定期清洗空气过滤，避免在商场、影剧院等通风不畅和人员聚集的地方长时间停留。

（四）切断传染途径

主要包括消灭老鼠、臭虫、苍蝇、蚊子、蟑螂等有害源，对饮食、水源、粪便加强管理或进行无害化处理。不食用、不加工不清洁的食物，拒绝生吃各种海产品和肉食，不喝生水，不随便堆放垃圾，垃圾要分类并统一销毁。

（五）远离传染源

不要与肝炎病人、流行性出血性结膜炎病人、非典型性肺炎病人等共用生活用品（餐具、剃刀、牙具、毛巾等），对其使用过的物品要及时消毒。

若出现非典型性肺炎、高致病性禽流感等重大疫情，尽可能不去医院，必须去医院看病的，须戴口罩，回家后及时洗脸、洗手消毒。严禁无关人员进入流行性疾病疫区。

（六）及早进行预防

应常备中药板蓝根、贯众、大青叶、金银花等药，最好在流感季节来临时提前预防。定期注射或接种流感疫苗、乙肝疫苗、狂犬病疫苗和抗狂犬病血清、流行性出血热疫苗等。无论何种原因，如身体持续发热，都应及早就医。及时将流行性病人进行隔离，配合流行性疾病调查人员做好相关调查。

二、病毒性肝炎的预防

病毒性肝炎是由多种肝炎病毒引起的常见传染病。按所致的病毒不同，肝炎分为甲型、乙型、丙型、丁型和戊型五种。其中甲型和乙型肝炎发病率较高。

（一）预防甲型肝炎

1. 甲型肝炎主要症状

甲肝的潜伏期为2~6周。感染甲肝病毒以后，通常一个月左右出现临床症状。最常见的临床表现有全身明显乏力、食欲减退、厌油、恶心、呕吐。此外还可能有发热、腹胀、腹泻、尿黄（似浓茶水样）、巩膜和皮肤黄染、肝区隐痛等症状。对出现上述症状的可疑甲肝患者，应及时去医院进行肝功能等有关检查。

2. 甲型肝炎传播途径

（1）甲型肝炎主要经消化道传播，病人或带病毒者的粪便中含有大量病毒，可直接或间接地污染食物和水，再经口进入体内。

（2）水源或食物严重污染可引起暴发流行。

（3）病人所用的餐饮器具也是传播的主要途径。

3. 甲型肝炎的预防措施

（1）接种甲肝疫苗（有效保护期3~5年），接种甲型肝炎病毒疫苗是预防本病的根本措施。

（2）对公用餐具、饮水器具均应消毒，实行分餐制，防止病从口入。

（3）养成餐前便后洗手的习惯。

（4）注意个人卫生，不食未经煮熟的毛蚶等贝类水产品，不到无卫生许可证的饮食摊点进餐。

（5）对甲肝患者要予以隔离治疗，隔离期自发病日起3周。

（6）患者隔离后对其住室及活动场所进行全面消毒。其污染的物品，如衣被、用具、食具、办公用品、门把手、扶手等均应消毒。病人住室，用过氧乙酸或含氯制剂溶液喷雾消毒。贵重物品、精密仪器、书籍文件等，最好的消毒方法是用环氧乙烷熏蒸，或用福尔马林熏蒸消毒。少量贵重物品也可用紫外线近距离（3cm）照射30~60s，或用微湿的布包好，置于家用微波炉内，在650功率下作用5~10min。

（7）如暴发、流行为污染食物所致，则所剩部分应废弃或充分消毒后方可食用。这种食物污染的炊具、餐具等也应消毒。

（8）如暴发、流行为水源污染引起，则须用漂白粉等对取自该水源的饮用水及其污染的炊具、餐具等进行充分消毒，并严禁喝生水。

（9）病人密切接触者和感染源暴露者的检疫。病人发病前两周至病后10天左右，凡与其有过密切接触的人均应予以检疫。

（10）与甲型肝炎有密切接触史的易感者可用免疫球蛋白进行预防注射。

（11）有密切接触史的炊管人员应调离工作岗位45天。

（二）乙型病毒性肝炎的预防

乙型病毒性肝炎遍布全球，无一定的流行周期及明显的季节性，多属散发。本病在世界各地分布不均衡，近年来发病率逐渐增长。慢性乙型肝炎病毒（HBV）携带者，全世界达3亿以上，已成为当今世界严重的卫生问题。

1. 乙型肝炎主要症状

乙型肝炎患者通常乏力、食欲不振、恶心、呕吐、厌油、腹泻、腹胀，有肝区痛、肝肿大现象，部分患者有发热及黄疸症状。严重者迅速进展为重型肝炎，易进展为慢性肝炎、肝硬化，甚至癌变。乙型肝炎的并发症较多，尤其是慢性肝炎，可出现多个器官或系统的并发症。如肝源性糖尿病、HBV性胆囊炎、脂肪肝、肝炎后高胆红素血症、肝硬化、肝癌等。

2. 乙型肝炎传播途径

（1）血液或注射途径传播。凡含有HBV的血液及血液制品、体液（唾液、乳汁、羊水、阴道分泌物、精液）等，直接或间接通过破损的皮肤、黏膜进入人体发生感染。血液传播途径除输血和血制品外，还包括注射，外科手术器械，共用牙刷、剃刀，刺伤，甚至蚊虫叮咬等方式经微量血液传播HBV。由于患者唾液、精液、初乳、汗液等含有HBV，因此密切的生活接触，包括性接触也可传播。

（2）母婴垂直传播等。阳性母亲的婴儿，HBV感染率高达95%。HBV从

课堂笔记

母亲传给婴儿多在分娩过程中发生，个别的（约10%）可能系宫内感染所致。

3. 乙型肝炎的预防措施

（1）接种乙肝疫苗。注射乙肝疫苗是预防乙型肝炎的重要手段。目前使用的疫苗有从HBsAg阳性健康人群的血液中提取的HBsAg，作为血源性疫苗和基因工程生产的疫苗和多肽疫苗。我国主要应用乙肝疫苗预防母婴传播。对于HBV高危人群也可注射乙型肝炎疫苗预防HBV感染，接种3次，可持续5~10年以上。可每5年加强注射一次。

（2）食具、洗漱、刮面用具专用。

（3）尽可能推广应用一次性注射器和有关医疗用品。

（4）血清HBV感染标志物阳性者不能献血，避免从事饮食、食品加工和托幼工作。

（5）严格筛选献血者，严格掌握输血适应证，非必要时不输血和不用血制品。

（6）接触病人后用肥皂和流动的水洗手。

三、流行性感冒

流行性感冒简称流感，是由流感病毒引起的急性呼吸道传染病。与客观存在病毒引起的呼吸道感染不同，流感往往会引起较大流行，如2009年的甲型H1N1流感，造成了很多患者死亡。

（一）流感的主要症状

本病潜伏期1~3d。症状主要有急起高热、胃寒、头痛、乏力、全身酸痛等。高热持续2~3d后渐退，全身症状逐步好转，出现鼻塞、流涕、咽痛、干咳等上呼吸道症状。少数人有鼻出血、食欲不振、恶心等症状。严重者可并发病毒性肺炎。

（二）流感的传播途径

流感的特点是突然发病、迅速蔓延、发病率高、流行过程短。传染源是病人，自潜伏期末即可传染，病初2~3d传染性最强。传播途径主要是通过飞沫，病毒存在于病人的呼吸道分泌物中，通过说话、咳嗽或喷嚏散播至空气中，易感者吸入后即会感染，人群对流感病毒普遍易感，与年龄、性别、职业无关。

（三）流感的防治措施

流感患者应及早卧床休息、多饮水、防止继发感染。中药感冒退热冲剂、板蓝根冲剂在发病最初1~2d使用，可减轻症状。及早就诊，确诊后应隔离治疗，以减少传播。发现有患者后，宿舍、教室应开窗流通空气或晒太阳。病毒在流行期间应减少大型集会和集体活动，室内也应注意空气流通和清洁卫生。在流行期接种流感疫苗有一定预防作用。

四、病毒性上呼吸道感染

病毒性上呼吸道感染病是由多种病毒引起的急性上呼吸道感染，包括普通感冒，上呼吸道感染时常合并细菌感染，引起病情加重。成人每年可发生1~3次。病毒包括冠状病毒、肠道病毒、鼻病毒、腺病毒、呼吸道合胞病毒等。可侵犯上呼吸道的不同部位，引起炎症。

（一）病毒性上呼吸道感染的主要症状

上呼吸道感染潜伏期较短，起病急，常以咽部不适、干燥或咽痛为早期症状，继之有喷嚏、鼻塞、流涕等，可引起声音嘶哑、咳嗽、胸痛、体温升高，但体温很少超过39℃，3~4d后退热。此外，尚有全身酸痛、乏力、头痛、胃口差等症状。

（二）病毒性上呼吸道感染的传播途径

传染源主要是病人，主要通过直接接触和飞沫传播。人对这一病毒普遍易感。同一家庭及同一宿舍的人易相互感染。与流感不同的是，该病一般不引起大的流行。

（三）病毒性上呼吸道感染的预防措施

起病后可给予对症治疗，如解热镇痛药、感冒冲剂等。发病后应卧床休息、多饮水、多吃水果和易消化的食物。目前尚无特效药物，伴有细菌感染者可用抗生素治疗。上呼吸道感染尚无有效疫苗。平时要注意通风，不与患者共用毛巾、水杯等物品。

五、禽流感

禽流感是禽类流行性感冒的简称，是由A型禽流行性感冒病毒引起的一种禽类（家禽和野禽）传染病。根据禽流感致病性的不同，可以将禽流感分为高致病性禽流感、低致病性禽流感和无致病性禽流感。2004年国内外由H5N1血清型引起的禽流感为高致病性禽流感，发病率和死亡率都很高，危害巨大。

（一）禽流感的主要症状

禽流感病毒感染后可以表现为轻度的呼吸道、消化道症状，死亡率较低。或表现为较严重的全身性、出血性、败血性症状，死亡率较高。这种症状上的不同，主要是由禽流感的毒型决定的。

（二）禽流感的传播途径

禽流感病毒以飞沫及接触呼吸道分泌物为传播途径，通过消化道和呼吸道进入人体传染给人，人类直接接触受禽流感病毒感染的家禽及其粪便，或直接接触禽流感病毒也可以被感染。如果直接接触带有相当数量病毒的物品，如家禽的粪便、羽毛、呼吸道分泌物、血液等，也可经过眼结膜和破损皮肤引起感染。禽流感一般是经过呼吸道飞沫与空气传播、消化道感染引起人发病的。

（三）禽流感的预防措施

（1）加强禽类疾病的监测，一旦发现禽流感疫情，动物防疫部门应立即按有关规定进行处理。养殖和处理的所有相关人员做好防护工作。

（2）加强对密切接触禽类人员的监测。当这些人员中出现流感样症状时，

课堂笔记

应立即进行流行病学调查，采集病人标本并送至指定实验室检测，以进一步明确病原，同时应采取相应的防治措施。

（3）接触禽流感患者应戴口罩、戴手套、穿隔离衣。接触后应洗手。

（4）注意饮食卫生，不喝生水，不吃未熟的肉类及蛋类等食品。勤洗手，养成良好的个人卫生习惯。

（5）提倡健康的生活方式，平时加强体育锻炼，多休息，避免过度劳累，不吸烟。

（6）发现疫情时，应尽量避免与禽类接触，不吃未彻底煮熟的鸡肉等禽类食物。

六、肺结核

肺结核是由结核杆菌引起的一种缓慢发病的慢性呼吸道传染病。结核杆菌可引起肺部组织产生炎症、坏死和液化，也可产生结核结节。当机体免疫力提高，特别是经有效治疗后病变可吸收好转，也可纤维化，坏死组织可钙化。当机体免疫力下降时，病灶坏死液化加重、结核菌在肺内或全身播散、钙化灶重新活动。

（一）肺结核的主要症状

患者有全身中毒症状和呼吸系统症状。全身症状主要有长期低热，午后及傍晚开始，次晨降为正常。可伴有乏力、夜间盗汗。呼吸系统症状有咳嗽、咳痰、咳血、胸痛和气急。

（二）传播途径

结核病人咳嗽排菌是肺结核传播的主要来源。传播途径主要是病人与健康人之间经空气传播，患者咳嗽排出的结核菌悬浮在飞沫中，当人吸入后可引起感染。咳出的痰干燥后结核菌随尘埃飞扬，亦可造成吸入感染。

（三）肺结核的预防措施

（1）进行卡介苗接种。我国规定出生后即开始注射卡介苗，以后每隔5年作结核菌素复查，阴性者加种，直到15岁为止，进大学时也应进行复查。

（2）加强对结核病人的管理，病人咳嗽时应以手帕或纸掩口，不随地吐痰，或吐在纸里烧掉。

（3）大学生应注意养成良好的生活和学习习惯，注意营养和休息，加强体育锻炼，提高自身的免疫能力。

七、狂犬病

狂犬病是由狂犬病病毒引起的急性传染病，多见于犬、猫等食肉动物，人多因病兽咬伤而发病。病毒侵犯神经系统，引起神经系统变性和炎症，也可侵犯唾液腺等其他组织。

（一）狂犬病的主要症状

被狗或其他带有狂犬病病毒的动物咬伤后，发病的潜伏期长短不一，一般在3个月内，少数超过半年，最长可达十数年。发病时临床表现较突出，咬伤部位感觉异常、兴奋躁动、恐水怕风、咽喉痉挛、流涎多汗、瘫痪等。狂犬病的死亡率接近100%。

（二）狂犬病的传播途径

主要传染源是病犬，猪、猫、狼、蝙蝠也是传染源。病犬等动物的唾液中含病毒较多，动物咬人后，病毒通过被咬伤的伤口侵入体内。人对狂犬病病毒普遍易感，被病犬咬后是否发病与下列因素有关：头、面、颈、手指部咬伤后发病率高，创口深而大者发病率高，咬伤后迅速彻底清洗者发病率低，及时、全程、足量注射狂犬病疫苗者发病率低。

（三）狂犬病的预防措施

（1）对饲养的犬应做预防接种。

（2）一旦被咬伤。应及时用20%肥皂水充分清洗伤口，并不断擦拭，伤口不宜包扎。

（3）马上注射狂犬病疫苗，重度咬伤者可加用抗狂犬病免疫血清。

八、流行性腮腺炎

流行性腮腺炎（简称腮腺炎或流腮）是儿童和青少年中常见的呼吸道传染病，成人中也有发病。本病由腮腺炎病毒引起，该病毒主要侵犯腮腺，也侵犯各种腺组织神经系统及肝、肾、心脏、关节等几乎所有的器官。因此，除腮腺肿痛外，常可引起脑膜脑炎、睾丸炎、胰腺炎、卵巢炎等症状。

（一）流行性腮腺炎的主要症状

潜伏期8~30d，平均为18d，患者大多无前驱期症状，而以耳下部肿大为首发病象，少数病例可有短暂非特异性不适，可出现肌肉酸痛、食欲不振、倦怠、头痛、低热、结膜炎、咽炎等症状。起病大多较急，有发热、寒意、头痛、食欲不振、恶心、呕吐、全身疼痛等，数小时或1~2d后，腮腺即显肿大。发热至38℃~40℃不等，症状轻重也很不一致，成人患者一般较严重。腮腺肿胀最具特征性的是一侧首先肿胀，但也有两侧同时肿胀者。一般以耳垂为中心，向前、后、下发展，状如梨形而具坚韧感，边缘不清。局部皮肤紧张发亮，表面灼热，但多不红，轻触有痛感。

（二）传播途径

流行性腮腺炎为世界各地常见的传染病。全年均可发病，在温带地区以春、冬季最多，夏季较少，但也可发生流行。在热带无季节性差异。病人是传染源，飞沫的吸入是主要传播途径，接触病人后2~3周发病。在儿童集体机构、部队以及卫生条件不良的拥挤人群中易造成暴发流行。

（三）流行性腮腺炎的预防措施

（1）居室要定时通风换气，保持空气流通。

（2）隔离患者，使之卧床休息直至腮腺肿胀完全消退。

（3）加强体育锻炼，增加机体免疫力。

（4）多饮水。

（5）可以口服一些预防性药物，如采用中草药板蓝根30g或金银花9g煎

课堂笔记

服，每日 1 剂，连续 5 天。

(6) 少去人员集中的公共场所。

(7) 根据天气的变化增减衣服。

九、细菌性痢疾

细菌性痢疾简称菌痢，是由痢疾杆菌引起的常见急性肠道传染病。细菌主要侵犯结肠黏膜，引起肠黏膜的炎症反应，导致肠黏膜细胞的变性、坏死，坏死脱落后可形成小而浅的溃疡。严重的中毒性菌痢，由细菌毒素引起的全身中毒症状严重，可导致重要器官功能衰竭。

(一) 细菌性痢疾的主要症状

潜伏期数小时至 7d，多数为 1~2d。主要临床表现为胃寒、发热、腹痛、腹泻、脓血便和里急后重。腹泻每天 10~20 次，大便量少。呈糊状或脓血便。

(二) 细菌性痢疾的传播途径

传染源是病人和带菌者。病人及带菌者的粪便中含大量痢疾杆菌，粪便直接或间接污染食物、饮水，通过手等经口进入肠道而感染。

(三) 细菌性痢疾的防治措施

(1) 强调饮食、饮水卫生，消灭苍蝇，养成饭前便后洗手的习惯。

(2) 熟食和瓜果不要在冰箱中放置过久，取出后先加热或消毒再食用。

(3) 不要吃生菜和不洁瓜果。

(4) 口服大蒜、黄连有一定的预防作用。

(5) 一旦确诊为菌痢，应进行隔离、卧床休息。饮食以流食或半流食为宜，忌食多渣多油或有刺激性的食物。

(6) 有脱水现象者应口服或静脉补充生理盐水或葡萄糖盐水，及时、合理使用抗菌药物。

第二节　预防职业疾病

职业病危害广泛存在于冶金、机械、造船、纺织、化工、医药、轻工业、电子、仪表、建筑、采矿、农业等各个行业。大学生走向工作岗位后，会从事各种工作，了解职业病的相关知识，有利于大学生在工作中保护自己的身体健康。

一、职业病的概念

职业病，指企业、事业单位和个体经济组织（以下统称用人单位）的劳动者在职业活动中，因接触粉尘、放射性物质和其他有毒、有害物质等因素而引起的疾病。

要构成我国法律所规定的职业病必须具备以下四个条件，缺一不可。

(1) 患病主体是企业、事业单位或个体经济组织的劳动者。

（2）必须是在从事职业活动的过程中产生的。

（3）必须是因接触粉尘、放射性物质和其他有毒、有害物质等职业病危害因素引起的。

（4）必须是国家公布的职业病分类和目录中所列的职业病。

我国政府规定诊断为职业病的患者，在治疗休息期间，以及确定为伤残或治疗无效而死亡时，按照国家有关规定，享受工伤保险待遇或职业病待遇。

二、职业病目录

根据《中华人民共和国职业病防治法》第 2 条的规定，职业病的分类和目录由国务院卫生行政部门同国务院劳动保障行政部门规定、调整并公布。主要包括以下几种：

（一）尘肺

矽肺、煤工尘肺、石墨尘肺、炭黑尘肺、石棉肺、滑石尘肺、水泥尘肺、云母尘肺、陶工尘肺、铝尘肺、电焊工尘肺、铸工尘肺，以及根据《尘肺病诊断标准》和《尘肺病理诊断标准》可以诊断的其他尘肺。

（二）职业性放射性疾病

外照射急性放射病、外照射亚急性放射病、外照射慢性放射病、内照射放射病、放射性皮肤疾病、放射性肿瘤、放射性骨损伤、放射性甲状腺疾病、放射性性腺疾病、放射复合伤，以及根据《职业性放射性疾病诊断标准（总则）》可以诊断的其他放射性损伤。

（三）职业性皮肤病

接触性皮炎、光敏性皮炎、电光性皮炎、黑变病、痤疮、溃疡、化学性皮肤灼伤，以及根据《职业性皮肤病诊断标准（总则）》可以诊断的其他职业性皮肤病。

（四）职业性眼病

化学性眼部灼伤、电光性眼炎、职业性白内障（含辐射性白内障、三硝基甲苯白内障）。

（五）职业性耳鼻喉口腔疾病

噪声聋、铬鼻病、牙酸蚀病。

（六）职业性肿瘤

石棉所致肺癌、间皮瘤、联苯胺所致膀胱癌、苯所致白血病、氯甲醚所致肺癌、砷所致肺癌、皮肤癌、氯乙烯所致肝血管肉瘤、焦炉工人肺癌、铬酸盐制造业工人肺癌。

（七）职业中毒

铅及其化合物中毒（不包括四乙基铅）、汞及其化合物中毒、锰及其化合物中毒、镉及其化合物中毒、铍病、铊及其化合物中毒、钡及其化合物中毒、钒及其化合物中毒、磷及其化合物中毒、砷及其化合物中毒、铀中毒、砷化氢中毒、氯气中毒、二氧化硫中毒、光气中毒、氨中毒、偏二甲基肼中毒、

课堂笔记

氮氧化合物中毒、一氧化碳中毒、二硫化碳中毒、硫化氢中毒、磷化氧、磷化锌、磷化铝中毒、工业性氟病、氰及腈类化合物中毒、四乙基铅中毒、有机锡中毒、羰基镍中毒、苯中毒、甲苯中毒、二甲苯中毒、正己烷中毒、汽油中毒、一甲胺中毒、有机氟聚合物单体及其热裂解物中毒、二氯乙烷中毒、四氯化碳中毒、氯乙烯中毒、三氯乙烯中毒、氯丙烯中毒、氯丁-二烯中毒、苯的氨基及硝基化合物（不包括三硝基甲苯）中毒、三硝基甲苯中毒、甲醇中毒、酚中毒、五氯酚（钠）中毒、甲醛中毒、硫酸二甲酯中毒、丙烯酰胺中毒、二甲基甲酰胺中毒、有机磷农药中毒、氨基甲酸酯类农药中毒、杀虫脒中毒、溴甲烷中毒、拟杀虫菊酯类农药中毒，根据《职业性中毒性肝病诊断标准》可以诊断的职业性中毒性肝病以及根据《职业性急性化学物中毒诊断标准（总则）》可以诊断的其他职业性急性中毒。

（八）物理因素所致的职业病

中暑、减压病、高原病、航空病、手臂振动病。

（九）生物因素所致的职业病

炭疽、森林脑炎、布氏杆菌病。

（十）其他职业病

金属烟热、职业性哮喘、职业性变态反应性肺泡炎、棉尘病、煤矿井下工人滑囊炎。

三、用人单位应尽的义务

（1）对从事接触职业病危害作业的劳动者，用人单位应当按照国务院卫生行政部门的规定，组织上岗前、在岗期间和离岗时的职业健康检查，并将检查结果如实告知劳动者。职业健康检查费用由用人单位承担。

（2）用人单位和医疗卫生机构发现职业病病人或者疑似职业病病人时，应当及时向所在地疾病预防控制中心报告。确诊为职业病的，用人单位还应当向所在地劳动保障行政部门报告。

（3）用人单位应当按照国家有关规定，安排职业病病人进行治疗、康复和定期检查。用人单位对不适宜继续从事原工作的职业病病人，应当调离原岗位，并妥善安置。

（4）职业病病人除依法享有工伤社会保险外，依照有关民事法律，尚有获得赔偿的权利，有权向用人单位提出赔偿要求。

（5）劳动者被诊断患有职业病，但用人单位没有依法参加工伤社会保险的，其医疗和生活保障由最后的用人单位承担。最后的用人单位有证据证明该职业病是先前用人单位的职业病危害造成的，由先前的用人单位承担。

（6）用人单位应当及时安排对疑似职业病病人进行诊断，在疑似职业病病人诊断或者医学观察期间，不得解除或者终止与其订立的劳动合同。疑似职业病病人在诊断、医学观察期间的费用，由用人单位承担。

（7）职业病病人的诊疗、康复费用，伤残以及丧失劳动能力的职业病病人的社会保障，按照国家有关工伤社会保险的规定执行。

（8）职业病病人变动工作单位，其依法享有的待遇不变。

用人单位发生分立、合并、解散、破产等情形的，应当对从事接触职业病危害作业的劳动者进行健康检查，并按照国家有关规定妥善安置职业病病人。

四、职业病的救济

（1）对用人单位未依法参加工伤保险的，应向县级以上人民政府劳动保障行政部门提出请求，要求督促单位为劳动者参加工伤保险。

（2）对单位在与劳动者订立劳动合同前未告知劳动者将从事的工作可能具有的危险，或者在变更劳动合同时没有告知劳动者新工作可能增加的患职业病的，劳动者可以向单位主张合同无效或者部分无效。在单位不予认可的情况下，劳动者可请求单位所在地或者劳动者居住地的劳动仲裁委员会申请确认合同无效。

（3）对未经体检，即安排劳动者上岗从事可能患职业病的工作，或者终止与从事可能患职业病工作的劳动者的合同时没有按法律规定对劳动者进行体检的，可请求卫生行政部门督促单位为劳动者进行体检，并给予警告，责令改正。

（4）对用人单位不给劳动者建立个人健康监护档案的，可请求卫生行政部门责令用人单位建立健康监护档案，并给予警告，限期改正。

（5）对用人单位不安排疑似职业病劳动者检查的，可请求卫生行政部门责令单位安排检查，警告并限期改正。

五、易发生职业病的行业

（1）鞋厂、皮具、皮件厂是使用黏合剂的企业，加工过程中常用含苯、正己烷、二氯乙烷的黏合剂，工人长期接触容易引起苯中毒、正己烷中毒、二氯乙烷中毒。

（2）玻璃厂、石材、宝石加工厂通常因切割、雕刻、抛光、打磨等工序接触粉尘，易引起尘肺病中的矽肺；长期使用多种电动工具，会引起肢端血管痉挛，末梢神经感觉障碍的振动病和噪声病。

（3）电工电子元件厂的焊锡工人易患铅中毒，清洗电路板用到三氯乙烯或天拿水等，易引起正己烷中毒、三氯乙烯中毒和苯中毒。一些电子产品中含铅、汞、镉等金属，可能会引起铅中毒、汞中毒、镉中毒。

（4）玩具厂用到的一些油漆中含苯、铅，容易引起苯中毒、铅中毒。用三氯乙烯、正己烷、天拿水（含苯）作为清洗剂，易引起三氯乙烯中毒、正己烷中毒和苯中毒。用含有二氯乙烷的胶水做黏合剂则引起二氯乙烷中毒。玩具制造多有噪声，易损伤听力。

（5）医学影像专业和微机操作人员，由于经常接触放射线，会发生白血病、再生障碍性贫血、各种肿瘤、眼底病变、生殖系统疾病、早衰等。

（6）印刷厂常用白电油、汽油、天那水做清洗剂来清洗印刷机器，油墨和印刷品含有有机溶剂，易引起正己烷中毒、汽油中毒、苯中毒。

（7）五金厂使用三氯乙烯、天拿水、白电油清洗产品，引起三氯乙烯中

课堂笔记

毒、苯中毒、正己烷中毒，打磨、抛光产生的粉尘引起尘肺、振动病和噪声病。

(8) 陶瓷厂以陶土为原料，长期吸入这些粉尘极易引起陶工尘肺。烧制陶瓷温度很高，夏天易引起中暑。

(9) 纺织制衣行业，高温高湿环境危害易中暑，用眼紧张导致视力减退。染布、印花在干燥和蒸发过程中也会接触可致癌的苯胺类染料。接触棉、麻粉尘引起的疾病有纱厂热、织布工咳、急性呼吸道病和棉尘症。

(10) 金属制品加工厂的电焊、喷漆工人易患电焊工尘肺，焊条含铅、锰，还会引起铅中毒、锰中毒。喷漆含苯，很容易引起苯中毒。喷砂、打砂工人还会引起尘肺中的矽肺。铁板要经过打磨、冲压，在此过程中产生很大的噪声，使听力下降，导致职业性听力损伤。电镀中使用的提取液和电镀液中含有氰化物，易导致相关化学品中毒。

(11) 办公室白领疾病。目前中国职业病立法仅限于由实际物理、化学危害因素导致的疾病。虽然学理上职业病涉及劳动过程中诸如劳动制度、劳动压力等致病因素导致的疾病，但是法定职业病范围尚未扩展到办公室工作引起的疾病。办公室人员也要注意防止颈椎、腰椎疾病、痔疮、胃病、干眼症的发生。

六、常见职业病的主要症状

(一) 急性中毒

急性中毒主要引起中毒麻醉，其过程与醉酒或手术时的全身麻醉相似，轻者头昏、头胀、头痛、眩晕、酩酊感，意识稍模糊，或兴奋、欣快感、步态不稳等。如果继续吸入，神志模糊加重，进入浅昏迷状态，呼之不应，无目的地工作（例如一直在同一地点刷油漆）或乱动。再继续吸入，陷入深昏迷而倒下，严重者呼吸停止，继之心跳停止。

(二) 锰及其化合物中毒

轻度中毒常有嗜睡、淡漠、精神萎靡，继之有失眠、乏力、头昏、头痛、注意力涣散、记忆力减退等。中度中毒除上述症状和体征外，还有两腿发沉、走路笨拙并缓慢，易跌倒。语言单调、口吃，举止缓慢，完成精细动作困难，面部表情呆滞。重度中毒的精神症状有：患者四肢僵直，动作缓慢笨拙，说话含糊不清，面部表情减少呈面具样。

(三) 汞及其化合物中毒

最先出现一般性神经衰弱症状，如轻度头昏、头痛、健忘、多梦等。部分病例会有心悸、多汗等植物神经系统紊乱现象。易兴奋症，即慢性汞中毒的精神症状，其表现多种多样，如失眠或嗜睡、性情抑郁孤僻而又急躁，易紧张激动与发怒而自己不能控制。手指、舌头、眼睛明显震颤，而以手指及手部震颤最为突出。重病者讲话不灵活，步态不稳，下楼时更明显。病情较急较重者的口中金属味与唾液增加，早晨醒来时见到枕套潮湿。苯中毒，苯主要以蒸气形式由呼吸道吸入。苯的急性毒作用主要为中枢神经麻醉，慢性毒作用主要影响骨髓造血功能，表现为骨髓毒性和致白血病作用。

（四）有机锡中毒

主要表现为皮肤黏膜刺激症状和中枢神经系统症状。皮肤黏膜刺激症状有眼痛、流泪、流涕、喷嚏、咽喉干燥、干咳等。严重时，出现咳嗽、胸闷、呼吸困难，可发生肺炎和肺水肿。中枢神经系统症状早期出现头痛，先为阵发性，后为持续性，可十分剧烈，也常见头晕，患者精神萎靡，疲乏无力，食欲减退，恶心，频繁呕吐。常出现心动过缓、多汗、手指震颤。严重病人可突然昏迷，抽搐，呼吸停止。

（五）铅及其化合物中毒

职业性铅中毒多为慢性中毒，临床上有神经、消化、血液等系统的综合症状。神经系统，主要表现为神经衰弱、多发性神经病和脑病。早期和较常见的症状表现为头昏、头痛、全身无力、记忆力减退、睡眠障碍、多梦等，其中以头昏、全身无力最为明显。多发性神经病，表现为四肢麻木和四肢末端呈手套袜子型感觉障碍或桡神经支配的手指和手腕伸肌呈腕下垂。消化道症状包括在齿龈边缘出现的蓝灰色铅线、口内金属味、食欲不振、上腹部胀闷、不适、腹部隐痛和便秘，大便干结呈算盘珠状，铅绞痛发作前常有顽固性便秘作为先兆。严重的腹绞痛易被误诊为外科急腹症。

（六）正己烷中毒

长期低浓度接触可引起慢性中毒，感觉减退通常波及两手、两足，跟腱反射减弱。较重者出现运动神经病，常伴有无力、食欲减退和体重减轻。通常下肢远端无力、肌肉痉挛样疼痛，上肢较少受累，仅手部肌肉无力。感觉运动型周围神经病也以运动障碍为主，痛觉、触觉消失常限于手及足部，振动觉及位置觉轻度减退。人吸入高浓度正己烷可引起急性中毒，出现眼和呼吸道刺激症状，以及头痛、头昏、恶心、乏力、胸闷，甚至意识不清。严重者发生中枢神经抑制。

（七）三氯乙烯中毒

吸入性中毒多在接触半小时内，少数在数小时后出现症状。除眼睛及呼吸道刺激症状外，主要有头晕、头痛、乏力、嗜睡、欣快感、易激动、步态不稳及恶心、呕吐、肢体发麻、抽动、震颤、肌肉和关节疼痛等。长期接触本品可致慢性中毒。症状表现与急性中毒类似，但程度较轻。早期患者常诉疲乏、头痛、发作性眩晕、易激动、睡眠障碍、记忆力减退，以及心悸、震颤、食欲不振等，尤以神经症状及视神经病变为突出。

（八）硫化氢中毒

轻者出现头痛、头昏、乏力、恶心、眼胀痛、咽干、咳嗽等症状。较重者上述症状加重，并出现胸闷、心悸等症状，视力模糊、眼结膜水肿及角膜糜烂，神志出现轻度意识障碍。重症者则神志昏迷，出现肺水肿、脑水肿，呼吸循环衰竭。很高浓度的硫化氢吸入后，会导致吸入者呼吸、心跳骤停。

（九）尘肺

尘肺病无特异的临床表现，其临床表现多与合并症有关。

（1）咳嗽。早期尘肺病人咳嗽多不明显，但随着病程的进展，病人多合并慢性支气管炎，晚期病人多合并肺部感染，均可使咳嗽明显加重。咳嗽与季节、气候等有关。

（2）咳痰。咳痰主要是呼吸系统对粉尘的不断清除所引起的。一般咳痰量不多，多为灰色稀薄痰。如合并肺内感染及慢性支气管炎，痰量则明显增多，呈黄色黏稠状或块状，常不易咳出。

（3）胸痛。尘肺病人常常感觉胸痛，胸痛和尘肺临床表现多无相关或平行关系。部位不一，且常有变化，多为局限性。一般为隐痛，也可胀痛、针刺样痛等。

（4）呼吸困难。随肺组织纤维化程度的加重，有效呼吸面积减少，通气/血流比例失调，呼吸困难也逐渐加重。合并症的发生可明显加重呼吸困难的程度和发展速度。

（5）咳血。较为少见，可能会由于呼吸道长期慢性炎症引起黏膜血管损伤，痰中带少量血丝也可能由于大块纤维化病灶的溶解破裂损及血管而使血量增多。

（6）其他。除上述呼吸系统症状外，可有程度不同的全身症状，常见有消化功能减退等。

七、职业病的诊断与争议解决

根据《职业病诊断与鉴定管理办法》的有关规定，对职业病诊断及产生异议的职业病鉴定程序如下：

（一）诊断

劳动者可以在用人单位所在地或者本人居住地依法承担职业病诊断的医疗卫生机构进行职业病诊断，并提供以下材料：

（1）职业史。

（2）职业病危害接触史和现场危害调查与评价。

（3）临床表现以及辅助检查结果等。

（二）争议解决

当事人对职业病诊断有异议的，可以向做出诊断的医疗卫生机构所在地的地方人民政府卫生行政部门申请鉴定。职业病诊断争议由社区的市级以上地方人民政府卫生行政部门根据当事人的申请，组织职业病诊断鉴定委员会进行鉴定。

申请职业病鉴定时应当提供以下材料：

（1）职业史、既往史。

（2）职业健康监护档案复印件。

（3）职业健康检查结果。

（4）工作场所历年职业病危害因素检测、评价资料。

（5）诊断机构要求提供的其他必需的有关材料。

当事人对社区的市级职业病诊断鉴定委员会的鉴定结论不服的，在接到职业病诊断鉴定书之日起 15 日内，可以向原鉴定机构所在地省级卫生行政部门申请再鉴定。省级职业病诊断鉴定委员会的鉴定为最终鉴定。

职业病诊断鉴定委员会由卫生行政部门组织。职业病诊断鉴定办事机构应当在受理鉴定之日起 60 日内组织鉴定。职业病鉴定的费用由用人单位承担。

职业病诊断机构做出职业病诊断后，应当向当事人出具职业病诊断证明书。职业病诊断证明书应当明确是否患有职业病，对患有职业病的，还应当载明所患职业病的名称、程度、处理意见和复查时间。

办公室白领最常见的五大职业病

一、颈椎病

（一）颈椎病的病因

现在城市生活、工作压力大，电脑普及率也很高，上班族长期在电脑面前坐着。由于长期坐姿的不正确，肌肉、软组织产生疲劳，导致颈椎超负荷的承重。长期的、反复的劳损刺激，产生疼痛。除了颈椎疼痛外，如果出现骨质增生、韧带的肥厚，可以导致椎孔的狭窄，椎间盘退变，产生椎间盘突出，那就不仅是一个劳损的问题。还会出现神经的刺激，如手、肩部发麻等。

（二）对策

操作电脑时要保持正确坐姿：

(1) 确保坐着时整个脚掌着地。使用让脚部平稳着地的可调节工作台、椅子，或者使用脚垫。

(2) 如果使用脚垫，确保脚垫宽度足够使腿可以在工作区内自由活动。

(3) 经常伸展腿部并改变腿的姿势。

(4) 要经常站起来离开工作台稍微走动，经常改变腿部的位置，使人整体放松一下。

(5) 注意不要将箱子或其他物品放置在桌下面，这样会限制腿部的活动空间。

二、腰椎病

（一）腰椎病的病因

夏秋季长时间吹过冷的空调导致颈腰部受凉是疼痛的主要诱因。伸颈和久坐导致颈肩部、腰部处于慢性紧张疲劳状态，再加上空调低温，则会感到脖子痛、腰痛，严重者甚至出现头晕、手麻、失眠、健忘等神经症状。

（二）对策

要尽量减少坐的时间，或坐一会儿变动一下姿势，站起来活动一下，中途可做一下腰部按摩。

课堂笔记

三、尾骨受伤

(一) 尾骨受伤的原因

经常感到臀部尾骨隐隐作痛，有时接连两三天都坐立难安。别忽视这样的症状，这是女性易患的疾病——尾骨受伤。

尾骨疼痛的症状包括臀部尾骨附近有压痛点或腿痛现象，范围包括尾骨、提肛肌及周围的软组织等。长久坐姿不正确，压迫尾骨神经，即可造成尾骨受伤而疼痛。

(二) 对策

平时保持良好的坐姿，减轻对脊椎的压迫，多运动可减少尾骨受伤的机会。

患有慢性的尾椎骨疼痛者，最重要的是尽量减少或避免患处承受压力，平常坐的时候，可在椅子上摆个类似救生圈的减压坐垫，减轻患处的压力。这种中空设计的坐垫，可分散尾椎骨及臀部的压力，使患者可以坐得久一些，工作更方便。

在家里，应经常热敷患处，或让中医用超声波治疗，加强疼痛部位的血液循环，促进疗效。

四、肌肉酸痛

(一) 肌肉酸痛的原因

人体内的细胞要靠血的运输来完成其新陈代谢功能，久坐可使体内携氧血液量减少，氧分压降低和携二氧化碳血液量增多，二氧化碳分压升高，引起肌肉酸痛、僵硬、萎缩。

(二) 对策

医学专家建议，凡因工作需要久坐的人，一次不要连续超过8h，工作中每隔2h应进行一次约10min的活动，或自由走动，或做操等。

五、消化不良

(一) 消化不良的原因

久坐缺乏全身运动，会使胃肠蠕动减弱，消化液分泌减少，日久就会出现食欲不振、消化不良以及脘腹饱胀等症状。

久坐不动者每日正常摄入的食物，聚积于胃肠，使胃肠负荷加重，长时间紧张蠕动也得不到缓和，长此以往可致胃及十二指肠球部溃疡穿孔及出血等慢性难愈顽症。

(二) 对策

培养“植物化”饮食习惯。多吃干豆类、海藻类、地下根（茎）类和新鲜蔬菜及时令水果等。这些食品含有丰富的膳食纤维，可增进肠道蠕动，缩短食物通过的时间，使食物中所含有害物质接触肠黏膜的机会减少，还可吸附带走部分有害物质，减少毒害。

课堂笔记

第三节　艾滋病的预防

一、严峻的现状

1981 年在美国被发现的艾滋病被称为“20 世纪的瘟疫”。国际医学界至今尚无防治艾滋病的有效药物和治疗方法，因此艾滋病也被称为“超级癌症”和“世纪杀手”。20 世纪 80 年代在我国被称为“爱死病”。

国家卫生健康委最新统计显示，2020 年 1—10 月，全国报告艾滋病感染者 11.2 万例，截至 2020 年 10 月底，我国报告的现存艾滋病感染者 104.5 万例，性传播比例在 95%以上，其中异性传播占 70%以上，目前全球还没有有效疫苗和治愈药物。我国艾滋病的传播影响因素更加复杂，防治任务更加艰巨。

二、艾滋病常识

（一）艾滋病（AIDS）

艾滋病（AIDS）即获得性免疫缺陷综合征，是由人类免疫缺陷病毒（HIV）引起的一种严重传染病。艾滋病病毒简称 HIV，是一种能攻击人体免疫系统的病毒。它把人体免疫系统中最重要的 T4 淋巴细胞作为攻击目标，大量吞噬、破坏 T4 淋巴细胞，从而破坏免疫系统，最终使免疫系统崩溃，使人体因丧失对各种疾病的抵抗能力而发病并死亡。

艾滋病最早于 20 世纪 80 年代初期在美国被识别，早期的病人都是年轻的男同性恋者，因此艾滋病一度被称作“同性恋病”，并受到当时里根保守政府的忽视。但在美国疾病控制与预防中心以及有识的医生与科学家的持续工作下，累积了信服性的流行病学数据，显示艾滋病有一定的传染性致因（etiology），同时，因输血导致非同性恋者罹患艾滋病的病例逐渐增多，许多科学家开始调查此传染性病原。

（二）艾滋病患者的临床症状

艾滋病的临床症状多种多样，一般初期的开始症状像伤风、流感、全身疲劳无力、食欲减退、发热、体重减轻，随着病情的加重，症状日见增多，如皮肤、出现白色念珠菌感染，单纯疱疹、带状疱疹、紫斑、血肿、血疱、滞血斑、皮肤容易损伤、伤后出血不止等；以后渐渐侵犯内脏器官，不断出现原因不明的持续性发热，可长达 3~4 个月；还可出现咳嗽、气短、持续性腹泻便血、肝脾肿大、并发恶性肿瘤、呼吸困难等。由于症状复杂多变，每个患者并非上述所有症状全都出现。一般常见一二种以上的症状。按受损器官来说，侵犯肺部时常出现呼吸困难、胸痛、咳嗽等；如侵犯胃肠可引起持续性腹泻、腹痛、消瘦无力等；如侵犯血管而引起血管性血栓性心内膜炎、血小板减少性脑出血等。

（三）艾滋病的致命性

艾滋病通过性、血液和母婴三种接触方式传播，是一种严重危害健康的传染性疾病。当人体处于正常状态时，体内免疫系统可以有效抵抗各种病毒的袭击。一日艾滋病病毒侵入体内，这种良好的防御体系便会土崩瓦解，各种病毒乘机通过血液、破损伤口长驱直入。此外，人体内一些像癌细胞之类的不正常细胞，也会迅速生长、繁殖，最终发展成各类癌瘤。通俗地讲，艾滋病病毒是通过破坏人的免疫系统和机体抵抗能力，而给人以致命的打击。

三、艾滋病的传播途径及易感染人群

（一）艾滋病的传染途径

艾滋病病毒感染者虽然外表和正常人一样，但他们的血液、精液、阴道分泌物、皮肤黏膜破损或炎症溃疡的渗出液里都含有大量艾滋病病毒，具有很强的传染性；乳汁也含病毒，有传染性。唾液、泪水、汗液和尿液中也有病毒，但很少，传染性不大。已经证实的艾滋病传染途径主要有三条，其核心是通过性传播和血液传播，一般的接触并不能传染艾滋病，所以艾滋病患者在生活当中不应受到歧视，如共同进餐、握手等都不会传染艾滋病。

（1）性接触传播：包括同性及异性之间的性接触。肛交、口交有着更大的传染危险。

（2）血液传播：

①输入污染了 HIV 的血液或血液制品。

②静脉药瘾者共用受 HIV 污染的、未消毒的针头及注射器。

③共用其他医疗器械或生活用具（如与感染者共用牙刷、剃刀）也可能经破损处传染，但罕见。

④注射器和针头消毒不彻底或不消毒，特别是儿童预防注射未做到一人一针一管危险更大；口腔科器械、接生器械、外科手术器械、针刺治疗用针消毒不严密或不消毒；理发、美容（如文眉、穿耳），文身等的刀具、针具，浴室的修脚刀；和他人共用刮脸刀、剃须刀、牙刷；输用未经艾滋病病毒抗体检查的供血者的血或血液制品，以及类似情况下的输骨髓和器官移植；救护流血的伤员时，救护者本身破损的皮肤接触伤员的血液。

（3）母婴传播：也称围产期传播，即感染了 HIV 的母亲在产前、分娩过程中及产后不久将 HIV 传染给了胎儿或婴儿。可通过胎盘，或分娩时通过产道，也可通过哺乳传染。

血液传播是感染最直接的途径。输入被病毒污染的血液，使用了被血液污染而又未经严格消毒的注射器、针灸针、拔牙工具，都是十分危险的。另外，如果与艾滋病病毒感染者共用一支未消毒的注射器，也会被留在针头中的病毒所感染。

（二）易感染艾滋病人群

（1）男性同性恋者包括双性恋者，由于肛交，所以是艾滋病的高危人群。但同性恋不等于艾滋病。

（2）吸毒者经静脉注射毒品成瘾者占全部艾滋病病例的 15%～17%，主

课堂笔记

要是因为吸毒过程中反复使用了未经消毒或消毒不彻底的注射器、针头，其中被艾滋病毒污染的注射器具造成了艾滋病在吸毒者中的流行和传播，使吸毒者成为第二个最大的艾滋病危险人群。

（3）第三大易感人群为血友病患者，在所有艾滋病患者中，因血友病而感染病毒的占1%左右。因为血友病是一种因体内缺乏凝血因子Ⅷ（Ⅸ）（还有其他因子缺乏者，主要且最多的发病者是因子凝血因子Ⅷ或Ⅸ）而得的疾病，如果不输入外源性凝血因子Ⅷ（Ⅸ），则病人可能在受轻微外伤后就流血不止。

（4）接受输血或血液制品者，除了抗血友病制剂外，其他血液与血液制品（浓缩血细胞、血小板、冷冻新鲜血浆）的输注也与艾滋病的传播有关。

四、艾滋病的预防

目前尚无预防艾滋病的有效疫苗，因此最重要的是采取预防措施。

（1）坚持洁身自爱，不卖淫、嫖娼，避免婚前、婚外性行为。

（2）严禁吸毒。

（3）不要擅自输血和使用血制品，要在医生的指导下使用。

（4）不要借用或共用牙刷、剃须刀、刮脸刀等个人用品。

（5）使用安全套是性生活中最有效的预防性病和艾滋病的措施之一。

（6）要避免直接与艾滋病患者的血液、精液、乳汁和尿液接触，切断其传播途径。

世界各国的经验表明，歧视、排斥艾滋病感染者是非常不利于预防和控制艾滋病传播的。如果身边发现艾滋病感染者，不用害怕，更不能看不起，排斥他们和他们的家人。对于公开了病情的艾滋病感染者，更加容易防范。艾滋病感染者在很长时间内同样具有工作和生活能力，照样能够为国家和家庭做出贡献。因此，对待艾滋病感染者的正确态度是：同情、关心并尽力帮助他们，使他们能够正常生活和工作；不扩散他们的病情。

知识小卫士

《中华人民共和国职业病防治法》的相关内容

为了预防、控制和消除职业病危害，防治职业病，保护劳动者健康及其相关权益，促进经济社会发展，根据宪法，制定本法。本法适用于中华人民共和国领域内的职业病防治活动。

第四条　劳动者依法享有职业卫生保护的权利。

用人单位应当为劳动者创造符合国家职业卫生标准和卫生要求的工作环境和条件，并采取措施保障劳动者获得职业卫生保护。

工会组织依法对职业病防治工作进行监督，维护劳动者的合法权益。用人单位制定或者修改有关职业病防治的规章制度，应当听取工会组织的意见。

第五条　用人单位应当建立、健全职业病防治责任制，加强对职业病防治的管理，提高职业病防治水平，对本单位产生的职业病危害承担责任。

第六条　用人单位的主要负责人对本单位的职业病防治工作全面负责。

课堂笔记

第七条　用人单位必须依法参加工伤保险。

国务院和县级以上地方人民政府劳动保障行政部门应当加强对工伤保险的监督管理，确保劳动者依法享受工伤保险待遇。

第十四条　用人单位应当依照法律、法规要求，严格遵守国家职业卫生标准，落实职业病预防措施，从源头上控制和消除职业病危害。

第十五条　产生职业病危害的用人单位的设立除应当符合法律、行政法规规定的设立条件外，其工作场所还应当符合下列职业卫生要求：

（一）职业病危害因素的强度或者浓度符合国家职业卫生标准；

（二）有与职业病危害防护相适应的设施；

（三）生产布局合理，符合有害与无害作业分开的原则；

（四）有配套的更衣间、洗浴间、孕妇休息间等卫生设施；

（五）设备、工具、用具等设施符合保护劳动者生理、心理健康的要求；

（六）法律、行政法规和国务院卫生行政部门关于保护劳动者健康的其他要求。

第六十九条　建设单位违反本法规定，有下列行为之一的，由卫生行政部门给予警告，责令限期改正；逾期不改正的，处十万元以上五十万元以下的罚款；情节严重的，责令停止产生职业病危害的作业，或者提请有关人民政府按照国务院规定的权限责令停建、关闭：

（一）未按照规定进行职业病危害预评价的；

（二）医疗机构可能产生放射性职业病危害的建设项目未按照规定提交放射性职业病危害预评价报告，或者放射性职业病危害预评价报告未经卫生行政部门审核同意，开工建设的；

（三）建设项目的职业病防护设施未按照规定与主体工程同时设计、同时施工、同时投入生产和使用的；

（四）建设项目的职业病防护设施设计不符合国家职业卫生标准和卫生要求，或者医疗机构放射性职业病危害严重的建设项目的防护设施设计未经卫生行政部门审查同意擅自施工的；

（五）未按照规定对职业病防护设施进行职业病危害控制效果评价的；

（六）建设项目竣工投入生产和使用前，职业病防护设施未按照规定验收合格的。

第七十条　违反本法规定，有下列行为之一的，由卫生行政部门给予警告，责令限期改正；逾期不改正的，处十万元以下的罚款：

（一）工作场所职业病危害因素检测、评价结果没有存档、上报、公布的；

（二）未采取本法第二十条规定的职业病防治管理措施的；

（三）未按照规定公布有关职业病防治的规章制度、操作规程、职业病危害事故应急救援措施的；

（四）未按照规定组织劳动者进行职业卫生培训，或者未对劳动者个人职业病防护采取指导、督促措施的；

（五）国内首次使用或者首次进口与职业病危害有关的化学材料，未按照规定报送毒性鉴定资料以及经有关部门登记注册或者批准进口的文件的。

课堂笔记

第十四章　禁止黄赌毒

第一节　“黄赌毒”是万恶之源

大学生一旦和“黄赌毒”沾上边，轻则违反校纪校规，重则触犯法律，对自己、对他人、对家庭、对社会都将造成严重的危害。

一、荒废学业

大学生是祖国现代化建设的接班人，是现代科学知识的载体，他们带着金色的理想、学习成才的愿望跨进大学校园，使大学殿堂充满昂扬向上的朝气。而一旦有人被“黄赌毒”污染，理想和理智的防线就会崩溃，轻者不思进取、想入非非，终日心神不定、精神萎靡不振，课上不能认真听讲，课后不能及时温习功课；重者沉湎其中不能自拔，学业完全放弃，以至于在原始欲望的支配下坠入犯罪的深渊，成为社会发展的负面因子。

二、污染社会和校园风气

“黄赌毒”不仅会大大污染大学校园风气，有时甚至还会危及社会。

三、伤害身心

大学生正处于黄金年龄段，身体发育已趋于成熟，性意识已经觉醒，如果整日只知寻求欲望的满足，势必要大大消耗身体，极不利于健康成长；在得不到满足的情况下，又容易形成心理障碍或身心疾病。特别是性行为，一不小心还有可能染上性病和艾滋病，从而造成严重后果。此外，涉黄的录像厅、游戏机房，往往条件简陋、设备老化，多是违法操作，经营者只注重隐蔽性而忽视安全性。震惊全国的河南焦作“3・29”特大火灾，就有数名大学生是在录像厅中被烧死的。

赌博是多种疾病的导火索。经常去赌场者往往嗜赌成瘾，呈现出一种病态心理。一旦进入那种长时间保持精神高度集中的紧张状态，加上废寝忘食，极易导致心理和精神疾病，从而引起消化系统紊乱和腰肌劳损等。近年来，在报刊上常有嗜赌者赌博休克倒毙的事例。

毒品之所以被人们称为“幽灵”“瘟疫”“魔鬼”，是由于吸毒极易上瘾且戒断很难，久而久之，身体严重中毒便产生各种病态反应：烦躁不安、失

课堂笔记

眠、疲乏、精神不振、腹痛、腹泻、呕吐等。特别是有些吸毒者往往使用不洁净的针头、器具注射海洛因等毒品，为艾滋病的传播提供了通道。云南某大学学生戴某，结交了社会上不三不四的“朋友”，其中有的就在一起吸食和注射毒品。戴某起初因为好奇也学着吸毒，久而成瘾，用量越来越大，由于大家混用注射针又染上了性病。毒品在危害吸食者身体的同时，还对他们的精神造成极大伤害。吸食毒品使人逐渐懒惰无力，意志衰退、智力降低、记忆力减退，从而使工作和学业荒废，对自己、对家庭都会造成巨大损失。

四、违反校纪

大学是生产知识、传播知识的场所。大学校园必须严拒“黄赌毒”。面对“黄赌毒”的侵害，校纪校规是无情的。参与赌博很容易上瘾，既浪费精力又花费时间，因而赌博者不可能遵守日常作息制度，违反校纪校规现象时有发生。有的因为“恋战”集体逃课、迟到或早退；有的则因为在赌博时输红了眼大打出手，演变成打架斗殴。某高校学生杨某出生于高级知识分子家庭，父母离异后随母亲生活，大二期间因身体不好休学一年。复学后，母亲为他申请到校外租房居住并亲自监护。杨某却置校纪校规和母亲的教诲于不顾，与社会不良青年打成一片，经常去舞厅、酒吧闲逛，交往了一些不三不四的“朋友”，最后发展到把一些舞女带回住处厮混。在临毕业前半个月，杨某终于被校方勒令退学，带着羞愧和后悔离开了大学。

五、诱发犯罪

“黄赌毒”不仅对涉及者造成肉体和精神上的伤害，使他们陷于难以解脱的痛苦之中，而且还会诱发多种犯罪，从而在更大范围和程度上危害社会和国家。涉黄者需要黄资，好赌者需要赌资，吸毒者需要毒资，而大学生是消费者，大多需要依靠父母供给来维持学习和生活，如果大学生与“黄赌毒”沾上边，势必围绕上述犯罪又会引发出新的犯罪，例如以下案例：

盗窃罪——一些大学生因为赌博输了钱物，为了获取赌资就进行盗窃，凡赌博活动猖獗的地方均有此类案件发生。如北京市某高校一学生因赌输了钱，经常进行盗窃，赃款达 8 万余元。

抢劫罪——抢劫罪是因参赌而诱发的一种常见的犯罪，由于赌博输红了眼，常使这种抢劫又带有极端的凶残性。如某高校郭某赌博输了钱，便纠集同龄人将赌徒龚某的 300 元钱劫走，又将其致伤而死。

抢夺罪——某大学三年级学生张某，因为赌博输了钱，竟在光天化日之下从银行柜台抢夺现金 6700 余元。

杀人罪——某大学本科生夏某为了搞到购买海洛因的钱，与其弟拦路抢劫，杀死了过路的一位教师，抢走了教师身上的钱和自行车。

课堂笔记

第二节　大学生如何抵制“黄赌毒”的危害

一、黄色淫秽制品

黄色淫秽制品是指具体描绘性行为或者露骨宣扬色情的淫秽性的书刊、影片、录像带、录音带、图片及其他淫秽物品。

《中华人民共和国刑法》第三百六十四条规定：“对传播淫秽的书刊、影片、音像、图片或者其他淫秽物品，情节严重的处二年以下有期徒刑、拘役或者管制。向不满十八周岁的未成年人传播淫秽物品的，从重处罚。”“组织播放淫秽的电影、录像等音像制品的，处三年以下有期徒刑、拘役或管制，并处罚金；情节严重的，处三年以上十年以下有期徒刑，并处罚金。”

大学生要坚决抵制黄色淫秽制品并做到以下几点：

（1）大学生对黄色淫秽物品要坚决做到不看、不传，更不能走私、制作和贩卖。

（2）要洁身自爱，读好书，结好友，积极参加健康有益的文体娱乐活动。

（3）树立正确的人生观，培养高尚的道德情操，做“四有”新人。

二、赌博

赌博是一种丑恶的社会现象，是利用赌具，以钱财做赌注，以占有他人利益和赢利为目的的违纪违法犯罪行为。大学生参与赌博有百害而无一利。

（1）经常赌博会荒废学业，违反校规校纪。赌博很容易上瘾，既花费精力又浪费时间，因而不可能遵守学校正常的作息时间，不可避免地要违反校纪。

（2）破坏同学关系，影响正常秩序。赌博是群体的违法犯罪活动，一旦参与赌博，赢了的不会满足，输了的总想“返本”（把输的捞回来），这样，长此以往无休止地继续下去，势必会影响同学关系，同学之间的互助、友爱之情往往会被利害关系所替代。

（3）容易走上违法犯罪的道路。根据有关部门统计资料表明，高校学生中因参与赌博被学校给予开除学籍、留校察看之事时有发生，而因赌博走上违法犯罪的现象屡见不鲜。

大学生欲抵制和拒绝参与赌博，必须做到以下五点：

（1）要自觉遵守校规校纪，养成良好的遵纪守法意识，违法往往从违纪开始。

（2）充分认识赌博的危害，自觉培养高尚的情操，积极参加健康有益的文体活动，充实自己的业余文化生活。

（3）要防微杜渐，分清娱乐和赌博的界限。很多赌博成瘾的人都是从“赢饭”“赢水果”“派夜宵”“赢烟”“带点刺激”“不能空手玩”等开始的，久而久之，胆子壮了，胃口也大了，从而陷入赌博的泥潭。

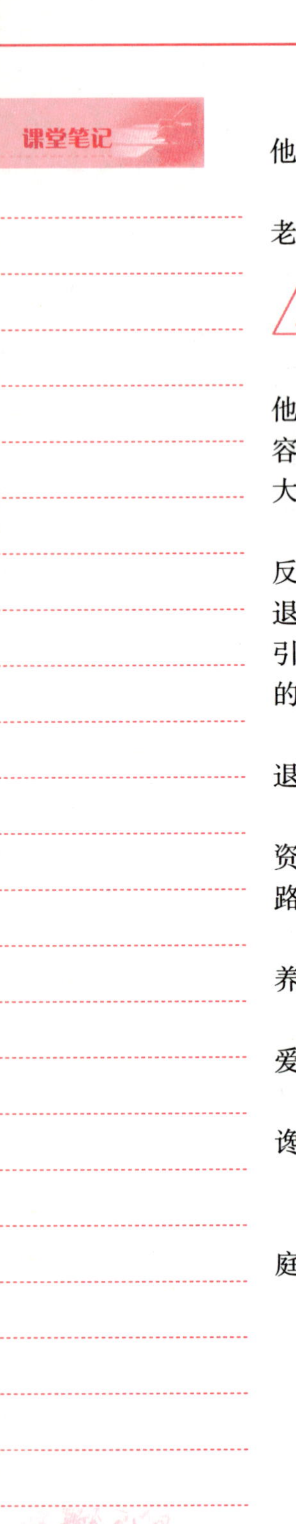

(4) 思想上要警惕，不要因为顾及朋友、同学的情面而参与赌博，遇到他人相邀，要设法推脱。

(5) 要从根本上关心和爱护同学，及时制止他人参与赌博，必要时要向老师和学校有关部门报告。

三、毒品

是指鸦片、海洛因、吗啡、大麻、可卡因、冰毒以及国家规定管制的其他能够使人成瘾癖的麻醉药品和精神药品。吸食（包括注射）毒品或欺骗、容留、强迫他人吸食毒品，以及非法从事制毒、贩毒已成为社会公害，每个大学生都不可染指，要充分认识其危害。毒品会带来如下危害：

(1) 吸食毒品会严重危害人体健康。吸食毒品成瘾后会产生强烈的病态反应，如：烦躁不安、失眠、疲乏、精神不振、腹痛、腹泻、呕吐、性欲减退或丧失。人体内的毒品达到一定剂量后会造成惊厥，乃至神经系统抑制，引起呼吸衰竭而死亡。静脉注射毒品又是传染肝炎、肺炎、性病及艾滋病等的重要途径。

(2) 摧残意志和精神，荒废学业。吸食毒品使人逐渐懒惰无力，意志衰退，智力和主动性降低，记忆力减退，致使学业荒废。

(3) 吸毒是诱发犯罪的重要原因。吸毒耗资巨大，诱发吸毒者为解决毒资铤而走险，走上了盗窃、抢劫、诈骗、杀人、贪污、受贿、卖淫等犯罪道路。大学生应警惕和预防毒品的侵袭。

(1) 充分认识毒品违法犯罪活动的危害性，加强自身学习和法律意识修养，培养高尚的情操和伦理道德观念。

(2) 积极参加有益健康的文体活动，增强集体观念，培养广泛的兴趣和爱好，避免孤僻。

(3) 提高对毒品的防御能力，不要结交有吸毒恶习的朋友或听信他们的谗言。

(4) 不可因好奇而尝试毒品，防止上瘾而难于自拔。

(5) 一旦沾染毒品，要积极主动向老师和学校报告，自觉接受学校、家庭及社会有关部门的监督戒除及康复治疗。

课堂笔记

参考文献

[1] 高开华．当代大学生安全知识读本［M］.合肥：中国科学技术大学出版社，2009.
[2] 杨湘洪．常用法律法规汇编［M］.北京：中央编译出版社，2007.
[3] 李洪渠，李友玉，洪贞银．安全警示录：大学生安全教育读本［M］.武汉：武汉大学出版社，2007.
[4] 中共北京市委教育工作委员会，北京高教学会保卫学研究会．大学生安全知识［M］.2 版．北京：机械工业出版社，2008.
[5] 宋志伟．燕国瑞大学生安全教育［M］.北京：清华大学出版社，2007.
[6] 刘盛，刘明洁．消防安全知识教育读本［M］.北京：中国法制出版社，2009.
[7] 中共北京市委教育工作委员会，北京高教学会保卫学研究会．大学生安全知识［M］.北京：机械工业出版社，2006.
[8] 刘金同，李莉．大学生心理发展及素质培养［M］.北京：北京大学出版社，2006.
[9] 吴超，吴宗之．公共安全知识读本［M］.北京：化学工业出版社，2006.
[10] 周阿亚．大学生安全教育教程［M］.南京：江苏大学出版社，2008.
[11] 班志刚，黄竹，温英杰．大学生心理健康教程［M］.北京：中央编译出版社，2006.
[12] 赵升文．大学生安全教育［M］.北京：中国人民大学出版社，2010.
[13] 曹帅召．大学生安全教育［M］.北京：经济科学出版社，2008.
[14] 孙洪昌．大学生安全教育读本［M］.桂林：广西师范大学出版社，2001.
[15] 董浩，宋有，郑吉南．大学生安全教育教程［M］.哈尔滨：哈尔滨工业大学出版社，1998.
[16] 欧晓霞，曲振国．大学生心理健康［M］.北京：清华大学出版社，2006.
[17] 孙景仙，安永勇．网络犯罪研究［M］.北京：知识产权出版社，2006.
[18] 中国灾害防御协会．市民公共安全应急指南［M］.北京：北京大学出版社，2006.